董竹君

永不迟暮的灵魂

DONGZHUJUN

聂茂 孙少华 著

团结出版社

图书在版编目（CIP）数据

董竹君：永不迟暮的灵魂 / 聂茂，孙少华著. --北京：团结出版社，2019.3（2021.5 重印）
ISBN 978-7-5126-5816-5

Ⅰ．①董… Ⅱ．①聂… ②孙… Ⅲ．①董竹君－传记 Ⅳ．①K825.38

中国版本图书馆 CIP 数据核字(2017)第 295293 号

出　版：	团结出版社
	（北京市东城区东皇城根南街 84 号　邮编：100006）
电　话：	（010）65228880　65244790　（出版社）
	（010）65238766　85113874　65133603（发行部）
	（010）65133603（邮购）
网　址：	http://www.tjpress.com
E-mail：	zb65244790@vip.163.com
	tjcbsfxb@163.com（发行部邮购）
经　销：	全国新华书店
印　装：	三河市东方印刷有限公司

开　本：170mm×240mm　　16 开
印　张：22.25
字　数：395 千字
版　次：2019 年 3 月　　第 1 版
印　次：2021 年 5 月　　第 2 次印刷

书　号：978-7-5126-5816-5
定　价：58.00 元

（版权所属，盗版必究）

序言：一个令人惊异的女人

很多人在年轻的时候，因为诸多不确定的未知，喜欢拿别人的经历来参照自己将要行走的路，从中汲取一种力量，甚至得到一种信仰。那种被汲取的精神或烛光，有人把它叫做励志。

董竹君是让人惊异的，连出身都让人惊异，惊异到任何一个普通人都可以拿来提炼、汲取。她有一个穷苦而低微的出身，从小被卖入青楼卖唱。

单从出身来说，这看上去像是一个很值得被汲取的对象。一方面，大多数人出身普通而平凡，生来非富即贵、家族显赫的个体毕竟只是少数；另一方面，相当数量的世人的出身比她好得多，甚至好很多。如果说出身王室的公主只占很小很小的比例的话，那么，出身青楼的女子同样很少很少——就这一点而言，许多女性已经从开头超越了董竹君。

于是，这个出身被很多人认同并且参照，作为一个基础点，引用于自己的人生之路，或者是与自己亲近的人的路上。

正因为此，大家都汲取着这个女子"在路上"的每个点。谁也不去抱怨自己的出身，贫穷算什么——比起青楼那种卑微的地方，贫穷的人也许都要感到庆幸。

出身，这是董竹君第一个令人惊异的地方。

有一句十分平常的话常被人们拿来说事："很多人输就输在了起跑线上。"其实，比起董竹君，很多人并未输在起跑线。然而，董竹君只有一个，现实中并没有太多人成为第二个、第三个或者更多的董竹君。

为什么？

一声枪响，每个人都从起跑线上起身，赶路、追逐、奔跑。人生方向、奔跑速度、智慧的饱和度等各种复杂因素拉开了个体与个体之间的距离。

在一个很重要的选择节点，不同的人做出了不同的选择。有的人遇到了粗心浮气的阔少爷，有的人遇到了权势显贵的老头，有的人遇到了一夜暴富的富商。

做小，做大，知足地过着少奶奶舒适的富贵生活。

这时，董竹君遇到了夏之时。

四川省副都督夏之时把一个从污水浜边上出来的穷小孩塑造成大家闺秀的动人模样。

董竹君很感激，但并不因此而放弃自己的原则。厉害的女人都很有主见，而且从不妥协。她一定要做夏之时的正房，夏之时的妻子是她且只能是她。另外，她说，她会自己设法逃出青楼的火坑，不用花夏之时一分钱。

她不卑不亢，拥有清晰而独立的思想，不会妄自菲薄，不会彻底依附于男人。

这是董竹君第二个让人惊异的地方。

夏之时带着心爱的女人去了日本，给她家庭，给她教育，给她幸福。

很多人羡慕董竹君的运气。同时，很多人不想再从董竹君的历程中提取适合激励自己的元素了。因为，她们认为，董竹君碰上夏之时，就像灰姑娘遇到了王子，是个不可能发生的童话故事。

但总有人不轻易放弃。人山人海中，王子能一眼看见灰姑娘，必定跟灰姑娘本身的潜质有关。夏之时看中的绝不仅仅是董竹君的美貌，董竹君的潜质在后来的共同生活中得到充分的展现和证明。

从日本回国，董竹君终于见到夏之时四川老家的家人。在一个庞大而保守的封建大家庭中，她适应着、习惯着、努力地做着夏家的媳妇，任劳任怨，起早贪黑，挥汗如雨。

很多人说，其实，这没什么大不了，身为女人，最终都要成为别人家的媳妇，何况，很多女子都是这么做着人家的媳妇的，甚至比她还要苦，还要累，还要委屈。"没有什么出奇的地方。"不少旁观者无所谓地说。

可是，董竹君在四川的这几年，不单是理顺了人际关系，让原先瞧不起她的人对她报以尊敬，而且她还烧得一手好川菜，对川菜颇有自己的研究和心得——这与她日后开办锦江川菜馆不是没有关系的。她来四川不是走马观花，不是机械劳作，她用每一天的劳动和所想为日后的发展积累有效而丰富的经验，为未来的自己创造更多的可能性和选择权。

谁也不知道自己的下一刻以及明天会经历什么，我们此刻能做的，只有一件事——就如《士兵突击》中许三多那句朴实无华却感动万千人的话："做好身边最细小的事情。"

一个聪明的女人擅长管理时间，掌控方向。董竹君一向不以自己貌美而自居——尽管她的外表的确让人着迷，相较于会流逝的美丽，她更倾向于锻炼内在力量和真实本领。

这是董竹君第三个让人惊异的地方。

应该说，董竹君让人大跌眼镜的选择莫过于从川回沪后与夏之时离婚。为了谋求孩子们与自身的前途，她宁可摆脱都督夫人的身份。

社会从未真正公平，男女从未真正平等，直到今天。女性为了求得生存或者名声，无奈地固守着一个实际支离破碎的家庭，自欺欺人地将自己活成一个本本分分、相夫教子的好女人的模样，安安静静地维系着类似"都督夫人"的身份和地位。

"灰姑娘"勇敢抛弃"王子"，这在当今21世纪仍然是许多女性都难以做出的决定，招致舆论哗然，各种轻蔑和诋毁的言论甚嚣尘上。

但是，董竹君足够有力，抵挡可畏的人言，战胜岔路口暂时的困境。做出这个令世人震惊而不解的决定，凭借的不是年轻，而是自信。

正是这份难能可贵的自信，成就了董竹君的惊异。

走到这里，很多试图从董竹君走过的路上汲取励志元素的人们试图退出，重新寻找其他人走过的其他相对比较适合自己的路。

差别初露端倪，距离逐渐增加。

那些人转身从别人的相对容易而轻松的故事中汲取励志养分，同时，他们不忘幸灾乐祸地观望董竹君离婚后的"娜拉之路"。

无法想象的艰难。正因为艰难，所以，夏之时敢打赌：如果董竹君离开他之后，能够在上海滩上混下去，他愿意在手掌心上煎鱼块给她吃。

岂知，这原本是讽刺的话，却蜕变成董竹君追求向上的生活的强大动力。

她义无反顾地出走，走进一个全新而陌生的世界。

很多人认为，某种意义上，董竹君所走的，完全是夏之时早就为她铺好的路。不是吗？那些人脉，那些关系网，全部都是夏之时的。有人这么说。

似乎对。

又似乎不对。

离婚，只是两个人婚姻关系的结束，并非两个人与彼此亲朋好友关系的彻底决裂。做不到，也没有必要做到。亲朋好友不可能分别跟着两个相互分离的人站队，这是你的人，这是她的人，然后，各走各路，互不打扰。社会容纳着很多很多个体，任何个体与任何个体之间的关系并非如同一张法律文书，说散就散、说合就合。

生活复杂得很，不要想得过分简单。

必须承认——董竹君的个人魅力是万万不可忽视的。或者更准确地说，是董竹君的个人魅力征服了夏之时的那些朋友，包括戴季陶、杨虎等人，他们得以心甘情愿为董竹君的事业出力。个人魅力包括人品、能力、智慧等等。

董竹君的人生前期有个很大的名声——都督夫人，这是依附于一个男人而存在的；在中后期，她凭借一己之力使自己有了更新、更大的名声——锦江饭店创始人。在生存的危机中，或者是在几近乞讨的困境中，她开起了锦江川菜馆。在许多人认为不可能做成的事，她做成了。

这其中，不可能仅有运气。

这是董竹君又一个让人惊异的地方。

一个美人，单身美人，在上海的十里洋场极具诱惑力。觥筹交错间，纸醉金迷中，这个女人的头脑很清醒。当时声名赫赫的张翼枢向她示爱时，她坚决而明确地要求对方离婚，只有离婚，他才能和她在一起。

强大的女人深知自己想要什么，并且总是能够得到。

对于张翼枢这类男人，素来不缺乏女人主动投怀送抱，这些女子中也不缺乏心甘情愿做他的小老婆或者情人的。然而，唯独董竹君不在此列。那时，董竹君的生活处境艰难而困顿，如果与张翼枢结合，她的幸福和舒适轻而易举。她不拒绝爱情，可是，如果涉及严肃而重要的婚姻，她的原则始终未变。她可以与之结婚，但是有附加条件。这条件与最初跟夏之时结婚时提出的条件是一脉相承的。

这个女人不会被世俗观念所左右，使自己无所适从。她从不认同一个独自养育孩子的离异女人应该降低条件，降低眼光，与现实妥协，向男人投降。对一个女性强者来说，这些论调都是欺压弱者的。她不恋慕金钱、地位——否则，她不会离开夏之时，她要的是一个在正常态的婚姻中平等的地位。

她是一个新女性。

一个人格独立，有思想、有追求的新女性。

"锦江"红红火火的时候，董竹君的生命中出现了另一个男人：陈清泉。

无疑，董竹君对陈清泉的感情以及对他的妻子的交代又是一个大大的惊异。

顾全大局，两全其美，不露心机。

为了自己，为了爱情，甚至仅仅为了排遣单身的孤独与寂寞，有人疯狂地去爱，奋不顾身，口里说着及时行乐、赴汤蹈火，到头来，玉石俱焚。

董竹君看得多，看得清，看得从容淡定。

当然，一个气质与美貌并存的上海饭店女老板不可能只有寥寥几次诱惑，或者说冲动。但是，她冷静、理智。

她利用强大的自制力和明晰的原则战胜了撒旦的引诱。

她是一个很纯粹的女子，也是一个迫切追逐信仰的女子——"锦江"为她支付着生活费用、解决经济负担的时候，她开始追求自己的革命理想。

她以"锦江"两店为掩护，积极为地下革命工作者做了不少有益的事。

关于入党问题，董竹君一直是很积极的。但是某些党员不让她签字，他们说：不签字照样可以是党员。晚年的董竹君简单地一提而过：那我就做一个不签字的、纯粹的共产党员呗！其实，当时的中国共产党认为，董竹君在党外为党做事更有利。按照严格的入党程序和入党要求，董竹君并没有成为一个共产党员。可她做过的事，比许多真正的共产党员还要多得多。

有人说，董竹君还有一个惊异之处在于把四个女儿都送往美国求学。

这个有远见的举动是值得人们大书特书的。的确，一个单身母亲，没有任何后盾的母亲，白手起家办起菜馆，长远的目光使她送四个女儿去美国读书。

很多单亲家庭的孩子无法上学，在今天不是仍旧屡见不鲜吗？这样的案例，几乎每天的媒体都有报道，让人心酸，让人心痛。这些使孩子无奈地过早辍学的母亲们，缺的不仅仅是金钱，更是思想和精神。

"文化大革命"时期，董竹君坐了5年的牢。入狱的时候，她68岁；出狱的时候，她73岁；出狱之后，她又活了25年。她始终记着一句话：敌人要你死，你偏不死！

这是何等的毅力和坚强。

这无法不使人惊异。

我们相信那句话："阿里山的神木能成为神木，不是一千年后才知道的，而是一发芽时就注定了。"这并非消极、被动的迷信。

每个人在出生时，都无意地背负一种使命。或者是成为一个贤惠而温婉的母亲，用心操持一个家庭，或者是一个坚不可摧的事业女性，率领团队改变世界的某个面貌，又或者成为一个兼顾亲情和事业的力量型女人，比如本书的主角——董竹君。

每个人的使命是注定要完成的，但是在践行使命的过程中，需要坚持不懈地付出。如果使命的难度系数高达99%，背负使命的主人需要坚韧而持续地付出相应程度的努力。

从始至终，董竹君用尽全身力气，成就了自己的惊异。

写到这里，我们的心情也跟大多数人一样，做着复杂的变化和斗争。

每个人都在走着自己的路，只属于自己的路，相信自己是这个世界上的唯一，就像董竹君一样的唯一。

所以，从董竹君身上汲取力量，只是为了更好地走好我们自己的路，而非生搬硬套。励志不是照本宣科，而是汲取养料。

董竹君的惊异就在于，她赠予每个人以不同的养料。

如果读完这本书，你得不到这种养料，那是一种失败。这种失败不是董竹君的，而是写作者的。

但是，董竹君以她独有的惊异给了写作者足够的自信。

董竹君不仅给了我们养料，精神，更给了我们励志的烛光。这烛光，从一个世纪前的星空传来，必将跨越更遥远的时空，散发出新的更加惊异的光芒。行笔至此，我们不禁想起董竹君曾说过的那句话："我从不因被别人曲解而改变初衷，不因被冷落而怀疑信念，亦不因年迈而放慢脚步。"

目 录

第一章　青 楼　　001

一、降　世　　002
二、蝴蝶梦　　005
三、受　辱　　009
四、尽　孝　　013
五、"杨兰春"　018
六、少女情怀　025
七、逃　生　　033

第二章　磨 合　　041

一、结　婚　　042
二、樱花中的箫声　048
三、忍辱之蝶　053
四、初试锋芒　059
五、不能擦出的火花　064
六、人性的光芒　069
七、夏家的新媳妇儿　075
八、不虞之年　080

第三章　裂痕　　085

一、无理取闹　　086
二、夹缝中的"能豆子"　　090
三、错看了戴季陶　　096
四、冷漠是刀　　102
五、开办实业，矛盾激化　　106
六、金簪子丢了　　113

第四章　分居　　117

一、觉　醒　　118
二、隐忍之痛　　124
三、风中的定力　　128
四、艰难的开始　　137

第五章　起伏　　143

一、拜见荣德生　　144
二、美丽的暗示　　148
三、危险的演讲　　152
四、牢狱之灾　　158
五、致命的骗局　　164
六、柳暗又花明　　170

第六章　锦 江　　175

　　一、正式离婚　　176
　　二、崛起的希望　　180
　　三、"锦江小餐"一炮而红　　183
　　四、"贵客"光临　　189
　　五、"锦江"拓展　　194
　　六、郭沫若献诗　　201
　　七、感恩的心　　204
　　八、爱情与阴谋　　207

第七章　颠 簸　　213

　　一、轰动一时的演出　　214
　　二、"你是我的信仰"　　220
　　三、危机四伏　　225
　　四、归心似箭　　230
　　五、冷与暖　　235
　　六、义士悲歌　　240

第八章　风 口　　249

　　一、巧救新四军　　250
　　二、整治"锦江"　　253
　　三、邓颖超来访　　259

四、虎口救人　　　　　263
　　五、在金圆券风暴中屹立　268
　　六、周恩来的宴请　　　271
　　七、情愁天涯　　　　　276

第九章　劫　难　　　281

　　一、阴毒的起诉状　　　282
　　二、靠边站　　　　　　288
　　三、大风暴　　　　　　294
　　四、入　监　　　　　　297
　　五、劫后余生　　　　　302

第十章　谢　幕　　　307

　　一、赤子之心　　　　　308
　　二、七十六岁高龄的游行者　312
　　三、历史，是公正的！　316
　　四、尽享天伦　　　　　322
　　五、高贵的馈赠　　　　327
　　六、玫瑰，在天堂开放　332

附　录　337
后　记　340

第一章

青 楼

提及青楼，一般人会想到什么？说起青楼女子，一般人又会想到什么？妩媚？风骚？低贱？可是，很多人的选择在很多时候都不是主动的，贫穷和落魄的人一向没有太多自由可言。突然，她沦落为一名卖唱的青楼女子。聪慧的女人会拥有很多天赋，比如唱戏，比如逃脱樊笼的斗志。如果一个女人足够聪慧，她会非常出众，因此，革命将领能够一眼就看到她，命运的奇迹也能一眼就看到她。女人，不是一个卑微的性别，而是一个能够颠覆传统而保守的印象和轨迹的强大的形象。

一、降世

那是一段风雨如晦的历史。

那是一段不堪回首的岁月。

清廷的腐败无能使中国在两次鸦片战争、中法战争、甲午中日战争中遭受国格的屈辱和经济的巨大损失。在此情势下,资产阶级维新派上书光绪帝,请求施行维新变法。但因清廷大权掌握在以慈禧为首的顽固派手中,百日维新变法运动像新生婴儿一般被恶狠狠的继母活活地扼杀了。

即将看见曙光的时候,新一轮的黑暗再次重重地袭来。几乎所有的中国人都感受到这种黑暗带来的压抑和忧伤。

这时,1900年,阴历正月初五,在上海洋泾浜边沿马路坐南向北一排破旧矮小的平房中,一个男人小心翼翼地抱着刚刚出生的女儿,轻轻地摇晃着,笨拙而无语。

"哎呀,小模样儿还真好看呢,多像你家同庆啊。"接生的大婶是邻居,她看了看男人,然后笑着对床上疲惫又瘦弱的女人说。

床上的女人吃力地笑笑,脸上还淌着汗。

接生的大婶给女人擦擦脸,擦擦脖子,安慰着:"终于有了个这么好看的孩子,真好!"

"唉。"女人无力地应着,继续苦笑着。

"要知足呢，咱们还有什么不知足的？孩子也有了，就更像一个家了！"邻居大婶停了一下，又看了一眼旁边抱着婴儿的男人，回头对女人说，"以后同庆好好拉车，你好好做活，这个家就越来越好了！日子是一步一步过出来的嘛！"

"谢谢你的好话。"女人又是无力地笑笑。

女人环顾四周。谈不上家具，这些桌子、椅子、锅碗瓢盆被勤快的她擦得锃亮，而且摆得整整齐齐；开着的衣柜里零星散地放着几个包袱，包袱敞开着，里面堆着些娘家传了好几代的衣物；屋外的天井里晒着她和同庆的几件打补丁的衣服。她想起屋角瓮里的米已经挖净了一大半，而她还在哺乳期。除了这些，别的就什么都没有了，所以，即使屋子很小，也是空旷的。她的笑容渐渐淡去，甚至是一种忧伤挂在了脸上。

租的这间屋子四壁皆空，贫穷和自己嫁到这个家来的时候一样，从来没有好转过，她不知道这样的日子何时是一个尽头。

她转过头看看闷不出声的丈夫，摇摇头，闭上眼睛。

今天男人没有出车。他是一个黄包车夫。因为他的女人要临盆，家里没人照顾。

男人叫同庆，原来姓东，后改姓董，江苏南通县六甲乡人。一个老实巴交的庄稼汉。他中等身材，长脸、宽额，五官端正，眼睛有点肿，可能是睡眠不足的缘故。他的鼻梁挺直，下巴像被刀子削过一样，露出硬硬的骨头。总体而言，他可以称得上是一个英俊的男人，可惜，这种英俊早已被艰辛的生活打磨得不成样子了。他整天拉着黄包车在街上拼命地跑，因为他拉的不仅仅是黄包车，更是一家人维系生计的全部。

此时，他的一条辫子梳在背后，脖子上搭着一条毛巾，衣裤上补着好多块补丁，穿着一双草鞋，抱着孩子，默不作声，像虔诚而谨慎地抱着什么希望一样。他每天的衣服是又脏又湿透透的。但是付出的劳力很多时候和所得不成正比，直至女儿出生，依然是家徒四壁。

接生的邻居大婶要离开，同庆忙拿几个鸡蛋塞给她，可好心的邻居硬是不要，说："你女人坐月子，正要补身子呢。"

同庆没有更多的话回答，只是感激地看着邻居远去的背影，直到完全消失。他转过身，将婴儿轻轻地放到妻子手中。

婴儿躺在妻子的怀里，同庆长长地舒了一口气。看着安详而和谐的娘儿俩，他没了平日里挣不到钱的忧愁，他的心里是沉甸甸的知足和满满的幸福。他对眼前这个像极了自己的小孩儿开口说道："真好！我要让我的女儿过上幸福的生活，去上学，读书，成才！不像我这般窝囊，整天拉黄包车，受穷还受辱！"

婴儿突然"哇"的一声大哭，同庆慌乱凑上前："啊？怎么了？"

"没啥。"女人掀开胸前的被子，说道，"我奶她。"

床上的女人姓李，江苏吴县娄门外太平桥镇人。她中等身材，宽额骨，宽脸庞，略带扁形，大嘴，大脚，是一个直爽勤快的女人。在家排行老二，所以大家都习惯叫她"二阿姐"。

同庆是她的第二个丈夫。她曾嫁给苏州何姓男子，何姓男子去世后，女人来到上海给人洗衣，与同庆结识并结婚。

女人一边轻拍着孩子，一边抬头埋怨着丈夫："说的比唱的好听！你倒是想想，上学，读书，做有出息的人，这当然是好事，可我们的钱呢？没有钱，能做那些事吗？你一天到晚拉个黄包车才挣多少回来啊？很多时候还啥也没有！"

说到这里，二阿姐狠狠地白了同庆一眼。

"别急，慢慢来嘛！闺女降生了，我会更上心，更用劲。相信我们的生活会越来越好的！"同庆一边说，一边关心地看着妻女，握了握拳头，像宣誓般地说，"我们的女儿一定要上学，不要再受我们这样没有学问的苦；有了学问，就能找个好婆家，有了好婆家，我们的女儿以后就能过上很好的日子了！"

二阿姐专心给婴儿喂奶，没理同庆。

同庆自觉无趣，取下脖子上的毛巾，擦了一把脸，出了门。

二、蝴蝶梦

小女孩取名"毛媛",父母都叫她"阿媛"。正如父母盼望的那样,她出落得很漂亮,所以,街坊邻居们都叫她"小西施"。

阿媛生在贫苦的家庭里,街坊邻居们也都是在各行各业打小工挣点维持生计的小钱的,拉车的、修鞋的、做裁缝的、卖点小玩意儿的,运气不好的时候什么都得不到,还要把自家的东西给赔上。

这洋泾浜是一条不会流动的死水,黑如墨汁、稠如柏油;风一吹,墨汁和柏油缓缓地向周边泛起一些不使人生爱意的涟漪。天气一热,难闻的异味扑鼻,蚊蝇满天飞,恍若群魔乱舞。

污水浜里什么都有,死猫、死狗、死老鼠、垃圾,以及各种不堪入目的东西,看得人直恶心。

然而,住在附近的人们从来没有想过要对它怎样,兴许只是偶尔抱怨一下。傍晚时分,大家都做工回来,七零八落地站在浜边,歪歪斜斜,说说这个,聊聊那个,顺带针对一下污水浜,诉说着生活的不易,也发泄着对生活的不满。

阿媛很乖,默默地站在一群汗臭的大人中,不吵不闹。从来都没有人预兆说,这个阿媛将来要成为一个传奇的女人。

对阿媛而言,那一排暂时躲风避雨将就着称之为家的低矮的房子,那一群在动乱和混战中求生存的人,那一条死了的污水浜,那一群又脏又臭和时常发脾气的左邻右舍——这，就是她的生长环境。

谁也不曾有慧眼，说：阿媛有贵相呢。

这样的人生才真实和实在。虽然漂亮，但没有那么多的花哨，没有那么多的修饰，更谈不上任何讲究，就像泥地里的蝴蝶，在自己的天空，静静地闪舞。

常常是一大早，二阿姐便把小阿媛叫醒，给她梳头。阿媛极不情愿地从被窝里出来，咕哝着："天才亮，每天都起这么早做什么？"

"要做的事情多着呢，现在起来还不知道做不做得完！快点！"

"你要做什么啊，就这么一间小屋，有什么好忙的？"

"衣服要洗，用具要擦，还要烧火做饭，光这些事就得忙好长时间呢；我还得出去给那些有钱人做粗活！"二阿姐没好气地说道。

"这些事干吗要天天做？一件破烂的白洋布衫非要洗得雪白雪白的……"阿媛边穿衣，边嘴里嘀咕着。

"赶紧过来坐下，我给你梳头！"二阿姐是个顾及体面的人，虽然家里穷，但她绝对不允许女儿成为一个野孩子。

阿媛从床上爬下来，坐到一条蛤蟆凳上。看到姆妈又用红粗头绳给自己扎辫子，心里很不高兴。她噘着嘴跟姆妈说道："粗头绳扎辫不好看，头发梢又硬又翘，还短短的。人家都用绒线，将头发扎成蝴蝶结呢！"

二阿姐一听又来气了，用梳子敲着阿媛的头："毛病真多！粗头绳一年只要一两根就行了，绒线还要经常买。钱呢？钱在哪儿啊？再说了，把头发扎牢了就行了，你难道还要像蝴蝶一样，到处飞是不是？"

"蝴蝶不好吗？可漂亮喽。"阿媛继续噘着嘴，执拗地说着，"我就是要做蝴蝶，到处飞，飞得远远的，飞得高高的！"

"不害臊！"二阿姐"呸"了一声，不再理会。

之后，一天的生活正式开始了。同庆出去拉车，阿媛帮姆妈扫地、擦桌，洗洗碗筷，洗洗衣物，有时还出去买点油盐，尽量多替姆妈分担一些活计，好让她腾出时间来给那些有钱有势的人家做活。

二阿姐心直口快，做不了那种乖巧温顺的娘姨，所以，她每次的活都做不长，不是别人骂她，她不服气，顶嘴，别人不再让她做，就是她嫌人家过于挑剔，不好相处，自己不想继续做下去。

没有活的时候，二阿姐就陪阿媛待在家里。每到下午的点心时间，卖馄饨的小贩会拉着卖货的小车在每家每户门前逐个停留，兜售自己的馄饨。

阿媛家常吃素食，即使是青菜，也只能买得起下市的便宜菜。所以，当听到馄饨小贩的叫卖声时，阿媛总是首先偷偷地观察二阿姐的神色。如果感觉二阿姐心情不错，她就会娇嗔而可爱地询问二阿姐的意见："姆妈，阿媛能不能吃个馄饨嘛！"

偶尔，阿媛会得到二阿姐的许可。于是，她将大半碗米饭盛在一个小碗中，买碗馄饨，做成一碗可口而奢侈的馄饨拌饭。

知足而快乐的小姑娘一边吃，一边摇头晃脑，这时，就避免不了被训斥："看看你，哪有女孩子像你这样吃东西的？！坐没坐相，吃没吃相！你知不知道，今天吃了馄饨，明天的菜钱就不够了！"二阿姐生硬地说道。

听到这些，原本的开心立时减少许多。阿媛坐好，一本正经地吃起来。她的心里很不是滋味儿，但无处诉说。

临近黄昏，阿媛又会高兴起来，因为同庆就快回来了。她站在门口张望，等着看同庆有没有带回一点菜或者几两肉。

同庆的衣衫湿了大半，部分汗渍还没有干，粘在身上。他毫无精力体会或者嫌弃这种不舒适。看到小小的阿媛，他深深地叹了口气，散发着浓重的汗味。

同庆是否带回酒菜，完全取决于当天的收益。大多数情况下，同庆不仅没有带回阿媛翘首以盼的食物，还会发脾气。

贫穷，折磨着人们的耐心和修养。

阿媛看着同庆精疲力竭的模样，不知如何是好。

脾气不好的不光是同庆。看到同庆的反应，二阿姐立刻明白，他今天又没有挣到什么钱。她就抱怨起来，一时责备自己没了工作，又一时，她就会把不好的情绪发泄到阿媛身上，嫌阿媛贪吃，嫌阿媛贪玩。

阿媛默不作声地听着。

看着阿媛无辜被骂的可怜相，同庆软下心来，耐心地劝二阿姐道："你得改改你的脾气。我们能挣一点算一点，人在屋檐下嘛，受点委屈不算什么的。再说了，以后别再乱冲阿媛发脾气了……你知道，阿媛下面有个妹妹因为奶水不够没了，我们现在又添了一个男孩，能挣点，就尽量多挣点，保住这个孩子的命，别让儿子再出什么岔子了……"

"凭什么总是要我改，他们不改？他们有钱有势就该作威作福了？我前世做了什么不好的事，没给我自己多修点福、积点德呢？"说到最后，二阿姐的声音里带着不忿的哭腔。

"唉……"忠厚老实的同庆又不好多说什么。

"那些人吃饱了喝足了,还嫌这不好那不好的,心情不好的时候拿佣人出气,打完了佣人,还要佣人给他赔笑脸,这是什么世道啊?穷人就该受欺负?穷人就该给你富人做牛做马?"一行眼泪从二阿姐的脸上滚落。

"先别说了你,快点烧火做饭吧。"同庆央求着二阿姐。

二阿姐白了同庆一眼,不再说什么,扭过头去烧火。

阿媛抱着四个月大的弟弟在屋里走。她嫌天气热,就去屋檐下来回走。弟弟病了好些日子,总不见好。阿媛哄他,拍他,抚摸他,但小家伙一直哭个不止。

突然,他双眼向上翻了一下,浑身抽搐,哭声戛然而止。看到弟弟脸色苍白,四肢不动,阿媛吓坏了,大叫道:"姆妈!姆妈!快出来!弟弟出事了!"

穿着比自己身材大出好几个码的上衣和短到脚踝的裤子的二阿姐赶紧跑出来。她接过弟弟一看,急了,朝阿媛吼道:"短命鬼,你怎么抱着他来这里呢!"说罢,她赶紧回屋,拿了个碗碟向地面使劲扔,念叨着:"菩萨保佑!菩萨保佑!"

二阿姐一连扔了好几个碗碟,叫了好几声"菩萨保佑"。

然而,阿媛的弟弟一直没有醒过来。

二阿姐抱着死去了的弟弟,号啕大哭:"人家都说,吃奶的孩子就算没有奶吃,身上还是有奶香的味道。屋檐下有野鬼,闻到香味就会来抢。你偏要把他抱到屋檐下……鬼听到碗碟声会吓跑的,我扔碗碟是抢恶,这样孩子就会有气了。可是……孩子啊,你醒醒啊……姆妈不再赌气了,明天就去给人家打工,挣钱回来养活你啊……"

阿媛也跟着姆妈大哭:"姆妈,是我错了,不该抱弟弟来屋檐下,是我错了……你打我吧,只要能让弟弟醒来……"

同庆见状,也是泪流满面。他紧紧搂住两个人,悲痛之情充溢在脸上。

就这样,家里的第二个孩子由于奶水不够而夭折了。

那晚,阿媛做了一个梦,梦见一只蝴蝶从天空中飘了下来,她捧起来一看,竟然是弟弟的心。她哭得好伤心。

三、受　辱

那段日子，家里很压抑。

有时候，黄昏时分，同庆垂头丧气地回到家，什么都不说，只是一味地叹气。这时，二阿姐就知道他今天什么都没有挣到。万一同庆违反了交通规则，巡捕就会无情地把车的坐垫给拿走，这样，同庆只能在第二天上班的时候去公司借钱，把坐垫给赎出来。尽管她脾气暴躁，但是还算通情达理，她至少不会像其他家的女人一样指着自己男人的鼻子骂他无能，不会像她们那样想方设法趁早改嫁，也不会像她们那样把锅碗瓢盆扔的满屋满天井都是，吓得一家人大气不敢喘。相反，她会好言好语地劝同庆几句，因为明天还得靠他出门卖苦力。然后，一家人默默地吃饭，阿媛包揽了刷锅洗碗的活计。

生活的确太贫困，甚至是举步维艰，一家人都是穿着捡来的打了许多补丁的衣裤，阿媛的头上总是缠着又硬又翘的红粗头绳。因为家徒四壁，过完了今天，不知道明天的菜钱够不够，有没有米吃。尽管如此，同庆和二阿姐还是一致决定送阿媛去私塾上学，哪怕是摸爬滚打，哪怕是砸锅卖铁。

同庆要兑现对刚来到这个世界时的阿媛的许诺。他和二阿姐尽量凑钱——即便是借钱，甚至卖血，他们最终让六岁的阿媛圆了上学的梦。

阿媛顽皮，但是很聪明，记忆力惊人，背书背得最好，从来没挨过打手心。

然而，当阿媛九岁的时候，生活每况愈下，家里越来越穷，为了节省房租，全家搬到低矮的小阁楼里，每天弯着身子钻进钻出。

恰在此时，同庆得了严重的伤寒症。

二阿姐看着躺在床上的同庆，心里急得要死要活，粗声粗气地说道："实在没钱看病，你做爹的要是有什么三长两短，我和阿媛该怎么办？要我们母女俩上街讨饭去吗？"她的泪花在眼里打转转，又回过头对阿媛说，"你最让人闹心，除了吃饭穿衣，还要读书……我干活总是干不长，我也知道我的脾气很不好……我也真的忍了又忍……"说到这里，二阿姐抹了一把泪。

"姆妈，别哭，快想想咱们怎么办吧……"阿媛也是心急，但只能小心翼翼地插话。

"我们再去借钱吧。"二阿姐哭着想了一会儿，小声说道。

正在床上呻吟的同庆听到了，要强的他费劲地发出声音："不要，不要……"这时的同庆，已经骨瘦如柴。

阿媛知道父亲要强。她曾经很认真地问过同庆，有没有比拉黄包车更赚钱的方法，同庆说有。同庆指的就是和那些富人们打交道。富人们可以给同庆和他的穷邻居们介绍去做工，可是前提是他们要给富人们很多礼、很多银子，否则，根本不可能挣到钱；另外，做工的时候，那些没有节制的工头动辄拿工人们出气、撒野，无理取闹地骂人、教训人，令人发指地鞭笞，工人们身上都是青一块紫一块，有的还落下通身的病；过年过节，他们还要继续给"恩人们"送东西，少了不行，多了又没有，如果稍微不合他们心意，穷人们的饭碗就保不住了。因此，同庆对这些为富不仁的人痛恨不已，索性不与他们打交道。

"他爹，都到这份上了，再不借钱，我和阿媛就没你了……"说罢，二阿姐的眼泪又流了出来，"我知道你不愿跟那些有钱人打交道，但我们实在没法啊……"

二阿姐擦擦眼泪，悄悄转过身来，把阿媛叫到外面，告诉阿媛那家亲戚住在哪里，见了人家怎么称呼，怎么说明情况，反反复复叮嘱了一番，还给阿媛整理了一下身上的衣服，就让阿媛去了。

阿媛的裤子膝盖上有个破洞，很要面子的她走在路上很尴尬，时不时用手去盖那个洞。很不自然地走了一路，她总算来到了那家亲戚住的虹口爱尔琴路。

仰头望去，这个世界与她的世界迥然不同，这里澄澈明净。平视的视野中，富人们住着崭新而气派的房屋，院子里长满茂盛的花花草草。墙壁洁白，小径整洁，环境清幽。

蔚蓝的天空陪衬着这品位高雅的房子，似乎很和谐。

不和谐的是，阿媛的胆怯。她低头，俯视自己，以及自己的旧衣裤和裤子上的破洞。

阿媛疑惑不解，有的人在自娱自乐地修剪着花花草草，有的人却在自家床上病痛呻吟；有的人穿着丝质的绸缎袍子，有的人却连一件像样的衣服都没有，有的只是破的、旧的、不合身的、经过几代传下来的；有的人甚至吃不到别家的狗都可以吃到的一些东西……同样是人，为什么会有如此多的不同？阿媛不懂得这个世界为什么会是如此不公。

"有人吗？"站在门口，阿媛轻轻地问了一声，然后胆怯地敲了敲门。

没有动静。

阿媛再敲门，稍稍用了点力。

很快，一个陌生人出来开门。

阿媛脸上堆满稚气的笑容，可陌生人用一种不屑的眼神把阿媛从上往下打量了一番。

阿媛心里很生气，但想到自己是来借钱的，便努力使自己平静，好言好语地对眼前盛气凌人的人说："我是阿媛，我的父亲是董同庆，他得了严重的伤寒症，我们没钱看病，所以，我姆妈叫我来借几个钱……"

"什么同秤(庆)异秤的,到这里来干什么？"还没等阿媛说完，那人冷哼一声，"啪！"地一下，狠狠地把门关上了。

刹那间，阿媛立刻怀疑自己是不是弄错了地方。可是，姆妈讲的就是这家亲戚呀。看着眼前这扇白白的门，狠狠地拒绝她的门，小小的年纪遭到这样的羞辱，阿媛哪里受得住。她哭了，大声地哭了。

天空的主流色是蓝色，几朵不规则形状的像是棉花糖般的云彩点缀。蓝色很真诚地对白云说：我的存在是为了衬托你的圣洁。白云没什么表示，径自飘向远处。蓝色没有想到外表温柔的白云竟是这样的高傲。

离开富人聚居区前，一切自然的事物未变，难过的阿媛再次抬头看向天空。天空仍旧明亮，她甚至看见一只蝴蝶飞舞。她心里更加难过，她为父亲没钱看病而难过，为自己的父母善良却贫穷而难过，为这个世界的极度不公正而难过，她也怕因没有借到钱而遭姆妈训斥。

她一边哭，一边走回家。

一到家，二阿姐看到阿媛的模样，就知道结果了，但还是忍不住问她："怎么，没人吗？"

"有，但人家不理睬。"阿嫒低着头小声说道，像个做了错事的小孩。

"他说什么了吗？"

"没。他一句话都没说，也没听我说完，就把门用力关上了。"

"喔，我知道了。富人都这么没良心。好了，阿嫒，别难过了，你爹会没事的，我们再想办法，啊。"

二阿姐很后悔让阿嫒一个人去受气，她心疼地把女儿搂在怀里。

"万一爹真的出事怎么办呢？怎么办呢？"阿嫒抬起头看着姆妈，问道。

二阿姐只是摇摇头，什么也不说，也不知道说什么。

后来，二阿姐东挪西借，总算是凑了一点银子，医治了同庆的病。可是，因为没有钱再买营养品调补身子，所以，同庆的身体十分虚弱。

同庆虚弱的身子就像当时积病已久的中国一样。八国联军侵华战争发生后，腐败无能的清政府没有任何选择余地，与十一国签订了丧权辱国的《辛丑条约》。他们无休无止地从老百姓手里搜刮银两，本来就生活在水深火热中的中国人民又进入了新一轮与穷困搏斗的挣扎中。

小小的阿嫒哪里会真正明白，世道竟是如此艰辛呢！

四、尽　孝

　　1911年10月10日晚，武昌城内新军士兵打死镇压革命士兵的排长，攻占楚望台军械库，打响了"武昌起义"的第一枪。经过一夜的战斗，11日，起义军占领武昌城，成立湖北军政府；12到13日，起义军攻占汉阳、汉口。

　　武昌首义的成功，大大鼓舞了全国各地人民的革命斗志，全国各地革命党人纷纷起义响应。

　　12月29日，孙中山以16票的绝对多数当选为中华民国临时大总统。

　　1912年元旦，孙中山宣誓就职，宣告中华民国成立，中华民国临时政府随即成立。

　　事情似乎有了转机。

　　当时的中国如此，作为当时中国的普通公民，同庆的生活似乎也是这样。

　　同庆大病后，因没钱调补身体，身体恢复不好，不能继续拉车。但因辛亥革命使自己剪掉了辫子，他把这作为一种即将过上新生活的好兆头而高兴不已。

　　慢慢长大的阿媛怀着同样的心情。她以父亲为例，坚决抵制她眼中的所谓"封建陋习"——缠脚。

　　此刻，阿媛坐在床上，蜷着腿，原本用来缠脚的脚带被她剪得七零八落。

　　二阿姐一边给她拆白布做的脚带，一边向同庆发着牢骚："我晚上给她缠上脚带，第二天起床就发现脚带被她剪掉了……"

阿媛打岔:"在被窝里两脚发热,痛得要命呢!"

二阿姐故意狠狠地戳了她一下,阿媛痛得龇牙咧嘴。

同庆只是温和地笑着。

"我第二次给她喷了些烧酒,可以麻醉一些,没那么疼,没想到又被她剪成了现在这个样子……"

"喷上烧酒更疼,根本不是麻醉……"阿媛继续辩解道。

二阿姐又故意狠狠地一扯脚带,阿媛因为疼痛而泪水盈盈。她看着姆妈,夸张地尖叫一声。

同庆难得一见地乐开了嘴。

"上面倒是长得很标致,就是一双大脚,看别人不说你是'半截观音'!看往后你怎么嫁出去!"二阿姐拿女儿没办法,她嗔怪着,不忘在阿媛头上狠狠地点一下。

"大脚就大脚吧,何必受那样的罪!"满含泪花的阿媛刚要顶嘴,就被同庆止住了,他替女儿辩解道,"看我都剪辫子了,阿媛也不该再缠脚了。现在是中华民国了!衙门里的大官们都换了,这些习俗也该变变了!这些日子,和一帮车夫弟兄坐在外面,听了很多新鲜事,大伙都拍着膝盖,摇头晃脑,连连叫好呢!"

"就是嘛!推翻清朝,建立民国,就不该再让女人们缠小脚了!女人除了受穷之外,还要受这些旧礼教的束缚,这对女人太不公平了!"阿媛在同庆的引导下,像个真正的大人似的,义正严词。

"好吧好吧,随你们!"二阿姐随即向同庆使了个眼色。

同庆明白,立即低下头,走到天井外。他回过头,不忘嘱咐阿媛坐在那里别动。

二阿姐心情沉重地走出来,跟在同庆后面。

阿媛狐疑地看着两个人,从屋里一侧探出半个头。

她隐约听到了两人的对话。

同庆不同意,二阿姐也哭了,可是二阿姐说他们实在没有办法。

"难道我愿意把孩子往火坑里推?生活到这种田地了,又有什么法子呢……"二阿姐哭着,像是在为自己辩解,又像是在央求同庆同意。

"这到底是什么世道!我们就活该穷吗!我们的女儿就活该替我们受罪吗!"同庆大声骂着脏话,随之把天井的马桶狠狠地踢出去老远。

阿媛听到声音,惊了一下。他们在谈论什么?好像是关于自己的什么大事,那究竟是什么大事呢?

之后，两个人再也没有说话，沉默了很久。

起风了。

不知过了多久，同庆终于走进屋来，低着头，面无表情。二阿姐跟在后面，叹了口气，欲言又止。

是二阿姐先开的口。她说道："阿媛，姆妈送你去学唱戏吧。"

"为什么要学唱戏？"阿媛敏感而惊恐地问道，"家里的条件已经这样了，为什么还要花钱学唱戏呢？"

二阿姐支支吾吾地说不出一句完整的话。最后，她低下头。

半晌，还是同庆首先打破沉默。他看着阿媛，认真地说道："阿媛，虽然现在是民国了，可是我们的生活还是贫穷，这也是你知道的……我和你姆妈想尽了法子，可是还……上回，我生病，后来是向'长三堂子'的老板借了三百块……是高利贷……光凭我和你姆妈，很难还上那些钱和利钱……不说别的了……这样吧……你的书真的读不下去了……我和姆妈打算送你去学唱京戏……"

同庆费了好大劲，好歹说出了这番话。说完，他很愧疚地低下头去，似乎违背了自己的承诺和良心似的。

"学什么京戏？在哪里学？"阿媛有些吃惊，不是为辍学吃惊，而是为学京戏吃惊。凭直觉，这东西绝对不是好东西，不然，爹妈又怎么会争执和难过呢？她藏起自己的内心活动，柔声地安慰爹妈道，"不读书没关系呀，没有钱就不学私塾了，我可以跟着你们去别的人家做活啊！"

阿媛瞪着天真无邪的眼睛看看姆妈，看看爹。

"是这样的，阿媛。"二阿姐也很黯然，泪痕还在脸上，她说道，"你爹现在拉不了车，我做工也是做做停停，都挣不了多少钱。我们还有很多外债，利钱很大，房子都快租不成了。我们没有能力偿还，实在没办法了，只好把你送去学唱京戏……"

"学什么京戏？我可以什么都不用学，我可以等我们以后生活好了再学习，什么时候学习都不晚的！"阿媛还是不明白爹妈的苦衷。

"阿媛，听姆妈把话说完。"二阿姐停了一下，终于下定决心似地说，"学会了，你就去五马路前面堂子里卖唱三年，赚够那三百块，好使我们还那些债……阿媛，你放心，你现在的年纪进去是'小先生''清倌人'，卖唱不卖身的，满了三年，我和你爹就去接你回来……"

阿媛猛地呆住了，只听见二阿姐哭着说道："阿媛，你也知道姆妈和爹就你这一个女儿，我们也很舍不得，可是为了这个家，我们也真的没法子啊……"

"姆妈……"阿媛一时拐不过弯来，她不明白学唱京戏与去卖唱有什么关系。而卖唱究竟又是怎么一回事。"姆妈，你告诉我卖唱是什么！快告诉我！"阿媛紧张地拉着二阿姐的衣袖，问道。家里穷，但她更不愿意出去。外面的世界好大，她太小了，她害怕。亲戚尚且冷脸相向，别的人还能指望什么吗？

二阿姐瞥了一眼低头不语的同庆，然后缓缓地对阿媛说道："其实也没什么。卖唱就是让你到堂子里去唱戏，哪里有场合需要，你就到哪里去唱。就这样，其他的，你什么都不用做的。"

听到这里，阿媛陡然想起了附近堂子里那些打扮入时的姑娘们。当自己穿着破洞带补丁的衣服的时候，阿媛很羡慕她们的漂亮衣服。她眼巴巴地看着美艳的她们从自己身边走过，坐上一部两旁挂有干电石灯的包车，还飘过一阵浓烈的香气。

有一次，一个女孩走到她面前，对她说道："小妹妹，不要羡慕我，你觉得我的衣服好看、名贵吗？不管你看到什么，所有你认为好的，都是我付出过很大代价才得到的，但它们都不是我最想要的东西。"说完，那个美丽的姑娘眼睛就红润了。临走时，她告诉阿媛，她爹病得快不行了，为了"尽孝"，她瞒着爹妈就自己跑到这里来了，当晚还要去跑堂子，那是很累、很受辱的事。阿媛当时还不是很懂"尽孝"是怎么回事，但是她大概知道了这个漂亮姐姐肯定受了很多很多的罪，而这种罪大抵不是爹的肉体的辛苦，而是一种更深层次上的精神的压抑或屈辱。

阿媛恍然间觉得自己在做梦。那个漂亮姐姐发生的故事为什么一下子落到自己头上了呢？她咬咬唇，感觉有些痛。这意味着，姆妈所说的，不是梦。顿时，阿媛的眼眶蓄满了泪水。因为，她认为，去那种地方本身就是一种侮辱，进堂子卖唱更是一种侮辱，她虽然不知道别人究竟是怎么对待那些漂亮姐姐们的，但是她暗想，那些姐姐们都是痛苦的，是在侮辱中挨过一天算一天。那么，她，正当豆蔻年华的阿媛，也要在堂子里挨过三年才能出来……

只是，姆妈和爹爹实在没法……我必须去。那个姐姐不是说她是为了"尽孝"吗？我现在这样子去是不是就是"尽孝"呢？怔了很久后，阿媛才反应过来。她轻轻地说："姆妈，爹，我读私塾的时候，先生教育说，'事父母几谏，见志不从，又敬不违，劳而不怨'。我应该孝顺父母，应该去学京戏，去做'小先生'……"

说到这里，阿媛已经泣不成声。

二阿姐赶忙搂住阿媛,母女俩抱头痛哭。

同庆站在旁边,也是泪流满面。

夜里,阿媛在梦里,梦里,阿媛在私塾里,私塾里,先生在讲课,亲尝汤药、芦衣顺母、鹿乳奉亲、戏彩娱亲、卖身葬父、行佣供母……阿媛认认真真地听着先生讲《二十四孝》。

五、"杨兰春"

　　一个十二岁的女孩没有忽略自己生命中的任何所见所闻。潜意识在诱发着她的思考。无形中,她和那些乖顺的无辜的同龄女孩产生了思想上的距离。她们还在缠脚,还在被传授着"三从四德",还在清廷封建思想的阴影束缚中。

　　她却已经知道了反抗旧礼,即便是渺小的微不足道的抗议。她已经部分地读懂了生活在底层的人们的屈辱。她已经坦率地接受了自己将要承受的不知道多重多艰难的生活。她读了私塾,接受了命运轨迹突然的转弯,经历了知识和生活的双重熏陶,有了对人生的最初认知。

　　上帝撒下的种子,正在萌芽。

　　青楼是一个十字架。她可以负荷,并相信自己能够战胜狰狞的厄运,能够超越苦难的环境,能够坚守香草般的贞操。

　　因为她是阿媛。

　　十三岁刚满的第一个冬天,那是黄昏时分,一顶灰色帆布的轿子被抬到了阿媛家的天井,后面跟着一男一女。

　　"啊,您来了啊。"二阿姐勉强露出笑容,接待两位来客,"请屋里坐。"

　　女人稍稍点头,进屋。看过阿媛后,她冲二阿姐和同庆点了点头。

　　彼此心照不宣。

　　二阿姐和同庆很难过地低下头,露出愧疚而无可奈何的表情。

阿媛有些不知所措。尽管知道这一刻会来临，但当真正来临的时候，她还是感觉有些慌张。

屋子里的气氛压抑、沉闷。

女人冲阿媛笑了笑，将阿媛的下巴抬了一下，仔仔细细看过阿媛的模样，脸上露出很满意的表情。她让阿媛坐下来，开始给她梳妆打扮。

事已至此，再悲伤也无用。坚强的阿媛反而平静下来。

可是，当看着镜子里的漂亮的脸孔和一双水灵灵的大眼睛时，阿媛顿时又伤感难抑起来。她再次想起清和坊里弄和沿马路的堂子里的那些漂亮姐姐们。过去，自己还艳羡她们每天的衣着光鲜、潇洒自由、坐在包车上忙忙碌碌的生活。此刻，走出这个门后的自己也要过那种日子吗？那些看上去很美的表象背后掩盖了多少生活的辛酸，那些光鲜埋藏了多少选择的无奈，那些带着泪痕的笑脸背后遭受了多少撒旦的诅咒？

然而，阿媛必须做一个孝女。因为她是阿媛，她是姆妈和爹生下的阿媛。受这么点委屈没什么的，只要姆妈和爹能过上好日子就是了。

这样想着，阿媛又终于平静下来，接受着女人给她的装饰，内心却如波涛般汹涌澎湃。

阿媛穿上女人带来的紧胸白布背心和黑缎裤，白洋布紧袜套外面套上黑鞋。最后，她披上很不合身的灰色无花的绸面灰鼠皮袄，像一个稍稍年长几岁的陌生人，去给父母磕头。

二阿姐和同庆不敢看阿媛，神情痛苦。

然后，起身，转身，上轿。她的眼泪始终没有停止。她不敢看人，更不敢看姆妈和爹。

身后的二阿姐突然像想起什么似地说道："阿媛，满了三年，我和你爹一定会去接你的，你放心好了！自己要保重啊！"

双亲泪如雨下。

阿媛泪如雨下。

天空阴沉，道路泥泞。颠簸了一些时候，轿子在长三堂子门口停了下来。

门口放了一束用红纸扎着的稻草。

男人点着稻草，生硬地对阿媛说道："左右脚在上面绕跨一下，再进门！"

"烧掉晦气！"女人在一旁补充道。

这是入行的仪式。阿媛别无选择。她机械地做完后，上牙齿咬着下唇，怯怯地进门。

房子很大，两层楼，有东西厢房，是头等石库门房子。屋子里有猥琐的、暧昧的笑声，尖细的诱惑声，袒胸露乳的女人，尖嘴猴腮的男人。咳嗽，烟雾，混杂一股令人不舒服的香气，弥漫空中。

长三堂子没有客人的姑娘们从各个房间跑出来看阿媛，评头品足，唧唧喳喳，无所顾忌。

阿媛只是胆怯地低着头，噘着嘴，不说话。

这时，一个四十多岁的女人走近阿媛。她的头发成半月式，油亮可鉴，戴金耳环、金镯、金戒指；皮肤白皙，一口雪白的牙齿，左边镶着一颗金牙；上身穿深灰色的灰鼠皮袄，下身穿黑缎素面的裤子，白布袜套在打了花结的黑缎子鞋里。将阿媛上上下下打量一番后，她叉着腰，自言自语道："嗯，不错。好一副俊俏的模样儿！"

接阿媛来的女人顿时舒了一口气，眉开眼笑："我说过嘛，有了她，包你堂子红火起来！"

四十多岁的女人赞许地点点头，很斯文地转身走近红木方桌，坐在旁边的椅子上，开口微笑，露出金牙："叫什么好呢？"

接阿媛来的女人凑近她："杨兰春已经出嫁了，就让她来顶杨兰春这个角，叫小杨兰春吧？您看怎么样？"

"小杨兰春……"四十多岁的女人端起桌上的茶杯，"虽然杨兰春是出嫁了，但外面很多人都不晓得；加个'小'字就露馅了，那些要找杨兰春的老客户就不会再来我们这里了。另外，有些客人是不喜欢'小先生'的，加了这个'小'字，岂不是又会掉些生意？"

"哎哎哎，说的是，说的是！"接阿媛来的女人连连说道。

"那就直接叫'杨兰春'好了！"

"哎哎哎，好好好！"

阿媛只是站在原地，一动不动，什么也不懂。这一切仿佛都与她无关。

可实际上，她的身份和姓名就这么戏剧般地发生了变化。她的房间外挂起了大牌匾，上书："杨兰春"。

阿媛不再是她自己。她成了"杨兰春"这个姓氏符号的替代。从这一天起，她就要在长三堂子规规矩矩地做吩咐她做的一切事情。

所谓"长三堂子"，在未改朝换代之前叫"青楼"，是豪华精致的楼房妓院，也称"书寓"。当时"书寓"里的姑娘称校书，指有才学的女子，也就是琴、书、歌、曲都能者，以后称艺妓。姑娘们都是卖艺不卖身。

"长三"这个名字的来由是客人喝酒打牌，每人要付份子钱三两银子，加上端午、中秋、年底三次结账，也是三数，所以称"长三"。

自洋人侵入后，混账男人越来越多。长三堂子的姑娘们虽然不愿卖身，但是大权在老鸨手里。老鸨出钱买了或押进了姑娘，她们当中年纪大的就要做"大先生"，就是接客，出卖肉体。年纪小的做"小先生"。阿媛现在是"小先生"，也就是"清倌人"，是对卖唱不卖身的姑娘的称呼。等"小先生"长大了，老鸨就要找那些喜欢她并想和她同房的客人敲竹杠，看谁过去花的钱最多，并且这次谁又肯用钱最多，便答应他来买"小先生"的初夜。有时候，如果客人真的喜欢哪个姑娘，也可以出钱替她赎身，带回去做小老婆。

来到长三堂子的第二天，阿媛认识了此后将常陪在她身边的孟阿姨。

孟阿姨知书达理，矮矮胖胖。她是一个善良的女子，年轻时是个大家闺秀，也读过几年私塾。后来嫁与一个门当户对的公子哥，丈夫因吸食鸦片，把婆家娘家的储蓄都吸食光了之后，实在没钱还债，狠心地将她卖到青楼。堂子里的老鸨嫌她年老色衰，便把她调做阿姨，调教、打扮年幼的姑娘们。

当初老鸨把阿媛交给她的时候，她的眼神充满了怜悯和同情，嘴里嘀咕着："可怜的孩子。"

阿媛在堂子里一般不与别人说话，除了孟阿姨。

阿媛成为"杨兰春"后，借着堂子里的宣传——那个四十多岁的女人——老鸨的策略，阿媛的局票每天都有三十多张。

生意从黄昏开始。孟阿姨拉着阿媛下楼，去楼梯底转弯处的账房间。账房先生把有次序讲究的局票交给孟阿姨。这些局票有的是去餐馆，有的是去别的堂子里，有的是去做喜事的人家。

然后，阿媛和孟阿姨坐上一部两旁有一对长方形玻璃罩洋蜡烛灯的漂亮包车。

阿媛很害怕。她睁大眼睛看看未知的前方，又垂下眼帘看看衣摆，双手合拢、张开、合拢。她一遍一遍地问道："孟阿姨，我真的只是去唱戏吗？他们真的不会让我做别的吧？"

孟阿姨微微一笑，拍着阿媛的手："阿媛，别怕，你就是去这个餐馆唱唱京戏，唱完了我们就走。放心，有阿姨陪着你，他们不会把你怎么样的。"说罢，她搂住阿媛的肩膀。

阿媛把头靠在孟阿姨的肩上，闭上眼睛，还是害怕："他们万一一定要我做别的事怎么办呢？孟阿姨，你会一直在我身边吗？"

"会的，阿媛，放心，孟阿姨会一直陪着你把戏唱完，我们一起离开。"

餐馆很热闹，饭菜热气腾腾，吃饭的人有的吆五喝六，有的狰狞大笑，有的唯唯诺诺，察言观色，有的抿嘴微笑，伪装沉稳，众生百态。

初点的几个客人是孟阿姨认识的，她用眼神示意阿媛坐到那些客人旁边。拉胡琴的开始后，孟阿姨让阿媛唱京戏。

虽然在进堂子前学过背台词、唱戏，但是第一次当着这么多人的面开唱，阿媛不免有些怯场。

孟阿姨说，没关系，堂子里的姑娘有几个是真的学过京戏的？更何况，你还真正学过唱戏。客人们无非是想听听你的声音，怎么唱都成。

阿媛明白了这一点，便松了一口气，开始唱起来。自己都不知道唱了什么，客人们居然直喝彩。可见，大伙并不是真的在听她唱什么，大伙要的是她开口，是她发声。这样一来，阿媛就将学过的京戏或别的什么曲子都唱了出来。唱完一曲，她再换个位置继续唱。

客人中不乏贼眉鼠眼之人，极其喜欢占别人身体的便宜。他们妄图捏捏阿媛的小脸，抓抓阿媛的小手，甚至拍拍她的屁股。阿媛狠狠地瞪着他们，并迅速巧妙躲开那些肮脏的卑鄙的肉体。

见状，客人便哈哈大笑，七嘴八舌地议论开来。

"咳，这小姑娘脾气还不小！你多大了？"

"为什么你爹妈要让你到这里来啊？"

"长得这么标致，你叫啥名字呀？"

"笑一笑嘛。你笑起来应当更好看。哈哈，来，笑一个给我们看看！"

阿媛始终不开口，怒目圆睁，脖子发红。

"吆！这是个不会笑的姑娘！哈哈哈！"

众客人笑作一团。

遇到不认识的点过"杨兰春"的客人，孟阿姨就问道："哪位客人还叫了'杨兰春'的堂差啊？"

"来来来，这里这里呢！"一位客人冲孟阿姨招呼道。

阿媛走过去，坐在那位先生旁边。嗓子痛得很，但她只能强忍着痛，继续唱。

"还有没有先生要转？"孟阿姨看着手里的局票差不多都唱完了，便问道。

转一次就补一张局票，多一块钱。

居然有。阿媛很快就转到另一位先生的旁边，继续唱。

阿媛唱完一曲再补一曲，唱完这个餐馆，再去跑下一个地点。

夜深了，阿媛和孟阿姨坐上来时的黄包车回长三堂子。十三岁的阿媛已是筋疲力尽，浑身酸痛："阿姨，这些都是什么人啊？"

"有清朝的王孙公子，有衙门的老爷，地主、富商，也有革命党人。总之是鱼龙混杂，老老少少、各种各样的人都有。"

"依我看，都不是好人。好人才不会到堂子里来呢！"阿媛恨恨地说道，"这些有钱人大吃大喝，花天酒地，还要听唱玩乐，不顾别人死活！"

"行了，你该歇歇了。"孟阿姨说，说什么都没用，发牢骚更不顶事。她让阿媛把头靠在自己肩膀上，好好休息一下。

凌晨一点多的样子，黄包车停在长三堂子门口。

孟阿姨和阿媛刚进门，就听到白天对阿媛和颜悦色的老鸨喋喋不休地破口大骂："你就知道吃饭！养你还不如养猪呢！不会做生意，不会挣钱，把你这种姑娘弄进来算我倒霉！……"

阿媛带着问号看向孟阿姨。

孟阿姨见怪不怪，没说什么，她示意阿媛回房间去。

一会儿之后，孟阿姨回到房间来，叹口气，对阿媛说道："生意不好的姑娘就会这样，常受老鸨的辱骂，有时候还挨打呢。不过，你的生意很好，老鸨对你还是不错的。"

"那我把我的局票分给她们一些好不好？"阿媛说道。这是她的真心话。一方面，她想帮她们，另一方面，她真的受不了那么累。

"这是不行的。"阿媛的天真无邪差点把孟阿姨逗笑了，但她的心却隐隐地痛：你这个小姑娘真不懂事，哪个姑娘没有开花的时间？哪个姑娘又没有花谢的时候？当年我的美貌不是出了名的吗？可稍稍老了一点，到这种堂子里来，都成了负担似的，真是可悲啊！

孟阿姨眼角辣辣的，不愿去多想。她只是轻轻地对阿媛说了一声："时候不早了，赶紧洗洗睡觉吧，啊。"

窗外，残月薄如纸。

第二年，孟阿姨陪同阿媛去照相馆照相。这是阿媛人生中第一次照相。

摄影师给阿媛安排好坐的位置，并教她摆好姿势，示意她眼神的方向。闪光

1913年，14岁的董竹君，拥有了人生第一张照片。

灯一亮，"咔嚓"一声，十四岁的阿媛的形象被定格了。

她很漂亮，瘦削。

她的头发是当时最时兴的剪刀式刘海，辫根上扎着鲜红的粗丝线绳，戴着翠玉耳环和金镯。她穿一身当时最时髦的黑纱透花夹衣裤，蚌壳式的领子，大开叉的下摆，窄窄的裤脚，紧俏的黑锻鞋口上打着花结。

眼睛看着别处，似乎是孟阿姨，好像想听孟阿姨讲些自己从未曾接触到的事情。嘴唇放松，但没有微笑，有些执拗和倔强。

坐得很直、很正，豆蔻年华的阿媛无意间透露出一种高贵的潜质。

六、少女情怀

背负沉重的十字架,疲累、苦恼、埋怨,以及由心底的抗议表现出来的冷若冰霜,这些都是阿媛忍受了很久的煎熬所积郁的结果。

每一个深夜睡觉前,她都会乐观地给自己做倒计时,数算着自己可以走出这个堂子的日子。

她一直乐观、自信。为了爹妈,她全力以赴,势必能够胜过这恶毒的魔鬼。

就在这个时候,袁世凯在帝国主义的支持下,采取卑劣的手段窃取了辛亥革命的胜利果实。武昌起义爆发后,袁世凯利用革命势力的迅猛发展,迫使清政府让他担任内阁总理,执掌了全国军政大权。掌权后,他即刻派兵攻打武汉,直接打击和削弱革命力量;同时,派人南下和谈,采取欺骗手法表示赞成共和,诱使革命党人交出政权,由他出任中华民国的临时大总统。

孙中山在中外势力的夹攻和革命阵营内部妥协派的压力下,表示如清帝退位,袁世凯绝对赞成共和,就可以把临时大总统的职位让给他。袁世凯在得到南方政府同意让权的保证后,又回过头来迫使清帝退位。

顿时,历史进入了"快车道"。

1912年2月12日,爱新觉罗·溥仪(宣统)宣布退位。

2月14日,孙中山辞职。

2月15日,参议院选举袁世凯为临时大总统。

袁世凯侵吞了胜利的果实，把革命党人和清王朝都打倒在地，夺得了全国的统治权。

伴随着历史戏剧性的转折，阿媛个人命运的转折也同时出现了。

正是这个时候，她人生中一个非常重要的人物——夏之时——出现了。

一切都在意料之中，一切又都在意料之外。

一天中午，正站在阳台看风景的阿媛远远地看见三个着中山装的男人大步流星地走到堂子里。走在最前面的那个男人威猛高大、玉树临风、风流倜傥。她因看惯了身穿长袍大褂的人，便对这三个与常来堂子里的客人着装不同的人产生了很强烈的好奇心。

阿媛猛然想起父亲曾经给她讲过的，辛亥革命带领大家进入了民国，那么，眼下这几个人是不是参加过孙中山先生领导的辛亥革命呢？

是蝴蝶就想飞舞，是蝴蝶就想迎风飞舞。有着英雄主义情结的阿媛故作若无其事地来到楼下，假装拿东西的样子观察三个人的一举一动。

三位找了个角落坐下，然后迫不及待地小声商量着什么事情。三个人的头拱成了一个严密的三角形。

这时，老鸨走过来，用尖细的嗓音问道："三位爷，不叫姑娘来唱唱京戏听听？"

坐在最前面的那个，就是夏之时。他抬起头，看了看四周，淡定地说道："啊，好啊，哪位姑娘唱得最好就让她来唱吧！"

"夏爷，不瞒您说，我们堂子里新来了个姑娘，人长得标致，唱得更是没法说。她叫'杨兰春'……"

"行了，那就叫她来唱吧！"夏之时很干脆，打断了老鸨的话。

"'小兰春'——"老鸨拉腔带调地叫道。

阿媛应声而来，她十分礼貌地给三位作了个揖，又给他们加了茶水，然后开始唱。

三位很欣赏阿媛，有模有样地跟着拍子唱。

刚才三位在谈论国家大事的时候，阿媛就一直在旁边听着，暗暗佩服他们的学问和胆略。

唱毕一曲，一个革命党人问阿媛："小姑娘叫什么啊？"

"我叫阿媛。"阿媛自信地答道。

"那是她的小名。在这里，她叫'杨兰春'。"孟阿姨在一旁解释道。

夏之时微微一笑，若有所思地点点头。

"多大了，小姑娘？"另一个革命党人问道。

"十四岁。"

"读过书吗？"夏之时看着阿媛，认真地问道。

"我从六岁读到十二岁，后来，家里没钱还债，只好要我学京戏，然后来到这个堂子里卖唱，过完了三年，我就能出去了！"这似乎是来到堂子之后，阿媛第一次一口气说这么多的话。

这姑娘真漂亮，有灵气。夏之时饶有兴致地看着阿媛，脸上流露出深深的同情："有空时，还是应该多读书的好。看你的样子，不像是吃这碗饭的人。"

阿媛听了夏之时的话很感动，也很意外。她在这里见了多少人啦，谁会说出这样窝心的话，谁会真正关心她的未来？阿媛不觉留心多看了夏之时几眼，但见他大约二十七八岁的样子，英俊高大，天庭饱满，两眼炯炯有神，眉目间透出一股不容置疑的豪气。看来，这真是一个与众不同的人，阿媛心里暗想。

值得交代的是，夏之时，四川合江县虎头乡大官田人。小时在学馆上学时听人说清廷如何腐败，外国人如何侵犯中国主权，人民如何穷苦，长此以往，国将不国云云。听了这些，夏之时少时便志存高远，决心把一腔热血交付国家。

不久，他考进了日本东斌学校步兵科。

1912年四川副都督夏之时。

1905 年，孙中山在东京成立了同盟会，夏之时积极参加革命运动，试图与战友共同推翻清政府。

学成后回川，正值辛亥革命，夏之时配合各地起义军，在成都郊外龙泉驿带兵起义，将镇守使田征葵活捉，还将从田家抄来的几箱金子都送交银行充公。蜀军军政府在重庆成立，夏之时被推选为副都督，时年 24 岁。不久，他跟随孙中山反袁抗清，辗转流离，漂泊不定，一晃又是几年……

夏之时碰上阿媛的时候，正值革命处于低潮时期。他们到长三堂子来活动，是因为这样的地方可以躲避宪兵的跟踪。

这些都是后来阿媛断断续续地听夏之时在堂子里和人聊天的时候说起的，再加上孟阿姨道听途说了一些。

阿媛刚刚唱了两曲，三人中的一个突然提出要走，夏之时付了账，便匆匆离开了。

夏之时及其朋友离开后，阿媛意犹未尽。可能是很意外堂子里居然会有革命党人出现，也可能很欣喜革命党人竟然能这样细致入微地关怀自己，也可能是小女孩看到一个高大威武的英雄的形象而情窦初开了。

总之，阿媛的心情开朗了许多。

其实，此时，有几个人对阿媛表明过心意。苏州有钱人家的七少爷，清秀漂亮，身材瘦高，寡言少语，稚嫩的阿媛不知如何与面前的这位少爷讲话、交往。还有除夏之时之外的两名革命党人同时都对阿媛颇有好感，甚至有一位湖南人柳聘农扬言，如果阿媛不嫁给他，他就开枪打死阿媛。这让阿媛好生意外和震惊。陕西的井勿幕和四川的夏之时都表示，他们会耐心地等待阿媛"成为大人"。

在这些人当中，阿媛最喜欢夏之时。夏之时同情她，担忧她。他是个英雄，而且是个不贪污的英雄。夏之时就任四川副都督时，一个勤务兵从军政府拿了一对搪瓷痰盂到公馆使用，结果，被夏之时狠狠地训斥了一番，并命令士兵完璧归赵。这件事她一直津津乐道。

在阿媛的眼中，夏之时是最真心和最值得她仰视的人。

之后，夏之时和阿媛逐渐就熟识了，并且互有好感。每次，阿媛都会很崇敬地看着夏之时，问他一些与革命相关的问题，夏之时开完秘密会议后，都会很乐意地给她解答，然后嘘寒问暖一番。

阿媛表现出的清纯、聪颖、可爱，渐渐地使夏之时为之深深着迷。

一天，阿媛突然惊慌失措地问孟阿姨："哎呀，孟阿姨，我的衣裤上怎么会有血迹呢？"

孟阿姨急忙跑过来看阿媛褪下的衣裤："啊？阿媛，你做大人了！"

"做大人？"阿媛狐疑地看过孟阿姨，忽然想起那些喜欢她的人向她示爱时曾经对她说的话，"等你做了大人，你就可以做我老婆了！"又想起孟阿姨过去讲过的话，"你现在只是'清倌人'，等你做了大人，堂子里的老鸨就会和那些想和你同房的客人讲价钱、敲竹杠。到了那时，你就不再只是卖唱了，就有可能卖身了……如果没有客人想出钱赎你的话……"

两个清晰的片段重新闪现，阿媛怔了好一会儿。这是生命趋向成熟的仪式，从此以后，每个月都会以独有的方式重温这个仪式。

过了好一会儿后，阿媛忽地问孟阿姨："就是说，我以后要像其他姐妹那样出去接客了吗？"话未说完，她早已泪水盈盈。

"阿媛……"孟阿姨上前抱住阿媛的肩膀。

"爹妈告诉过我，我只卖三年呀，难道过了三年，他们还是不会放我出去吗？"阿媛的眼泪充满惊恐和无助。

"你爹妈只是老实的穷苦人，他们哪里知道堂子里的这些黑幕呢？他们就你这么一个女儿，肯定不舍得你在这儿做这样的活的。但是，你现在生意很好，是长三堂子的摇钱树，老鸨怎么可能放你走呢！至多到时候，他们再多塞给你父母一些钱了事。"

"那我父母肯定不依啊，我父母可以去告他们的啊！"

"阿媛，"孟阿姨扶阿媛坐在床沿上，"不记得我跟你说过的吗？每个堂子的老鸨为了堂子不犯事，能长久地开下去，她们都会姘上一个有权有势的人，也就是后台老板。你告是告不倒她的！"

想想这些姑娘们，离开了父母，离开了家人，虽说是穿红着绿，金银玉环，纸醉金迷，可是谁知道她们暗地里吞着眼泪过日子，每天无望而悲惨地数算着她们能逃出去的时间呢？

"孟阿姨，那我怎么办呢？"阿媛哭着，无力地拉住孟阿姨的手，"孟阿姨，你说我怎么办呢？"

"最好的办法就是从这些客人中找一个你可以依靠的，让他把你赎出去。"

"那老鸨会放我出去吗？"

"那就看他会出多少钱了。像你生意这么好的姑娘，老鸨肯定会要一大笔钱的。这是老鸨们惯用的恶毒的方法。"

"可是堂子里来的人哪有可以依靠的呢？好人才不会来这种地方呢！"

"不，阿媛，你再想想，"孟阿姨提醒她说，"那些革命党人就不错嘛。在阿姨看来，他们来堂子不是寻欢作乐的，而是为了掩护，开会用的。你接触过他们，难道还不清楚？"孟阿姨神秘地说道。

孟阿姨的话勾起了阿媛的思绪，夏之时的样貌浮现于她的脑海。随之，一股莫名的情绪也在她的心中升起，说不出来是高兴还是忧愁，抑或两者兼有。

阿媛认真地看着孟阿姨，似乎在问："真的吗？"

孟阿姨心有灵犀地点点头："我觉得那个夏爷待你是真心的。他第一次见你的时候，就很关心你的读书啊、家庭啊等前前后后的状况，很心疼你的样子。你看他经常来，每次来都会先来你这里，问问这、问问那的，关心着你的冷热、读书和将来的很多事情。你看呢？"

"我也觉得那个夏爷是不错，可是……可是万一他是那种很会对漂亮女孩子说漂亮话的人怎么办呢？况且，他会不会看上我呢？我又怎么知道他是真心爱我的呢？"

"傻孩子，"孟阿姨摸摸阿媛的头，"找机会，阿姨给你问问吧，啊。"

"嗯。谢谢阿姨。"阿媛含着泪，点点头，心里侥幸地盼望着兴许夏爷是能救自己的稻草，但还是有因为种种不确定而导致的恐惧。

孟阿姨出门后，阿媛一个人走到阳台，看看温和的朝阳，看看流动的人群。青年们朝气蓬勃地背着书包去洋学堂读书，穿着天蓝色布衫的年轻姑娘们手提竹篮饭菜，去纺织厂上班。那些轻松而快乐的人群里，为什么就没有自己的身影呢？我也曾一大早背上姆妈缝制的红蓝布书包兴高采烈地去私塾，我也曾是私塾里背书最好、挨打最少的学生。我也曾是有过这些年轻和欢快的日子的。穿着姆妈做的布衫、粗布裤子、布鞋，尽管寒酸，但是踏实。如今住的是有红木家具的闺房，穿着最时髦的绸衣裳，可是，这是一个没有希望的火坑……看着，想着，阿媛泪如雨下。

阿媛索性回房，趴在枕头上大哭。她想念姆妈，想念爹，也想念不确定爱或不爱的革命党人夏之时。

孟阿姨回到房间时，阿媛的枕头已是湿了一大块。孟阿姨心疼地劝说阿媛："阿媛啊，别哭了，哭得眼睛肿肿的，如果客人觉得不好看，你就会少很多生意了。你生意少了，老鸨就要骂你、打你了……阿媛，来，起来，别哭了，啊。"说罢，孟阿姨扶阿媛起来，"阿姨问过了，夏爷家里的确有个老婆，听说是个乡下大户人家的小姐，现在生肺病已经是第三期了。她还生有一个男孩，才几岁。不过，夏爷说他不爱他的老婆，不是因为她病了才不爱的，而是一开始就没爱过。他俩结婚是夏爷家里父母做的主。"

善良的孟阿姨很谨慎地把掌握的消息一一告诉给阿嫒听。

听见夏之时已有妻室，阿嫒心里凉了半截。逃离火坑的想法一下破灭了，那个少女的粉红色的梦也被重重地击碎了。

阿嫒怔了半晌，忽地清醒过来："那就是说我没救了吗？我逃不出去了吗？孟阿姨，我还有什么办法吗？我不要做妓女，我宁死不卖身！孟阿姨，你帮帮我啊！求你帮帮我……"阿嫒泣不成声。

孟阿姨很心疼阿嫒，可是无能为力。

阿嫒趴在孟阿姨的怀里哭着，颤抖着。

过了一会儿，阿嫒的哭声渐渐小下来。不多时，她擦擦眼泪，站起来，站到一幅画的旁边，认认真真地对孟阿姨说："这是一幅日本画，一座桥，一个女人。头上梳着她们民族的发髻，穿着黑红色长袖上装和深蓝色裙子，白洋袜，手里撑一把很美丽的洋伞，背着书包在桥上走。我每天都要看它好几次。我羡慕照片上这个在自由的国家里的自由的女人，她可以漂亮，可以有学问，可以做自己想做的任何事情。出于对她的羡慕，我非常想去她的国家——日本。可是我一个人去不了，何况我还是在堂子里。有一次，我问夏爷，他能不能带我到日本去。他说，能。我很高兴。他还告诉我，日本分好多学校，中学、大学、师范学校、家政学校都有。那时候我就想，我终于可以去日本求学，学点学问，替老百姓做事了！这样，我拉黄包车的爹和当娘姨的妈妈就不会再受穷受累了！"

阿嫒沉默下来，一会儿继续说道："只是，我从来都没问过夏爷有没有老婆……我一直以为，他对我的关心和爱护说明他是爱我的，我相信他是真的爱我的，他真的会带我去日本的……到头来才发现，这一切不过都是我的一厢情愿而已……"

"傻孩子，"听了阿嫒的志向，孟阿姨很是佩服，真希望能帮她一把，她抱住阿嫒，说道，"阿嫒，也许夏爷说的都是真的，他是真的爱你的，他是真的想带你去日本的。他不爱他家里的老婆，况且，听说那个女人也病得快不行了……"

第二天，夏之时凑巧又来阿嫒的房间摆花酒。

阿嫒竟然闭门不见。

"怎么了，孟阿姨？"夏之时很疑惑。

"夏爷，我可以问你一件事吗？"孟阿姨吞吞吐吐地说道。

"问吧。"夏之时更加疑惑地看着孟阿姨。

"夏爷,您在四川老家有个老婆是吧?"

"噢。"夏之时听孟阿姨这么问,顿时明白了全部。他摆了摆手,制止孟阿姨往下说,然后慢慢地从衣服里面的兜里拿出一封电报给孟阿姨看,"这电报是一周前拍来的。唉。"

孟阿姨接过来,淡淡地看了一眼,便拿到屋里给阿媛。

阿媛接过来。她看到的是夏之时家里发来的关于他妻子病逝的电报。

这时,夏之时跟进来,语气沉重地说道:"我的老婆是真的去世了。我心里很难受。虽然我并不爱她,可毕竟她替我生了一个孩子。因为工作,她临去世的时候,我没能守在她的床头,只是,眼下这个形势,我又有什么法子呢?"

阿媛没理会他,一面怀疑电报的真假,一面想着自己的心事:这是巧合,还是天意?

"你们聊聊吧。"孟阿姨知趣地退了出来,心想:西施的相貌也应该配一个爱国英雄啊!凭一个女人的直觉,她认为,夏之时是真的爱上了阿媛,她为阿媛的生活有了些可以追寻的光明而高兴。

七、逃　生

袁世凯攫取胜利果实之后露出真面目。辛亥革命后，妄图称帝的他在全国范围内大肆搜捕革命党人和爱国志士，将他们逮捕，收买或者暗杀。

风雨飘摇之际，革命党人面临的对手是老谋深算的袁世凯。此人的社会政治经验远比那些年轻而天真的革命党人丰富得多。

爱国志士夏之时也在袁世凯的网罗名单内。袁表示，悬赏三万元拿夏之时的人头。那些天，夏之时一直躲在上海日本租界，没敢去长三堂子里与阿嫒会面。

阿嫒既担心，又想念。同时，老鸨看出了孟阿姨时时处处在为阿嫒拿主意，无情地把孟阿姨从阿嫒身边调开。阿嫒再找不到一个可以为她出谋划策的人。

好在阿嫒的机会不错。上帝总会眷顾他所珍视的人。现在陪在阿嫒身边的是一个同样善良的年轻女人，名叫三宝。

阿嫒在屋子里焦急地踱来踱去，脑子里反复出现夏之时与她相见时的音容笑貌。他对她的体贴、关爱，嘱咐她别忘了读书时的认真，给她看电报时的忧伤，看到她终于对他释然时的灿烂。

可是，现实的局势已让夏爷在日租界里待了好几天，不知道他现在是什么样的状态。他到底怎么样了？到底怎么样了？夏爷的安全到底有没有保障？藏在日租界就真的安全了吗？万一被袁世凯的内线抓到了怎么办呢？

袁世凯悬巨赏要夏之时的人头，她自己也在这个绝境辗转无助，同是天涯沦落人，两个同陷火坑的人却又不能相见……想到这里，阿媛已是急出了一身汗。

颇富同情心的三宝赶紧拿手绢上前给阿媛擦汗："别急，总会有办法的。"孟阿姨将阿媛的情况告诉过三宝，并请她多关照一下。

突然，阿媛一把抓住三宝的手，果断地说道："三宝，你陪我去看夏爷吧！我要知道他现在究竟怎么样了！"

"你知道他住在哪里吗？"三宝很吃惊。

"不知道。但我相信我能够找到他！"

主意已定，阿媛表现出惊人的勇敢。她拉上三宝就要离开。

三宝为难地问道："茫茫人海，我们上哪儿去找呢？况且，我们要怎么跟老鸨解释出去的理由呢？"

这会儿，阿媛也有点犯难了。这堂子进来容易，却不是容易出去的。

正在这时，一个穿着灰色大袍，戴着一顶盖住了大半个脸的圆帽的男人，躲过老鸨门房的视线，径直快步地走进阿媛的房间，吓了两个女孩一跳。

"你是谁？"三宝胆战心惊地问道。

阿媛也是一惊，以为是袁世凯派来的密探，要到堂子里来找夏之时的。她死死地盯着来者，没有说话。

那人把门关紧，然后把帽子摘下来，才问候阿媛："杨小姐，还记得我吗？"

阿媛定睛一看，竟是第一次陪同夏之时来堂子里的一个革命党人。她顿时松了一口气，接着焦急地问道："夏爷怎么样了？"

"你不知道吗？夏爷现在被袁世凯悬赏三万块抓他的人头，处境很危险。大家劝告他去日本躲避些时候，可他为了你，不肯去。"

夏之时的朋友四下看了看，小声说道。

"嗯，我知道。"阿媛既欣慰，又心焦，"那天去一个办喜事的大户人家唱戏的路上，我看到夏爷的通缉令了，当时很是惊了一下。他现在哪里？"

"杨小姐，您别紧张。夏爷现在在日本租界的虹口胜田旅馆206房间里，相对比较安全，可是不宜久留。夏爷是让我来告诉杨小姐这些的。本来他自己要亲自前来，但太危险了。"

"嗯。谢谢你。"阿媛悲喜交集。夏爷为了自己，不顾生命安危，不去日本逃难；但是自己还在堂子里，马上面临被破身的现实，不知下步路该如何走。

"夏爷让我来问你一件事。"夏之时的朋友直奔主题，"你愿意做他的妻子吗？他要确定这个重要问题的答案，然后带你一起去日本。"

"他是真心爱我的吗？他是要我做大老婆，还是小老婆呢？结婚后，会真带我去日本吗？我真的会去日本求学吗？"这话也许不合时宜，但阿媛还是说了出来。这一连串的疑问折射了阿媛内心的不安和恐惧。从小，家里的贫穷给自己的生命带来了太多的不确定性，阿媛很需要一个确定来给自己以慰藉。不能确定自己读书能读多久，不能确定自己学唱京戏后过的是怎样的生活，不能确定自己什么时候能逃出堂子……

　　"夏爷既然在这么危急的形势下，托我过来跟你说这些，他肯定是已经爱上你，并一定要娶你做老婆，然后带你去日本的。他应该对你说过的吧。"夏之时的朋友也有些着急，"我不能在这里多留，请杨小姐尽快给我答复，我好回去回话。"

　　阿媛还在犹豫不决。尽管她是很想答应夏之时，可是又怕自己得不到真正想要的——成为夏之时真心相爱的太太，并随他一起去日本求学。她问自己，也问上帝，猝不及防的爱情和幸福会不会是虚幻的，靠不住的？

　　"告诉你吧，夏爷已经跟老鸨商量过赎你的价钱了。老鸨狮子大开口，要三万块。夏爷暂时没这么多钱，但他的确是在努力想办法。"

　　阿媛抬起头看着夏之时的朋友，眼泪唰地涌了出来。她坚定地说道："告诉他，我不要他赎我。他不要给老鸨一分钱——我要自己逃出去！如果是他用钱赎我，我宁愿在堂子里度过余生！"

　　阿媛试图用自己的自立和自爱，赢取夏之时的尊重。她不希望自己像其他女人一样，生为女人，便为弱者——依附于一个男人，靠男人将她从此种恶劣的境遇中拯救出来，然后，一起过活。当哪一天，男人恼怒的时候，随性地说出："你算什么，你不过是我花钱买来的东西！"

　　阿媛绝对不允许这种事情发生。虽然身为一个女人，虽然身为一个堂子里的女人，但她有独立的思想和长远的见地。她要得到夏之时的尊重，以及夏之时的家人的尊重，她要男女双方自由、平等，她要自己必须进入另一个崭新的世界。

　　夏之时的朋友微微一笑，正准备走，被阿媛拉住："还请你转告他，我有三个条件，需要他答应我。第一，我不做小老婆。第二，带我去日本求学。第三，从日本读书回来，我们要组织一个很好的家庭，他主外，我从旁帮助。"

　　阿媛神色坚毅，说话的口气完全像个大人。

　　夏之时的朋友也很受触动。他郑重其事地点点头，便急匆匆地走了。

　　"路上小心！"阿媛有些担心地嘱咐道。

　　在阿媛眼里，除了老鸨们为了拼命挣钱而恶毒敲竹杠之外，姑娘们自己也有责任。她嫌她们懦弱,不懂得自己机智地逃跑,不懂得勇敢地追求自己的幸福。

有了夏之时确切的消息之后,阿媛的主意就定下来。她要想方设法逃走,逃出这个火坑,然后,像蝴蝶一样,远走高飞,和夏之时一道去日本。

打定主意后,阿媛开始了自己的计划。她疏于唱歌,整天懒洋洋的。她也不好好打扮,一副没精打采的样子,即使打扮,她也将自己打扮得怪怪的,让客人看了很不舒服。

日久天长,阿媛的局票少了大半。老鸨看在眼里,气在心里。

黄昏,去唱戏的时间到了。三宝站在床旁边,喊阿媛起来。

"三宝,就说我病了,唱不了。"阿媛的回答照旧懒洋洋的。

"这……"三宝甚是为难。

这时,老鸨推门进来。"生病了,来,让我看看到底生了什么病!"语气中讽刺和嘲笑十足。

阿媛继续躺在床上不说话,平静地等着老鸨走近她。

这时候,阿媛房间门口聚集了很多看热闹的姑娘们。她们指指点点、议论纷纷。

"听说她喜欢上了一个夏爷,夏爷要用钱赎她呢!"

"对啊,听过那个夏爷是四川都督呢!年轻有为的!"

"唉,她运气真好,被这么好的男人看上!"

"哼,就她那贱骨头,兴许夏爷明天就改变主意也说不定呢!"

"……"

阿媛不理会别人的议论。她知道,眼前的老鸨一定会狠狠地修理她。但她横了心,倒也不怕。

"你这个小贱人,三年还没到期呢,你就想耍赖了?!"果然,老鸨终于忍不住破口大骂,"不要白日做梦了!夏爷根本没那么多钱赎你出去,你就安心地在这里等着,等过完了三年再说!"

阿媛依旧什么也不说,闭着眼睛听老鸨骂骂咧咧。

"起来给我唱戏去!赶紧的!"老鸨声嘶力竭。

阿媛依旧什么也不做,什么也不说,静如磐石。

"三宝,给我把她拉起来!"老鸨有些歇斯底里了。

三宝战战兢兢地走到床沿,小声说道:"'杨小姐',我们该唱戏去了。"

"三宝,把门关上。我身体很不舒服,这里太吵了。"阿媛忽地冷冷地说道。她的声音里透露出一种坚定,一种刚毅,令老鸨感到一震。不听话的丫头也有,但没有谁能像阿媛这么大胆。

三宝为难地看看慌张中乱了分寸的老鸨,又看看纹丝不动的阿媛。

老鸨气的嘴唇直打哆嗦。"啪"的一个耳光,落在阿媛的脸上。

阿媛的嘴角顿时流出了血丝。阿媛望着老鸨,竟突然咧嘴笑了。

"疯了,疯了。你这个贱货!"老鸨着实无奈,甩了甩衣袖走出房间,并用力把门关上。门发出一声巨大的响声。她一边疾步行走,一边还不忘骂其他看笑话的姑娘们,"都滚开!看什么看,就知道凑热闹!还不给我接客去!滚!"

阿媛看看安静下来的门口,这才接过三宝递过来的手帕,揩了一下血迹,又翻过身去。

"'杨小姐',你别这样倔。"三宝好心相劝,"老鸨不会放过你的。到头来,吃亏的还不是你?要知道,你的夏爷还在等你呢!"

这话一下子点醒了阿媛。是啊,自己这样做,无异于鸡蛋碰石头。她意识到麻烦很快就会来到。

果不其然,第二天一早,阿媛被莫名其妙地带到了西藏路的一条阴暗潮湿的弄堂里,并被关在一座石库门房子的二楼前楼。那里像一座死牢。

阿媛被扔到里面之后,先是声嘶力竭地喊叫,拍打墙壁。天真地试图寻找某个人能够解救自己。无人应答。过了一会儿,她累了,也知道自己的喊叫没有任何意义,便停下来,思考着接下来该怎么办。她的思绪乱飞,一会儿想夏爷,一会儿想父母,一会儿想怎么逃出去,一会儿又想日本究竟是个什么样的地方,甚至想到了幸福的婚姻生活。

"我必须尽快逃出这个火坑,夏爷还在外面等我呢!而且还要尽快逃出去,因为夏爷很快就要去日本了。"阿媛想着,心中涌起阵阵酸楚和委屈。

见阿媛安静了,看守走了过来。从墙缝中,阿媛发现这是一个年长的看守,长着络腮胡子,额头很宽,嘴上叼着一支烟。她的心思立刻集中到这个看守身上。

当天晚上,阿媛撒娇而狡猾地提出要跟看守一起玩牌。

看守完全把阿媛当小孩看待,觉得玩玩牌容易消磨时间,便应允了。在长三堂子待了这么久,阿媛的牌技可以算得上是一流的。但当她与看守一起玩时,发觉对方很在意牌局的输赢。阿媛巧妙地捕捉到了这一点,尽可能让对方多赢。

看守玩得很尽兴。阿媛让他赢了一次又一次,还殷勤地说明自己输得口服心服,然后用小孩的口吻表达对他的崇拜和敬仰。这一煽情法,使一向卑贱的看守的自尊心得到极大的满足,渐渐放松了工作的警惕性。

不仅如此，在玩牌的过程中，看守还很热心地"劝"阿媛说："'杨小姐'，其实，你是太要强了。如果你乖乖地听话，他们不会把你怎么样的。这种地方就是要姑娘们百依百顺。要是你不听话，肯定会吃亏的。"

阿媛很友好地抬起头，装作感激地冲他笑笑。然后，她抬头看见皎洁的月亮，明亮的，微笑的，圆满的，似乎正在对她暗示什么。

两个人继续玩牌。

阿媛忽然说道："这么晚了，有点冷。要是我们能喝点酒，吃点花生米什么的，那该多好呀。唉，可惜，我出不去……虽然我有点饿了……"

"哎，这还不容易？"看守人甚为爽快地拿出平日里舍不得吃的酒和点心。

两人继续玩牌。

阿媛总是恰到好处地敬看守的酒："你待在这里也不容易。今天你说的话我都记住了，等我回去后，我一定听话，多挣钱，回头来报答你。"

"你要怎么报答我？"看守趁着酒意，似乎起了某种歹意。

"你想要我怎么报答嘛！"阿媛居然迎合着他，带着一副娇嗔的样子，令人怦然心动。

"我……我想……"看守猛地喝下杯中酒。

阿媛连忙说道："别急嘛！我乖乖听话就是了嘛！来，再喝一杯！"

看守似乎看到了牌局之外的某种希望。他立即仰头一饮而尽，饮罢，就要来搂抱阿媛。

"看你，急什么嘛！我飞不了！来，再玩玩牌！"阿媛不停地劝酒和玩牌，这是长三堂子里每个姑娘的拿手好戏。

从未经历风情的看守哪里懂得其中的奥秘，他完全被阿媛牵住了鼻子。

"哈哈，又赢了！"看守说道，又端起满满的酒杯，一饮而尽。

阿媛时不时抬头观察看守的状态。

慢慢地，看守已经有了几分醉意。

两个人继续玩牌。阿媛继续不停地敬看守的酒。

不知不觉，已经过了夜里两点钟了。

醉意加深的看守眼皮耷拉着，口齿不清地说着："我、我要你……"

阿媛看出看守神志不太清醒了，便连忙应和着："好，好。走，我陪你去睡吧。"说完，她故意让看守搂着自己，一步一步往他那间黑乎乎的小房里走去。

一进屋，阿媛用力把看守的胳膊从腰间取下来，扶他到床上，不停地说着："睡吧，我听话，咱们好好睡吧……"

看守顿时鼾声如雷。

阿媛摇了摇他，发现他不是装的，便立刻把身上穿的丝罗绸缎全部脱掉，又把金玉耳环、金戒指、金镯都摘下，放在看守的枕头上。

阿媛冷静地做完这些，见看守还在沉睡中，便慢慢跪下来。她先是对金银饰物磕头，默默地说道："我是为了给爹娘尽孝才来到堂子里，为了做生意才穿戴你们的，现在我要离开这里了，离开堂子，离开你们，以后永远都不会再见到你们了。"停了停，她又对看守默默地说道，"对不起，我离开这里后，可能你也得离开这里了。你就拿着我留下来的东西，远远地离开吧。"

阿媛从屋子里出来，一缕清冷的月光落在她的脸上。只穿一身白色内衣裤的阿媛奔到弄堂口，急急地叫了一辆黄包车，径直来到日租界虹口的胜田旅馆。

"快走吧。再迟一步，就真的来不及了！"

夏之时的房间里烟雾缭绕，堆满了行李。几个革命党人朋友正在焦急万分地催促夏之时。

突然，一紧张的擂门声。

开门一看，竟是阿媛。

"啊？你！——"包括夏之时在内的所有人都惊呆了！

阿媛环顾四周，知道他们正要启程，便说道："好险！如果我晚来一点点，我就见不到你们了！"

夏之时看到逃出来的阿媛，又惊又喜，赶紧上前抱住她："你真的逃出来了！你真的逃出来了！"

没有早一步，也没有晚一步。

刚刚要走的那一刻。

恰恰抵达的那一刻。

也许，这就是缘定？

两人相拥无言，惟有泪千行。

远处，无情的汽笛声频频拉响了警报。

第二章

磨 合

　　终于,他兑现了承诺,与她结婚,带她去日本,求学。听起来,一切美好而和谐。可是,现实呢?谁没有自己想埋葬的过去?谁没有他人不能触碰的雷区?她更有,而且时不时就会被不怀好意的人提及,故意刺伤她,侮辱她。然而,她勇敢,锋利,不畏人言。她利用自己的勤奋和优秀的品格巧妙地击退那些中伤,遏止那些恶劣的旧事重提。路遥知马力,忍辱负重的她最终收获了丈夫和家人的尊重。可是,时局风云变幻,在她努力不停向前的过程中,他似乎变了。

一、结　婚

　　阿媛在胜田旅馆还没来得及喘一口气，就在旁人的催促下，与夏之时及其他革命党人迅速逃往日租界里一个日本人开设的旅馆——松田洋行。留下夏之时的哥哥待在胜田旅馆，料理剩下的事宜。

　　迈进松田洋行，阿媛满心欢喜。那是好不容易重获自由的欢喜。

　　"我终于解脱了！"阿媛激动地对自己说。

　　回头一望，依然心有余悸：那是一条挣扎在贫穷和青楼的深渊的路，是一条很多女孩子都走过并因此泯灭了前程的路，是一条使阿媛摧毁了劣根性直至复活重生的荆棘路。

　　而眼前的这条路，是一条夹杂高贵和成功的路。对阿媛而言，这是一条通向天堂的光明和幸福的路。尤其重要的是，这条路是她自己选择的，是她努力追求得来的。

　　想想真是：出身贫寒，却能结识爱国英雄，并与之相爱。上帝赐给了她一个很高的平台，这平台就像童话中的"灰姑娘"那样让人浮想联翩、艳羡不已。

　　虽然任何问题不一定都有唯一的答案，但是任何事情都是有原因的。如同蝶蛹千丝万缕的缠绕和冬眠，只为在合适的时机破茧成蝶。阿媛父母的穷苦让阿媛早早认识到生活的艰辛，这是促成其生命厚重的一个重要原因之一。在私塾里的六年让阿媛收获的是中国传统文化思想以及对它的思考。青楼两年卖唱的经历使其看到纸醉金迷、声色犬马，潜意识的反抗情绪被激发。整个十几年的生命历程中的所见所闻，阿嫒一直认真总结和分析着，同时乐观、自信、豁达。

这个被上帝有意狠狠地丢在荆棘地里的花蕾开始含苞待放。

阿嫒走过的每一步路，从来都没有后退或者原地踏步。她的方向一直是向前，向前，再向前。这种冲劲成为她一生的主线。

此刻，看看身边高大威猛的夏之时，阿嫒情不自禁地愉悦地冲他一笑。

夏之时也冲她一笑。应该说，这个追求平等、自由和解放的爱国英雄，是无论如何也体会不到阿嫒勇敢地挣脱樊笼后所发自肺腑的喜乐的。也许，他还没有时间来思考这些。因为，世道太不平静了。

这不，他们到了房间坐下不久，包车夫阿二慌慌张张地跑进来说道："哎呀，不好了！你们的车子刚转弯，追兵就到了，大老爷被他们给抓走了！"

"什么！"夏之时"噌"地跳起来，焦急万分。

"是不是看守阿嫒的人知道阿嫒跑了之后，报告给巡捕房了？"一位革命党人说道。

夏之时不说话，只是在房间里踱来踱去。

"有可能。"另一位点点头。

"那巡捕房怎么会知道我们藏身的地方呢？"

"会不会是阿嫒堂子里身边的人被逼供出来的？"

"嗯，不是没有这种可能！想想我们的处境真是凶险！"

"是啊！……"

听到这些，阿嫒心有余悸。如果方才不够敏捷和迅速，此刻的她也许就被抓回那个地狱般的堂子，然后将自己的一生廉价地出卖给老鸨……她摇摇头，使自己脱离与过去相关的想法，转而沉醉在自己成功出逃的喜乐中。因此，夏之时的哥哥被抓一事对她来说没什么特别的影响。她涉世未深，不知道周围的人已经对她有了一些不满。

夏之时明白兄弟们的议论和不满，但他当下只想着如何把自己的大哥救出来，顾不上为阿嫒解释什么。他要么一个人来回踱步，要么停下来跟革命党朋友商量救出哥哥的办法。

因为小女人的细腻心思作祟，阿嫒为夏之时对自己的忽视而深感不满，甚至夸张地对自己的选择有了些许怀疑。她在心里一遍一遍地问自己：这个大男人不是信誓旦旦地说爱我吗？为什么当我走到他身边时，他连看都不看我一眼呢？

或许，很多女人在爱情中的时候都会变得小心眼，斤斤计较，芝麻大的事也要放大千倍万倍，只顾衡量自己在男人生命中的位置，全然不顾其他。

而男人往往是忽视这些。他们在考虑更大、更现实的事情。

此时的阿媛尚不懂得从男人的角度来理解男人。她的阅历还没有让她全部沉入生命的深层。

一周之后，夏之时的哥哥被罚了1000元，总算出狱，回了四川。

生活在那个动荡不安的年代里，人们的情感常常受到世道的左右，再细腻的情感也容易变得粗糙。然而，浪漫的阿媛没有考虑太多，她只有一个单纯的愿望：在爱人的身边，好好爱他，尽力维持和享受他们的幸福。

相比较而言，夏之时是个有身份的人。虽然他的朋友们没有明确向他说出他们的想法，但他很清楚，他们并不十分赞成他迎娶门不当户不对的阿媛。他不理会他们骨子里的高傲，可是，婚后，他总会需要携带自己的妻子与相熟的或者陌生的朋友们聚会，他绝对不能用"杨兰春"这样的名字称呼自己的妻子，因为这个名字一听就很容易使人联想到青楼里的人物，"阿媛"也不行，不够大气和知性。熟思审处，他选定"毓英"作为阿媛的新名字。

这两字与"鱼"与"鹰"谐音，"鱼"代表海洋，"鹰"代表天空，海洋和天空的结合，那样的人生是多么博大和广远啊！同时，"毓"是孕育的意思，我们常说"钟灵毓秀"，就是说钟灵之气孕育了秀丽的山川和人物。从字形上看，"每"是一个女性的象形，那两点就是乳房。右边的上部，是一个倒着出来的"子"，下面有几滴羊水，就是一个生孩子的画面。"英"当然是"菁"的意思，即"精华"。因此，夏之时通过这个名字，寄寓着妻子能够为自己实现儿孙满堂的朴素愿望。

当然，这些含义，夏之时并没有给阿媛细说。阿媛也没有理解丈夫为她取名的深意。在她心目中，名字不过是个符号，她的符号就是"阿媛"，这是父母赋予她的。世道可以变，身份可以变，但内心的符号永远不会变。她的一生，都是在诠释符号"阿媛"。

虽然夏之时不是一个善于辞令之人，但他终究用实际行动兑现了他的承诺。

1914年春末，十五岁的阿媛和二十七岁的夏之时在上海日租界日本旅馆松田洋行举行了简单的婚礼。

20世纪初的欧洲，法国是较早废除君主制实行共和制的国家，提倡民主和自由。很多中国近代资产阶级知识分子有意模仿法国的礼节、服饰等，因此，阿媛结婚时，夏之时给她买的是一套半新的、领口处有些窄的白洋纱制成的法国式连衣裙，一双白色半高跟的夹头皮鞋。不仅如此，阿媛还在日本理发店梳了一个法国式的发结，妩媚而时尚，新潮而漂亮。

那天，夏之时很高兴。他穿着一套七成新的燕尾服、白衬衫，打着黑领结，脚上蹬着黑色的皮鞋，玉树临风。

婚礼在松田洋行三楼的一个靠近走廊尽头的房间里开始。房间布置一切从简，四面的墙壁上有条理地挂着几束彩条，垂落在地，窗帘紧闭，两侧的壁灯开着，露出暗色的光，大灯都没有打开，使婚礼呈现出几分神秘。

几个朋友在新郎和新娘面前的桌子上点上几根红色的喜庆的蜡烛，渲染气氛。

婚礼的程序也很简单，参加者均为夏之时的革命党人朋友。

由于是危急时刻，双方的双亲都没有机会参加这个重要的宴会。

阿媛没有盖四方红色头巾，夏之时也没有牵红绸。两人肩并肩地站立，阿媛挽着夏之时的胳膊，微笑着等待司仪的开场白。

司仪是夏之时的一个朋友。时间已到，他便简单地宣布："在大家都忙着逃难的日子里，我还是要很荣幸地宣布，今天有一对新人在这里举行他们的文明婚礼。他们是新郎夏之时和新娘董毓英。让我们用掌声祝贺他们！"

夏之时点头致意，以手势示意大家不要太过张扬："鉴于局势危急，我们必须谨慎小心。很感谢大家能冒着危险参加我老夏的婚礼，我很高兴！"说罢端起桌上的酒杯，激动而感激地说道："这杯酒我老夏先喝下，以表达我的谢意！"

大家又齐心鼓掌、欢笑，然后小心地祝酒、交谈。

阿媛在一旁跟随着夏之时的节奏，有点机械，但努力微笑而得体地致意。

为安全着想，婚礼没持续多久便结束了。夏之时和几个朋友在房间里聊天，阿媛则一个人漫步走到洋行的大厅里。

望着大厅镜子里的自己，阿媛看到一个少女皮肤白嫩无瑕，亭亭玉立，婀娜多姿。

阿媛幸福地欣赏着自己："从今天开始，我就是夏太太了！"

"哎呀，老夏怎么和一个堂子里的姑娘说结就结了呢！一个前途无量的四川的大都督，什么样的女人得不到啊？只贪图年轻漂亮有什么用！再说了，漂亮的年轻女人也多的是啊！这婚姻也太门不当户不对了吧……"一个革命党人毫无顾忌地发表着自己的"高见"，还不时地摇头、叹息。

碰巧，阿媛进屋倒茶，她美丽的笑容刹那间僵在了脸上。

旁边的人示意那个革命党人不要再说下去。

1914年董竹君与夏之时在上海日租界拍下的文明结婚照。

　　还好,阿媛尽快让自己恢复平静,从容地给客人加上茶水,然后抬起头,用坚定的口吻对刚才发牢骚的人说道:"朋友,我需要告诉你一些重要信息。我不是夏爷赎出来的,这是一。第二,你们革命党人的思想不是很新吗?不是要'革旧传统的命'吗?为什么还徘徊在保守老套的门当户对里呢?难道你们只是说一套做一套吗?我希望不是,但愿你们不会辜负我们老百姓的信任。"

　　"董小姐,刚才是朋友随便说的,您别放在心上。"旁边的人尴尬地解释道。

　　这时,一直忙着张罗送朋友的夏之时走了回来。他装作什么也没听到,什么也没有发生,爽朗而开心地笑着说道:"大家今天来是很给我老夏面子,一定要开心一点,多喝几杯!"

　　阿媛转过身面向夏之时,给了他一个甜美而动人的微笑。

　　"你也开心吧?"夏之时哈哈大笑,说道,"走,我们拍照去!"说罢抓起了阿媛的手。

　　文明的"结婚照"由此定格——两位新人隔开一定的距离。阿媛手里拿着一朵花，面无表情，笔直站立。她应该是微笑的，从容的、会心的微笑。可能因为夏的朋友的一番话还是触到了她的痛处吧。而夏之时的表情倒是简单许多，凸显着他雷厉风行的都督的气质，斩钉截铁的样子，甚至是有些生硬。

两人的目光都看着前方，但看到的并不是同一个目标。

二、樱花中的箫声

婚后，由于时局越来越紧张，夏之时经常不在家，四处奔逃。后来，他与革命党朋友决定，去日本逃难！

那些天，一直在打探消息的黄包车夫阿二不时告知阿媛夏之时的情况："夏爷在和他那里的革命党人开会商讨国事……夏爷现在和天津来的张培爵、谢持、红鼻子陈宽密商讨袁大计呢……"

阿媛淡淡地点点头，心里只顾想着在外奔波的夏之时。

阿二看出阿媛很孤独，便对阿媛说道："夏爷是个爱国英雄，虽然这些日子一直没有时间在家，但他是在外面干大事，你知道的，他不仅救出了大哥，而且现在准备推翻袁世凯政权。你别担心，等过了这一阵，都会好起来的。"

阿媛看看阿二，认真地点点头。

第二天，阿二兴冲冲跑来，手里拿着一张船票："这是去日本的船票，夏爷让我把这个交给你！明天早上八点前，你去金利源轮船码头等他。"

"嗯！"阿媛紧紧地攥住船票，感激又不舍地与阿二作别。

阿二是一个老实忠厚的包车夫。他的形象等同于众多生活在城市边缘的勤劳善良、逆来顺受、默默无闻的贫苦农民。阿媛的父亲董同庆的形象与之有一定的相似性，也许阿媛从阿二身上看到了自己忠厚而又要强的父亲，也许是两个生活在底层的真诚、无知又无辜的人的人格魅力不约而同地打动着阿媛，也许不管什

1914年摄于上海。

么样的离别都会煽动人的情绪的脆弱和软弱,也许……

阿二放心离开的时候,阿嫒背过身去,泪如雨下,不忍去看那张清瘦而老态的背影。

说真的,阿嫒很舍不得离开他。离开他,就是离开了自己的父母,离开了那条污水浜,离开了那些孕育坚强和奋斗的贫穷。离开他,是离开她的过去。

尽管离开他是她人生腾飞的开始。

同时,阿嫒也很同情他。他的存在,是父母生活状态的再现,是千千万万中国人民生活状态的缩影。虽然自己要去梦想中的国度,可是依然还有很多同胞在水深火热中挣扎。军阀混战,窃国大盗复辟称帝,共和制名存实亡,国家又陷入多事之秋,民不聊生未曾改变。对自己的国家及其人民,阿嫒有太多的痛楚和同情。她明白,与阿二的这一别,也许永远都不会再见面了。阿二会继续找别的地方做事、谋生,辗转到各个角落,辗转不变的是生活的艰辛。

一夜无眠。翌日一早,阿嫒提着简单的行李,匆匆赶到金利源轮船码头。夏之时早已等在那里。他的身边,还有他的几个革命党朋友。阿嫒向大家点点头,算是打了一个招呼。

雾云氤氲,太阳躲在云层后,迟迟不肯露脸。

每个人都没有心情欣赏清晨朦胧的雾色，没有时间畅饮清晨新鲜的空气，有的只是小心谨慎，紧绷心弦，提防密探。

码头上人声鼎沸，嘈杂不堪，秩序混乱。

没有做最坏的打算，也没有必胜的打算，虽然手里有票，但票并不能保证任何一个人都能安全到达目的地。

码头上，不时有荷枪实弹的士兵，瞪着幽灵一样的眼睛，四处巡视。

为保险起见，大家分头行动，各自混入熙熙攘攘的人群，以便侥幸蒙混上船。

终于上了船。看到自己的人都在船上，夏之时松了一口气。然而，他的脸仍是绷得紧紧的，并未真正放松。

直到船开动了半个多小时后，大家才放心地聚在一起，交谈、吃饭。

初次乘船的阿媛心情很好。一整天或在走廊里欢快地踱来踱去，或躺在躺椅上惬意地欣赏海景。

一轮温暖的红日终于突破云雾，从东方海面上徐徐升起，天空渐渐呈现圣洁的蔚蓝色。远处，海天相接，大海静如处子。近处，海船行驶过的海面，白浪汹涌，白浪之外是温柔的涟漪，涟漪之外又是波澜不惊的平静。

阿媛站在甲板上，任凭海风爱抚着自己，发丝优雅地随风而舞。她闭上眼睛，张开双臂，微笑拥抱正在到来的和即将到来的自由和美好。大海博大、无限，海鸥自由、安然，太阳和空气都是纯洁的，目之所及尽是真和美。阿媛突然想到了"鱼"和"鹰"，似乎理解了夏之时取名的深意，不禁柔情四溢，心旷神怡。

花花世界的欲望、腐朽、肮脏等等乌烟瘴气都被阿媛弃如草芥。过去的，终于真的过去了。

彻底的解脱，像是脱胎换骨。

从阿媛逃出堂子到她与夏之时结婚，前后仅仅两周的时间。有时候，变化只用一瞬就够了。那个在青楼里卖唱的小女孩，如今已是都督夫人。无需惊异，无需惊慌，向前走就是，坦然无惧地接受变化，微笑自信地迎接新生活。

三天三夜之后，夏之时一行人到达东京车站。在相关人员的引导下，他们有次序地出站。

之后，他们坐上漂亮干净的东洋车前往预备好的旅馆。

阿媛像个初次进城的乡下人一样，紧张、兴奋、好奇，不时四处张望。

夏之时看着阿媛的孩子气，便揽过阿媛的肩，笑了："日本社会很有秩序。你看车站等车的人，不管是男女，工人还是学生，都会排好队耐心等待。"夏之时看看阿媛迷人的脸蛋，接着说道："看看路边这些樱花。樱花盛开在春光明媚、百花争艳时节，一些荒川地带是樱花最茂盛的地方。这时候，当地人就会举行各种各样的狂欢节，饮酒、唱歌、跳舞，借此机会把心里积郁的一切不好的情绪都发泄干净。"

阿媛点点头："好像有一首日本民歌啊，叫《樱花》。"说罢，她就轻轻地哼了起来，"樱花啊，樱花啊，暮春三月晴空里，万里无云多明净；花朵烂漫似云霞，花香四溢满天涯。快来呀，快来呀，同去看樱花！"

"哈哈！这个你也知道！"夏之时被逗得哈哈大笑，长期以来的紧绷情绪释放了大半。

日本街道一尘不染，市容繁华。

阿媛看见日本男女身材矮小，但个个神采奕奕，精神抖擞，彬彬有礼。大部分男人穿着长到脚背的暗色和服，交叉带的木屐，有的穿短衫、紧裤、便鞋。女人一般穿和服，花绸、花布缝制的，后背腰间捆着一个用丝绸或彩布扎结成的方形大包，绾着类似中国唐朝女人的发髻。相比较而言，学生服简约，圆领、短衣短裙、黑皮鞋，简单的齐耳发式。

"啊，终于到了我梦寐以求的地方了！"阿媛幸福地靠在夏之时厚实的肩膀上，心里暗暗想道，"真好！这里的一切都好新鲜！我好幸福！"

由于阿媛初来被美誉为"樱花之国"的日本，安顿后，夏之时便带阿媛到樱花公园里赏樱花。

两人手牵着手，徜徉在粉色的樱花花海里，缠绵在前来观赏樱花的人群里，轻言细语，甜柔相依。

那情景，美得像一幅画。

夏之时一边走，一边给阿媛介绍樱花的种类、生态习性、园林用途、产地分布等生物知识，阿媛认真听着，仔细地看着眼前的樱花，同时好奇地观察着形形色色的日本人。

远远地，传来一阵美妙的音乐。

阿媛用疑问的眼神看着夏之时。

夏之时朝向远方，那是音乐的方向。聆听了一会儿后，他说道："这是'尺八'，日本的乐器——箫；吹箫人吹的是爱尔兰民歌，《夏天最后一朵玫瑰》。"

阿媛点点头，记住了这首动听的歌曲。

她安静地听了很久。尽管这首歌有种凄风苦雨的音调，但是因为这是她第一次和夏之时以夫妇的身份在日本听到的音乐，它有时间、地点和事件层面上的纪念意义。

夏之时嫌她在这个箫声上停留太久，便稍稍用力，拉着沉浸在美妙而又有点伤感的阿媛继续往前走。

箫声如水，照得伊人瘦。

三、忍辱之蝶

　　夏之时在东京郊区代代木租到一幢美丽的小独院,他和阿媛的生活安定下来。之后,夏之时开始安排自己的夫人求学。这也是阿媛的梦想。

　　毋庸置疑,夏之时深爱着阿媛。他眼中的太太,漂亮、聪明、有内涵,总之她绝对与众不同。在他心目中,每个见过阿媛的男人都有爱上她的可能。因此,在阿媛自己搭高架电车进城补习日文和其他学科的一段时间后,为了婚姻的安全,从自私而狡猾的角度考虑,夏之时想方设法安排阿媛在家里读书,同时聘请了日本人松田教授为她讲解数学和日文,而日本人林木两兄弟则教授她物理、化学和动植物学,还有中国四川的夏斧师主要教授阿媛历史和地理,东北人张老师则教授阿媛中文。这五位家庭教师有足够的能力帮助阿媛上完东京高等师范学校的全部理科课程。

　　阿媛的历史和地理老师——四川人夏斧师将夏之时为阿媛取的"毓英"改为"董篁",字"竹君"。因为董,与"懂"谐间,即懂得,并珍爱。君,尊敬,表示相敬如宾。这个老先生引经据典地说:"'篁者,竹田也'。这是《说文》里的原话。'蓟丘之植,植于汶篁'。这是《战国策·燕策》里的句子。'余处幽篁兮终不见天。'连《楚辞·山鬼》里都有这样的诗句。可见其意思的深远。"

　　真是难得这样的老师,难得这样的心意。夏之时觉得名字改得好,阿媛觉得名字虽然难写一点,但是很有意义,便也愉快地接受了。

董竹君和大女儿国琼在日本。

就这样，注定要在中国历史中留下名字的"董竹君"出现了。

董竹君很聪明，读书又认真，深得几个老师的喜悦，师生感情甚笃。

不久，董竹君的第一个女儿国琼出生。

第一个孩子出生，夏之时当然要起个好名字。他请教夏斧师。

夏斧师回答说，就叫"国琼"吧。夏斧师解释说："'投我以木瓜，报之以琼琚。'这是《诗·卫风·木瓜》中的原话。'琼'还暗喻事物的美好。咱们现在虽然漂泊日本，但这只是暂时的。我们不仅希望国家强大、美好，也希望我们每个人幸福、美好。"

夏之时闻言，欣然采纳。

国琼这个小女孩，小脸蛋儿长得圆溜溜的，跟个红苹果似的，长着一双水汪汪的大眼睛，鼻子还没成型，有点扁，小嘴就跟董竹君一个模子刻出来的一样。

董竹君和夏之时看着眼前这个胖乎乎的小宝贝直乐。

"真像你，真像你！我倒是很希望她像我的，不过呢，我的太太好看，长大了肯定是个美人胚子！"夏之时乐呵呵地说。

董竹君只是笑，打心眼里幸福。

"啧啧！"夏之时变着口技逗着董竹君怀里的小可爱，但是小孩太小，她还不会看东西，眼神没有停在夏之时这里。

董竹君看着肉乎乎的小脸，忍不住亲了一口，小孩顿时发出叽里咕噜的笑声，并扭头看着董竹君乐。

"哎呀，还是漂亮夫人魅力大呢，她都不理我！"夏之时故作生气地说道。

"来，亲亲爸爸！"董竹君把国琼放到夏之时怀里。

董竹君认真地承担着一切属于她的责任。一个聪明的学生，一个细心的母亲，一个贤惠的妻子。

一个周末，夏之时对董竹君说，明天，他的很多中国朋友会带他们的太太一起来家里聚会。

于是，第二早上，董竹君抱着国琼去日本百货商店买大家聚会需要的东西。她上身穿黑色棉布和服，下身是深蓝色呢裙，双脚在一双黑色皮鞋里疾步行走。她梳着日本当时流行的发髻，舒畅而欢快地购物，逗弄国琼。

这时，身后跑过一群孩子。他们跑到董竹君和国琼前面，回过头来有恃无恐地叫道："支那亡国奴！支那亡国奴！"

像突然遭了一记闷拳，董竹君惊呆地停住脚步，然后，气愤地看着他们跑远。

那群孩子就住在董竹君家附近，都认得夏之时和董竹君。

明治维新使日本走上了资本主义迅速发展的道路。在教育改革中，教师更多的是传授西方的科学文化知识，同时过分注重向学生灌输忠君爱国的思想，而忽略自由和民主思想，使得日本军国主义和极端民族主义兴起。特别是清政府在近代战争中接连失败，不断地与列强签订侮辱国格和国人的条约，日本人更是不把中国人放在眼里。这种教育和意识一代代传承下去，因此，即便身为几岁的小孩，他们也会恣意妄为地嘲讽中国人。

只因身在异乡，她只是寄人篱下的"寄居蟹"，另外，自己的祖国也的确暂时衰颓，对此，她心有余而力不足。董竹君深知自己处境的寒酸，就没和那群本应天真无邪的孩子辩驳什么。她抱着国琼继续向商店走去。小小的国琼什么也不懂，只是睁着大眼睛无意识地到处看，不时发出"咕咕咕"的笑声。

离住处越来越远，离商店越来越近，也就不再有很多人知道她是中国人了。董竹君走进一家店面宽敞洁净的商店。

女服务员热情地冲她微笑。日本的服务性行业，如商店职员、饭店职员、车站职员等，大部分的从业人员都是女性。

董竹君来到要买的茶壶茶杯的柜台前，女服务员热情地为她提供相关信息，并把不同品牌、不同质量的实物对比给她看。

董竹君仔细掂量、斟酌着，觉得这些都不是很理想，不管是美观还是重量；但又因服务员细致入微地为她服务了这么久，感情上不好说什么都不想要，所以正为难。

女服务员看懂了董竹君没有选到合适的茶壶茶杯，便恭恭敬敬地说道："很抱歉，我没有为您挑选到您最想要的物品。我可以继续为您服务吗？"

董竹君很是吃惊但也很高兴，连连说"谢谢"，心里由衷地感慨日本的服务出色。

选购好该买的东西，美丽的女服务员微笑着和她说——

"再见，欢迎下次再来！"

董竹君寄人篱下的阴霾暂时烟消云散。在阳光的照耀下，她舒畅地闭上眼睛，祈祷，如果这个国家少些歧视、排挤，像是他们的服务业那样讲究平等，讲究每个个体的需要都得到最大程度的满足，那该多好！

此时，家里已是高朋满座。男人坐成一堆打牌、聊天、喝茶、吹牛，女人坐成一堆互相说道家长里短、儿女情长。

男人们有的是夏之时的革命党朋友，有的是在日本认识的普通的中国朋友，个个穿戴齐整。女人们则都是用金银首饰装束起来的高贵阔太太。

董竹君什么首饰也没有。仅看外表，她比不上眼前的太太们富贵。倒不是夏之时不给她买。事实上，从长三堂子里逃出来的那一夜起，她就决定这一辈子都不穿戴那些昂贵且浮华的首饰了。那些东西，是一段穷人被富人玩弄于手心的屈辱的经历的象征，她要与它们彻底告别。

董竹君看到这些穿着华丽的女人们，首先想到的是：浮夸而做作。但她很有礼貌地向大家点头，微笑，并解释外出的原因。

夏之时高兴地站起来接过国琼，在她的小脸上亲了一下。

让夏之时和董竹君都很意外的是，几乎所有的女人都对董竹君不屑一顾。她们使劲地翻白眼，使劲地撇嘴，使劲地歪过头，然后有意识地齐心将她们的圈子围裹得更严密、更紧凑。有的男人们故意把牌摔得很响，嘴里阴阳怪气。

夏之时很尴尬。

董竹君很愤怒，但考虑到这些都是夏之时的朋友，不便发泄什么。

每个人都知道原因。他们鄙夷董竹君的青楼出身。

一个从中国来日本打工挣钱的男人尖声叫道："如夫人！过来一起打牌吧？

您曾经待过的地方应该有很多人打牌赌钱的吧！耳濡目染也应该多多少少会点啊！哈哈哈……"

他的女人妖里妖气地笑着，其他女人亦步亦趋。

他们的意思是，一个青楼女子，只配做姨太太。她做了正太太，从某个角度说，是对这些名媛正娶的贵夫人身份的糟践。

可董竹君的确是正太太，她用现实维护了自己的尊严。

"方兄，你这什么话呢真是！还跟我老夏开这样的玩笑！"夏之时勉强笑着，抱着国琼走到男人们中间。

董竹君也勉强挤出笑容："大家继续玩，我去准备饭菜。"

董竹君离开后，女人们的圈子变得稀松——刚刚对董竹君指桑骂槐时，还是不约而同地心意一致。圈子就有这样的属性，有着共同的利益或阴谋，原本矛盾重重的群体会突然自动不自动地被紧凑地整合在一起。

其实，她们中的很多也只是农村中不识字的妇人，皆因丈夫身份、地位、权势或者财富的变化，她们也随之位居高处。像是暴发户，只因生命厚度不够，这种浮躁的高度带来对别的个体的俯视，使她们的人格魅力大大下跌，或仅是丈夫生命中的用品，或在丈夫的人生中没有追求地寄居。

当然，也有很多出身于大户、名门。这种从小就有学问、有姿色但孤芳自赏的大小姐从不曾想过改变一下盛气凌人的神色。在娘家，附庸于父母身上，之后，经过门当户对的筛选，成为丈夫人生的附庸。

董竹君从来都没有把这些女人放在心上。她们是离不开自己男人的花瓶般易碎的女人。

是的，她不否认夏之时在为自己的生命助跑，而且是强有力地。用一句俗话讲，夏之时是她生命中的贵人。她承认，也感恩。没有夏之时，她不会在今天的这个地方，在东京的家里，以都督夫人的身份，学习着东京女子师范学校的课程。

诚然，丈夫是女人生命中一个很重要的角色。但若女人因此而放下了学业、事业、革命追求等等自立的思想和行为，她会在其他的很多角色中败得一塌糊涂，甚至在婚姻中也败下阵来。

所以，董竹君什么都不放弃，丈夫、女儿、家庭、学业、革命追求等等，她试着都抓住，牢牢地。

一阵并不十分开心且虚伪的觥筹交错之后，朋友们相继离去。董竹君打扫完卫生，将国琼哄入睡，然后，她坐下认真地做功课，一直熬夜到两点钟，她还在

董竹君在日本东京与房东合影。

算理化题,还在看《产妇与婴儿须知》,还在背史地。

蝴蝶美丽的飞翔不是一蹴而就的,从来都是辛苦积累才能灵动地舞动。

四、初试锋芒

过了一段时间的异国他乡的漂泊生活后，身在东京的革命党人秘密筹划着回国推翻袁世凯政府。

成长的经历和学习的经验，使董竹君对国家命运的忧虑、对国人命运的疼惜，越来越强烈。

恰在此时，夏之时有一封与护国战争相关的紧急密电要送到上海。这封信既不能用密码传，更不能靠人口传，必须有一个信得过的人亲自前往上海，亲自送到相关负责人手中。

考虑了很久，他始终没有合适的人选。逃往日本的革命党人要么已经被袁世凯的手下精心地画出了头像，要么被公布了姓名和主要特征，要么已经放弃理想，下海从商。同时，袁世凯手下想尽办法寻找机会捉拿、逮捕继续革命者，不放过任何一个。迫于形势，夏之时的这封信一时无法送达。

就在这时，一个革命党人建议说：董竹君可以做这件事。他解释说：从人事的角度看，政府人员不认识她，她也不是革命人士圈里的，这种对双方来说都是陌生个体的身份，她很适合接手这个任务。董竹君能够从长三堂子逃出来，身手敏捷，深知自保，尤其重要的是，她对丈夫从事的伟业忠贞不二。

但是，夏之时深知这个任务的艰巨和危险性：必须得乘三天三夜的海船回上海，还要时时处处躲避密探的眼睛，想方设法逃脱密探的罗网。这些意外情况，董竹君都能灵活应付过去吗？

夏之时很担心，也很为难。

可是，事情紧急，实在找不出第二个合适的人选，更何况，如果董竹君顺利完成了任务，她在朋友圈子里的地位也会获得空前的提高。想到这些，夏之时便试着跟董竹君讲出了"送信"的重任。

"我愿意试试！"没想到，董竹君竟十分乐意为国家效劳。她保证，她一定能够完成这个艰巨而伟大的任务。

夏之时望着眼前既兴奋又积极的妻子，心里不知道是什么感觉，担心、高兴，还是其他？他把她紧紧地搂在怀里，沉默了很久。

他不知道她会遇到什么状况，他不知道她会处理到什么程度，他也不知道她是否能逢凶化吉，他甚至不确定过几天能不能再见到毫发未伤的爱妻。

没有时间细想，第二天一早，夏之时送董竹君上船。他几乎说不出什么话来。嗫嚅了半天，他才轻轻地道了一句："保重。"说罢，眼里已是噙满泪花。

董竹君理解夏之时的心情，故作轻松地对他说道："我还第一次见到都督大人流泪呢！"说罢，自己也是噙满泪花。

轮船，终究是要走了。

船上的董竹君回头和岸上的丈夫、女儿作别。

丈夫一直抱着女儿站在岸边，等到董竹君的船消失得没了踪影的时候才离开。

在海船上，董竹君不时摸摸怀里揣着的是盖着火印的信件，心里很是紧张。她也在担心着夏之时担心的那些问题，对夏之时不确定的那些事情也是同样的不确定。她穿着普通上海女人穿的衣服，警惕地察看着四周。

经过三天的海上颠簸，她终于疲惫地到达了上海。董竹君在一个日本旅馆歇歇脚，稍事休息之后，便立刻赶往上海革命党人秘密工作的革命阵营——靖江路边的一所并排在众多院子里的普通的204号房子。

正所谓"大隐隐于市"。这里燃烧着"革命的火种"——这是夏之时在日本时常联系的地址。有些信件，日本和上海的革命党人是通过密码信的方式传递到此的。

此时，董竹君打扮成上海底层妇人模样，穿着破旧的粗布深蓝色衣服，围着一顶暗色的旧头巾，怀着紧张而又警觉的心情，走路去了靖江路的204号房屋。

很静。这是一处普通人家的院子。

董竹君轻轻地敲门。

"谁呀？"里面的人问道，接着出来一个乡下人模样的老男人。

门只留出一条缝。

董竹君打着手语跟老男人交谈，告知老男人她饿了，要口饭吃。边打手语，她有意地把肥大的袖管里的材料露出来给老男人看。

老男人看见材料最上方盖着的火印，大吃一惊，瞬间联想到这些天屋里的几个革命党谈论的急件。

"来，进来吃点饭吧！"他急忙请董竹君进屋，随后赶紧关上门。

进到院子里，走过天井，进入正堂。老男人让董竹君等一会儿，自己进去传话。很快，这个老男人出来带董竹君向左拐进入侧房，再往里进才到了一个小屋里。

几个人围在一张桌子旁商量着什么。

一个年轻人站起来，有礼貌地跟董竹君打着暗号："有米吗？"

董竹君笑着说道："老虎吃光了。"

年轻人又说道："大海很黑。"

"我有火柴。"董竹君仍然笑着答道。

突然，年轻人紧紧地握住董竹君的手，屋子里所有的人都站了起来，十分激动地看着董竹君。过了好一会儿，年轻人才说话："终于等到你了。这些天，我们担心死了，以为老夏出事了！"

董竹君摇摇头，坐下来，从长袖里拿出信，说道："风声太紧。这正是现在日本的夏之时先生让我送来的。"

年轻人接过信，冲董竹君点头，竖起大拇指。"不过，您是？"他问道。

"我是他的太太，董竹君。"

"啊，久仰！"年轻人十分惊讶地感叹，"您亲自送来，多危险啦！太谢谢您了，董女士！我们前些天接到在日本的朋友的电报说有份机密文件要送达，他们一直没有合适人选，所以我们在这边也是分外着急。没想到……居然是董女士您亲自送来的！董女士真是女中豪杰、爱国英雄啊！"

"是啊是啊，夏都督的眼光真是不错！"另一个人赞许地赞同着。

董竹君被夸得不好意思了："你们看看吧，我也不能在这里久留。有什么需要我带回去的吗？"董竹君一边说，一边望着年轻人。

"这个……"年轻人沉吟了一下，然后笑着说道，"哦，没事，没事。"显然，他不愿董竹君冒新的危险。万一有什么意外，他可负担不起。

"既然如此，那我就先走了。"董竹君彬彬有礼地说道，"愿你们革命工作顺利进行，为我们的国家，为我们的百姓多做些有意义的事！"

"一定，一定！董小姐您在上海若有什么需要帮忙的，请一定告诉我们，我们尽力办！"一个革命党人诚恳地对董竹君说道。

董竹君带着谢地点点头。道别后，她重新围上头巾，悄然离开了屋子。

出了门，她依然小心地低着头走在路上，扮装哑女的身份和模样。

刚拐过一个弯，突然听到侧面传来一声喝斥："站住！"两个身强力壮的大男人挡在了董竹君的面前，"你走那么快干嘛？！"

董竹君先是一惊，然后低下头，装作着急赶路的样子，皱皱眉，摆摆手，意思是她什么都不会，什么都不是。

"你低着头干什么，让我们好好看看！"

董竹君双手乱舞，喉咙里发出奇怪的响声，就是说不出话。

"噢，大哥，她是哑巴呢！"左边的男人说道。

"唉，长得倒是好模好样的，可惜是个不会说话的！走！"

两人"哼"了一声，从董竹君面前拂袖而去。

董竹君长舒一口气。她刚开始还以为是碰到追踪她的密探了。

实际上，这两个男人是在大街上给一个有钱的大户老爷物色一个小老婆的。那老家伙70多岁了，风流成性，家里的太太、姨太太整天争财争宠，闹得鸡犬不宁，他还是坚持再娶个能说会道的、国色天香的女人做最后一个小老婆。

"咳，幸亏这个姑娘是个哑巴，不然又得吃苦咯！"街边一个铺子里的老板对旁边的人说道。

"是啊，都七老八十的人了，还不醒醒！作孽啊……"

董竹君听后惊慌失色，加紧赶路。

送完信后，董竹君托一个革命党人想办法给双亲送去一封信，在上海的日本旅馆里与双亲小见了一面。

几年不见，如今的双亲还是那么贫困。二阿姐仍旧穿着不合身的打着补丁的衣裤，但依然是那么整洁齐整。两位老人明显老了许多。然而，双亲最大的不同是，他们在董竹君面前小心翼翼、战战兢兢。

在他们眼里，面前的这个女子是四川省的都督夫人，这是她最重要的身份，其他的从属身份根本可以忽略不计。

董竹君看着自己的双亲对自己仰视、拘谨的状态很是不安，也很心酸："姆妈，爹，我是你们的女儿阿媛啊！"

同庆点点头，可是他们内心的倔强，对董竹君新的"尊贵"身份的认定是董竹君自己无论如何也左右不了的。

　　"我从日本汇给你们的钱都收到了吗？"

　　"收到了，收到了，"二阿姐点点头，"要不然，就没法过下去了……"

　　三个人难过地沉默。

　　"国琼还好吗？我们也没见过……"二阿姐小声问了一句。

　　"很好，很好，这次事情紧急，不能带她。你们迟早会见到她的！"

　　"嗯。"同庆点点头，心里并不确定董竹君的这个答案究竟有没有许诺的意义。

　　由于情势危急，董竹君不能在上海久留，她没和双亲说几句话就分开了。革命，包括亲情的牺牲。

　　临行前，董竹君把来时夏之时给她的费用剩下的全给了双亲："我也没什么钱，你们就省着花吧。"

　　"唉。"推脱了好一会儿，二阿姐才勉强收下。

　　乘上回日本的轮船后，压在董竹君胸口上的石块才终于搬开了。她要赶快回去看丈夫，赶快回去看可爱的女儿。她想着这些，心潮起伏。

　　此时，夏之时已在东京站连续等了好几天，每次都要等到每一个人都下船后，还要再问船上的工作人员有没有人落在船上。得到确切的消息后，夏之时才抱着国琼悻悻地离开。

　　这天，他终于等到了他的妻子。他大声喊着"竹君"，国琼也大声喊着"妈妈"，两个人一起像孩子似地欢快地朝董竹君招手。

　　董竹君看到两人后，高兴地向他们边招手边奔跑过去。

　　夏之时一手抱着国琼，一手把董竹君紧紧地搂在怀里。

　　董竹君又看到了夏之时眼中激动的泪花。她因眼前这个曾经身为四川省的副都督的男子汉为她流泪而自豪。

　　董竹君初试锋芒，她用行动告诉丈夫：有她作伴，有她的爱，他的人生是精彩的，是值得的！同时，对她而言，眼前这个男人爱她，在乎她，这就足够了。

五、不能擦出的火花

当然，并不是所有的日子都是坦顺的。

都督夫人的生活也不全是荣华富贵。

夏之时当年被选为四川省副都督，过了一段时间，四川成、渝两政府合并，夏辞去重庆蜀军军政府副都督职位，任重庆镇抚府总长，作为同盟会的要员在四川督阵。

夏之时辞去副都督职务时，四川父老乡亲因对他的敬重，送给他三万元。此时，夏之时已经再次来到日本，夏家当家的是他的大哥——夏冕昭，所以，这三万元到达夏之时之手时只剩一万元了。

除此之外，夏之时没有固定的收入，因此，夏之时和董竹君在日本的生活很窘迫的时候，也有吃了上顿愁下顿的境遇，甚至有过典当的经历。

夏之时觉得对不起董竹君，没有让她过上富足的生活，而董竹君常常反过来安慰夏之时："穷和富还不一样过，一个家只要和和美美的就够了，那些荣华富贵根本不重要。再说，我又不是大户人家的小姐，过不惯穷日子。"

夏之时看着董竹君，很是欣慰。

晚上，写革命材料的夏之时有时候会犯烟瘾，焦躁不安。

董竹君便不动声色地拿出一些她已经卷好的"烟"给夏之时过过瘾。她把平日里夏之时抽过的烟头攒起来，再用废纸卷在上面，等夏想抽烟的时候拿给他。

夏之时看着手里的"烟",很感动。他一把将董竹君紧紧搂在怀里,认真地说道:"你总是给我惊喜!有你这样的好老婆,我夏之时还怕什么?"

其实,夏之时还是害怕什么的。他怕董竹君喜欢上别人,因此,他非常不喜欢她外出交际。除此之外,他甚至曾经严厉地禁止过喜欢文艺的董竹君聆听外面吹箫人传来的箫声,唯恐这些靡靡之音会把自己的妻子从自己身边勾走。

但是,夏之时平时忙于革命,甚少和董竹君聊天、谈心,活泼的董竹君只能深坐闺中,对镜空幽怨。渐渐地,她知道自己的丈夫并不是一个温柔多情的男人;相反,他更像一个严厉的师长。

1915年底至1916年,云南等省组织护国军,反对袁世凯复辟帝制,维护中华民国民主共和制度。此时,云南宣布独立,组织了讨袁护国军与北洋军在四川南部激战。

袁世凯在北洋军节节败退、众叛亲离的情况下,于1916年3月22日被迫下令撤销帝制,其做了83天的皇帝梦成为泡影。袁世凯当不成皇帝,却仍然把住大总统的位置不放,护国军坚决不答应,全国的"讨袁"斗争依然澎湃高涨。

身在日本的夏之时听闻此事,激动不已,认为国内革命高潮时机已到,恰在此时,他接到唐继尧之命,决定回国,参加讨袁斗争。当年,夏之时在四川做副都督时,曾与唐继尧有过深交。

舍小家,为大家。这是当时革命党普遍的做法。夏之时也不例外。1916年春末夏初,他因局势不稳和临危授命,由日本返回四川。临走前夕,夏之时和董竹君两人彻夜长谈,他嘱托董竹君好好照管家庭。

第二天一早动身的时候,夏之时突然拿出一把手枪,郑重其事地交给董竹君,说道:"我走后,就你和国琼在家,一定要谨慎小心。这个,可防贼防身用。另外……假如你做了对不起我的事,它也可以帮你……"

董竹君惊得一脸泪水,她抬起头,怀疑而恐惧地看着夏之时。

夏之时的眼神是坚定的,他的态度是认真的,他的语气是镇定的。所以,这一切都是真的。

董竹君很害怕,突然间。

与此同时,夏之时又用加急电报,把正在上海南洋中学念书的四弟夏逦逯叫到日本,陪董竹君学习。其实,董竹君明白,四弟的到来名义上是陪伴自己,实际上是夏之时对她不信任,怕她会爱上别人,所以故意派个人来监督她。

但是她很快说服自己,是因为丈夫深深地爱着自己才会这样吧。年轻漂亮的董竹君给夏之时太多的不安全感,他才会这样近乎令人窒息地爱她吧。

只是,一旦想起丈夫欲言又止的模样,董竹君还是心有余悸。考虑到丈夫即将奔赴危险的战场,董竹君就顾全大局,不再胡思乱想什么了。

夏之时离开后,董竹君除了正常的上课、做家务事之外,结交了很多在日本留学的中国爱国学生。他们谈论当今国际、国内时事,谈论法国大革命,谈论俄国社会主义,谈论组织爱国救亡团体的设想,等等。另外,董竹君也打听到很多与丈夫、与国内的护国运动相关的消息。

蔡锷等护国军将领依靠人民支持和部队旺盛士气,适时变更部署,持重待机,重视瓦解敌军,并采用佯动、袭击、割裂等手段,使护国战争赢得胜利,推翻了洪宪帝制。

是年6月6日,袁世凯在全国一片倒袁声中被活活气死!

那是一个乱世时代,袁世凯死后,中国并未太平,代之而起的仍是直、皖、奉北洋集团的军阀割据和混战。

为此,孙中山号召全国进行护法斗争。桂军和滇军的首领陆荣廷、唐继尧因与段祺瑞的武力统一政策存在矛盾,也表示赞成孙中山南下护法。

1917年8月至9月,国会议员百余人南下到广东,在广州召开国会非常会议,通过了《中华民国军政府组织大纲》,决议成立中华民国军政府,选举孙中山为军政府海陆军大元帅,陆荣廷为桂军元帅,唐继尧为滇军元帅,命令各组织护法军出师北伐。

唐继尧被任为川、滇、黔护法总司令,夏之时为四川靖国招讨军总司令。护法军政府所统辖及响应护法的军队有湘、桂、粤军等约15万人以上,组成联军,10月,在湖南与北洋军接战,开始了声势浩大的护法战争。

同年11月7日,俄国爆发十月革命,俄国人民在同盟国和协约国受到不同程度削弱的时候,建立了世界上第一个无产阶级领导的社会主义国家,打开了帝国主义链条上最薄弱的一环。

在这个时期,董竹君受到革命思想的熏陶,萌生了为男女平等、争取女权多做些有益之事的想法,也萌生了创办事业,从经济上开路的想法。

民国六年,即1917年秋,董竹君在几位家庭教师的教导下念完了东京御茶之水女子高等师范学校的全部课程,求知欲强烈的她并没有停下来的打算,而是准备学习法文,等机会合适便去法国留学。这时,夏之时从四川老家发来电报,说父亲病危,要董竹君立刻回川。

事情发生得太突然，董竹君日本的老师、朋友都对其依依不舍，于是决定一起为董竹君饯行——在董竹君家里，日本人烧日本菜，中国人烧中国菜，饭后，一行人去枫叶公园看秋阳杲杲里的枫叶。

每个人尽量不流露离愁别绪，尽量洋溢着喜气洋洋的神情，不知是谁忙里偷闲地喊了一下一直沉默不动的那个人："松田先生！"

松田先生是教董竹君数学的日本老师。年轻时丧妻，之后一直未娶；博古通今，谈到兴致时喜欢旁征博引，是东京一所专科学校的代数老师。

董竹君即将启程，他为失去这样一个知书达礼、聪明用功的学生而失落，同时也为失去这样一个漂亮、有思想、有经历的异国朋友而难以释怀。

松田沉稳、庄重，他因碍于董竹君有夫之妇的身份，和他自己作为老师的身份，从来都没有、也不敢表白自己是如何地爱她。

董竹君又只爱着夏之时，她也从未回应松田对她的感情。此刻，聪明的她当然察觉到了松田心情的沉闷、压抑，她明白他比其他朋友更难过。

"松田老师，您在想什么？"董竹君特地走到他身边，与松田席地而坐。

松田长长地叹了一口气，然后，突然抓住董竹君的手，急急地说道："没想到你走得这么快！"

他终于道出了内心的酸楚。

"松田老师，"董竹君轻轻拨开松田的手，"我知道大家都舍不得我走，可是天下没有不散的宴席啊！"

之后，松田就没再说什么。他知道，他注定得不到这份爱，因为两个人认识的时机不对，彼此都不是对方生命中在对的时间碰到的那个对的人。

此时的董竹君的英雄主义情结仍然牢固地存在着。自她站在长三堂子的阳台上见到夏之时的第一眼起，这种情结就已经在她心目中根深蒂固了，更何况，现在夏之时已成了四川靖国招讨军总司令，正在为国效力。夏之时是十几岁的她的第一个男人，若非夏发生变故，她是绝对不会红杏出墙的。她尊重他，崇拜他，感激他。男人在女人生命中的那个位置，夏之时填充着全部。

董竹君在与松田的沉默中有些尴尬，便起身，随意走走。毕竟还有别的朋友，董竹君要与别的人交谈。

董竹君打着油纸伞，梳着高高的日本发髻，穿着日本女人传统的和服，蹬着木屐，徜徉在柔红色的枫叶海中，赏景、欢笑。

国琼则被一个女老师抱在怀里。

走了一会儿，来到一片硕大的花丛边，董竹君抬眼看见前面的松田，他似乎有意地等在那里。

董竹君给了松田一个妩媚的微笑，故意抬头看了看天空，那里很高很远，像是初来日本时在海上看到的天空一样，给人很多希望和追求的动力。

"真舍不得你呐。"松田终于讲出最关键的字眼，脸色凝重。

董竹君仍旧给了他一个微笑，点点头。有些感情只能珍重，却不能让它擦出火花。

因为，在董竹君眼里，和这些朋友，不过是师生情、朋友情等友谊。启程后，她面对的是爱情和丈夫。某些时候，或者很多时候，爱情的重量远远是胜过友谊的。所以，她除了拥有一定程度的离别的忧伤之外，还是要坦然地面对回国的现实。

樱花国度，一只蝴蝶要飞走了。离愁虽有，归心更急。

坐在船上的董竹君的心情与初来日本时相反。她无心欣赏海上美丽的风景，她的心情沉重而复杂。"丑媳妇终究要见公婆"，夏之时老家的人会不会接受她？他们会不会拿出什么事情故意刁难她？真是前途叵测啊，董竹君轻轻叹道。

六、人性的光芒

轮船抵达上海后，董竹君又迫不及待地和双亲见了一面。

二阿姐忙不迭地接过国琼，抱抱哄哄亲亲："琼儿，叫外婆！叫外婆啊！"

同庆则在一旁喊着："琼儿，叫外公！叫啊！"

国琼瞪着新奇的眼睛，东看看，西瞧瞧，在董竹君的鼓励下，她很乖地左一声"外婆"，右一声"外公"，让一家人欢喜不已。

"夏爷怎么那么早就回来了呢？他没有跟你一起回来，是不是待你不好了？"二阿姐转过头，有些害怕地问道。

"您想哪里去了嘛。他要早些回来参加'护国运动''护法运动'，为我们国家、国人做事！"董竹君有些不悦地说道。

"哦，那就好，那就好。"两位老人的心思又转向国琼。

董竹君看着祖孙两代那高兴的样子，脸色顿时放晴，静静地看着他们逗乐。

同庆和二阿姐还是把董竹君当贵夫人看待。平时吃饭，他们只做一菜，现在他们怕董竹君和国琼不够吃，就多做了几个菜外加一个汤。菜和汤里还多放点料、放些油，唯恐董竹君和国琼嫌弃不好吃。大米也要多淘几遍，生怕董竹君感觉不干净。吃饭时，还要等董竹君先拿起筷子，他们才开始吃，同时还要边吃边看董竹君的脸色。

董竹君不好说什么，只感觉很难过。

使她难过的不单是自己的家庭，还有公婆家。想到自己要去夏之时老家，又听他说过那是一个典型的封建大家庭，董竹君对自己新的处境有了些隐隐的担忧。她的出身和卖唱经历也许永远会是她生命中最敏感、最刺痛的地方。

董竹君向父母问了些街里邻坊的事。

父母告诉她，穷人还是穷人，讨饭的一样还有，卖孩子的照样存在。

董竹君听得心里难受，情不自禁地问道："什么时候穷人才能翻身呢？"不过，她立刻话锋一转，安慰父母道："我先回四川夏家看看，等都安顿好了，我就接二老过去。到那个时候，一家人在一起，你们俩辛苦了一辈子，也该过上好日子了……"未及说完，泪如雨下。

父母也是满面泪痕。

与父母分别后，董竹君带着国琼、四弟夏逎逯一起登上轮船，沿长江从上海来到山城重庆，等待夏之时来信通知，何时回合江老家。

就在董竹君抵达重庆时，夏之时早已派了卢炳章和之前侍候夏之时前妻的两个丫头——一个叫麻子、一个叫梅香的来接董竹君。

卢炳章是夏之时身边的勤务兵，忠厚、勤劳，深得夏之时的信任，他主要负责照顾夏之时及其家人的饮食起居。

山城重庆九连环十八弯，起起伏伏、跌跌宕宕，大有人生轨迹的浓缩之隐喻。卢炳章找了几个轿夫把董竹君和孩子接到临时住处。

看到轿夫抬轿很吃力，满头大汗，董竹君坚决不坐。

旁边的卢炳章、麻子和梅香尽力劝说董竹君上轿，可董竹君主意已定，不忍折腾轿夫。

一个片段在董竹君脑海迅速闪过：同庆吃力地拉着黄包车在石板路上跑。已近黄昏，午饭随便打发了一下，凑个七成饱已经不错了；别家的晚餐喷香的味道又不合时宜地飘过来。等了一天才等到的客人好不容易坐稳，不管多渴、多饿、多累，把最后这个客人拉完再说别的。这天，阿媛跟了同庆一整天，没客的时候，她坐在车上玩儿，有客时，她就得在车旁边跟着跑，气喘吁吁，还不忘给疲惫不堪的同庆帮上一把……

在董竹君的人生中，轿夫、车夫就像长三堂子一样，会成为她一辈子的痛。

"可是你不坐的话，他们也没法挣钱啊！"卢炳章说道。

"这么多陡峭的台阶，光抬个轿子就已经很费劲了，何况是再加两个人呢！我又不是不能自己走！如果我坐，他们拉，这不是把他们当成牛马了吗！放心，

董竹君与大女儿国琼在重庆，等待回合江老家。

他们空着，我照样会付他们钱的！"董竹君坚定地说道。

卢炳章等人加上所有的轿夫都有些感动，他们没想到面前这位气质高贵的太太居然有人性中最光辉的一面——同情他们这些弱者。

谁也没再说什么，董竹君走着自己的路，国琼在梅香手里抱着。

走过了崎岖陡峭的小路，董竹君被三个人好说歹说劝上了轿子。

她揽着国琼坐了一程。

"咣当！哗——"一声尖锐的响声让轿夫们惊了一下，也让董竹君和国琼惊了一下。

董竹君赶紧下轿。

原来，对面是一顶上有绿色绸子轿帘的轿子。旁边是一个摔倒在地的乡下人，叫苦连天。乡下人身边是白花花的碗的碎片和两个歪斜的箩筐。

董竹君忙问怎么回事。

旁边的人叽叽喳喳地说，这顶轿子横冲直撞，撞倒了这个在街中间卖碗的人，也把他的碗给摔碎了。卖碗人要轿夫和轿子里的人赔，轿子里的人不仅不露面，轿夫反而狐假虎威，先发制人，指责卖碗人"好狗不应挡道"。

董竹君一听就火了，大声冲对面的轿子说道："这不是卖碗人的责任，他理应要求赔偿！"

"对对对！"旁边的人一起附和着，看样子都是和卖碗人一样，来街上做些小生意的穷苦人。鲜有为他们打抱不平、伸张正义的人，他们打心眼里喜欢眼前这个年轻的阔太太。

一会儿，轿子里的人慢吞吞地走出来，轻蔑的眼神把董竹君上上下下扫了一遍，问道："这是哪家的太太？这么爱出风头啊！"

"请你赔偿他的损失！"董竹君斩钉截铁地说道。

"损失？哼！我的损失谁来赔偿？你赔我？"他不屑地看了一眼被撞在地哭着喊着的卖碗人，然后看到了董竹君身边身穿军装，手持手枪，脸色严肃甚至带些气愤的卢炳章，捋着胡子的手微微一颤，但又迅速假装镇定。

"请问这位先生，您的损失是什么？"董竹君很是生气，对眼前的这个人甚是鄙夷。

"啊，哈哈！"他干笑了几声，"我没什么大的损失，哈哈，没有，说笑呢。好吧，我赔——"然后他在兜里摸了半天："呶，拿去吧！"说罢，他把一些银圆向卖碗人掷去。

董竹君将此事处理妥当，径自抱着国琼走进轿子里。她的轿子先行一步，对面无礼的轿子悻悻地为她让路。

　　富人还是富，穷人还是穷。富人还是无节制地骑在穷人脖子上，穷人还是卑微地无计可施。董竹君叹息，这个国家何时能改变它的面貌呢？

　　回到住处，麻子和梅香很兴奋。两人争着夸赞董竹君："太太，您心眼真好！要不是遇上您，那个卖碗人只能自认倒霉了，他要是那样哭着喊着下去，兴许还会挨轿子里的那位爷的暴打呢！"

　　"是啊是啊！亏得二太太您是夏爷的夫人，夏爷有权有势，别人不敢对您怎么样的！这样的事情其实还有很多呢！"

　　董竹君看了看她们，没说什么，眼睛看向窗外。一只美丽的白色的蝴蝶在红色的花海中翩翩起舞。她的心里有些隐痛：原来自己打抱不平、伸张正义，在这个国家，在这个社会，靠的还是丈夫的背景。她深深地叹了一口气。

　　卢炳章只是站在一边，不说话，始终保持着军人的威严。

　　梅香看到董竹君不高兴，不知道自己说错了什么话，便拿怯懦的眼神看她。

　　麻子聪明地打破沉默："二太太，我们给您讲一下老家的情况吧！"

　　董竹君转过头来看麻子，叹了声，道："说吧！"

　　梅香看到董竹君露出平静之态，顿时喜上眉梢，抢着说了起来："是这样的，夏家上辈有两房。大房生大老爷夏冕昭和夏爷。大房太太去世后，续弦又生了两个儿子。二房没有生子，夏爷便被过房给二房为长子，接香火，之后二房生有两个儿子。这样，在夏爷这一辈，夏家总共有六房，各房都有自己的仆人。家里做主的是大老爷夏冕昭，揽着六房的大权。"

　　"大老爷夏冕昭生子夏迺庚和夏大勋，夏大勋被土匪绑架后撕票，后来，大老爷生女夏国君、夏国殊。夏国君，聪明能干如王熙凤，狡猾毒辣如她妈。"麻子接过话茬，说道。

　　"二房，就是您的婆婆，这是个刁钻刻薄的女人，不称心时就拿佣人出气，佣人的身上常常被她掐得青一块紫一块。夏爷和死去的太太有一子，叫夏述禹，12岁了，他是二太太您以后要抚养的。"梅香继续说道。

　　董竹君点点头。

　　"二太太您回到合江老家，肯定会受到他们欺负的。他们都是合伙欺负人的！当时太太还没死的时候，一家人就拿些难听的话填她的心，什么老爷去日本是为躲避你这个一身病的贱女人，什么老爷即便回来也会把你给休了之类的。什么话难听,他们就说什么话,明摆着是为了气死她,不用在他们家白吃白喝。后来,一家人嘱咐我们不给太太饭吃,一直到她死去……有次我看太太饿得可怜,就偷偷地把我的饭私下里带了点回去给她吃,不巧被大太太看见了……大太太狠狠地打了我一顿……"

上面这番话,梅香本是不敢说的,但看见董竹君如此平易近人,她担心二太太吃亏,竟边说边哭了起来。

董竹君听了这一番话,又惊,又怕,又急。她出生在贫苦家庭,从来不曾想过封建大家庭竟是如此复杂凶险。

大家有了一次长长的沉默。

董竹君重又看那只在花的衬托下分外洁白的自由飞翔着的蝴蝶。想到自己不久到合江后,向往的自由、见解、学识统统都会被这个封建旧家庭恶狠狠地践踏,她就没有这只蝴蝶活得漂亮和自在了。

她思考着怎样进入这个封建家庭,怎样在这个封建家庭里立足,然后,怎样成功行走在这个封建家庭里,并且改变一些东西。

想了很久,董竹君托卢炳章去洋行里买些洋货,以便到老家时发给大家,用这些时髦的银子讨那群人的欢心,这也符合她作为刚从国外回来的太太这个特殊的身份。

七、夏家的新媳妇儿

1918年初春，董竹君接到夏之时的信，让他们一行人回合江老家。

天空阴沉沉的，高傲的白云拉长了黑脸，摆着姿态用力排挤渺远深邃的蓝色。它们最终占据了整个天空，罢了，得意地拍拍手，弹冠相庆。

闪电大作，雷声轰鸣。

大雨倾泻直下。

等雨小了些，董竹君和国琼坐上了从重庆去合江的四人抬的轿子。两个丫头和夏家公子分坐两顶小轿。卢炳章则跟在轿子旁边走，挑夫挑着行李跟在轿子的后面。

轿子在高低不平又泥泞不堪的路上走着。轿夫们为给自己鼓劲，前呼后应地唱着他们自己编的歌谣。

——"踩左！"——"踩右！"

——"天上亮晃晃！"——"地下水荡荡！"

——"左边力气大！"——"让他一下！"

——"天上鸟子飞！"——"地下牛屎一大堆！"

轿子在山路上左摇右晃地艰难地行进着；轿夫们嘹亮的声音划破了天空的乌云，它们不再那么紧密，那么低沉。

轿夫们累了的时候，就随便找个客栈休息一下，狠命地吸点大烟增加力气，然后继续上路。他们个个面黄肌瘦，一副烟瘾中毒很深的样子。

董竹君看在眼里，痛在心里。

经过五天的步行，在合江城内热闹繁华的文昌巷街上，轿子停下了。董竹君掀开轿帘，看见一座土木结构的旧式大平房，一座富贵豪华的门第。

一行人走进屋里，客厅中央的红木方桌旁右边的椅子上，坐着董竹君的婆婆刘氏。

她身材短小，皮肤褶皱，小脚。她用红丝线系的芯子梳了一个发髻，横着一根金钗子。她穿着一件半新的黑缎夹袄，抽着水烟袋，眯着眼睛看着董竹君。

董竹君向婆婆鞠躬、作揖。

刘氏没做表示。

夏家当家人夏冕昭坐在一侧的座位上，身材高大，长圆脸，头上戴着一顶大红丝结的黑缎子瓜皮帽，穿长衫马褂、白布袜子、双梁形黑色布鞋，手里也是拿着一根烟杆。

董竹君转过身子向大哥鞠躬、作揖。

夏冕昭微微点头。

夏冕昭身后站着他的女儿，丫头讲过的那个为人狡猾、毒辣的夏国君。她身材中等，皮肤白皙，秀气的脸上是一种桀骜不驯的神色，长了一副聪明相，小脚。在第二代中，她是头头。

董竹君向她含笑致意。

夏国君不屑地冷"哼"一声，偏过头去。

大嫂不在，这是董竹君很想看到的一个女人。她出去买些货，夏冕昭是这么说的。

然后，董竹君留意观察其他人。下人都很新奇地看着她，像看戏似的。

家里的其他人也是很好奇地看着这位刚从日本回来的太太，眼神里流露更多的是对这位刚回国的太太的很多方面的疑问。

看到这些，聪明的董竹君对家里人的情况已是掌握了六七分。她让卢炳章和麻子、梅香两个丫头把所买的洋货逐一分送到每个人，对于没来的人，她还说，晚些时候，她要亲自送到各个屋子里去。

拿到过去见也没见过的洋货，大家喜气洋洋顿上眉梢，每个人的心思全部集中到各种各样的洋货上面，互相对比着，互相夸耀着。

收到了媳妇送的东西，刘氏依然要摆出一副盛气凌人的样子，给董竹君下马威。她不带任何感情色彩地吩咐卢炳章和两个丫头带董竹君去她的住处休息。

正像梅香说过的,这里的人事很复杂,封建气氛浓重。

初来乍到,董竹君被森严的规矩和沉闷不响、钩心斗角的空气压得喘不过气来。

当天的白天,董竹君始终没有见到夏之时。直到晚上,夏之时才从外面回家。夫妻二人长谈了别后相思以及其他的一些事情。董竹君告诉夏之时,她买给各房的洋货都已经分送完毕,夏之时笑着点点头,赞叹妻子超强的交际能力。

第二天,董竹君在夏家的生活正式开始了。

夏冕昭是家里至高无上、主宰一切的家长。这个家庭奉行长幼有序、尊卑有等、贵贱有别,所有人都对他怕上三分,见到他要鞠躬作揖,不能坐着跟他说话,不能乱说话,更不能说与他意思相悖的话。

董竹君勇敢地面对这个家庭的现实和自己卑贱出身的事实。

一大早,她就起床给全家烧菜、做饭,以便使大家起床后有现成的热饭吃,许多原本是佣人做的事她都包揽起来。然后,她去伺候夏之时穿衣、吃饭、外出办公。待夏之时走后,她就随便吃点饭,接着和其他佣人跟着雇来的师傅一起学绣花、缝纫、做点心、腌制腊肉等家务活。她很聪明,做得比佣人们都好,还顺便教孩子们读书、写字,解答他们的很多疑问。忙活一天后,她依次给孩子们洗澡、洗鞋袜,然后给他们读书,陪他们睡觉。待他们睡着后,她就去灯底下纳鞋底,一直做到深夜。

这就是董竹君回到夏之时的老家、自己的婆家之后的生活。然而,一家人对董竹君的偏见并未随着她的能力而削减半分。

一天,董竹君在天井里洗衣服,走到客厅门口拿洗衣板的时候,偶然间,听到了刘氏和夏之时的谈话。

"她是堂子里出来的姑娘,出身不好,把她娶进来做太太有伤门风,所以,我的意思是,你另娶一个做正太太,她做姨太太!"刘氏用命令的口吻说道。

董竹君顿时揪紧了心。

"不可能!竹君就是我的正太太,我不可能再娶别的女人做正的!"

"之时,你怎么这么糊涂呢!我一出去别人问我,你家二太太是青楼女子啊。你要我怎么回答?啊?"

"这事是我答应过竹君的,我答应过她做我的大老婆,我不能食言!何况我们已经在上海举行过文明婚礼了!"

刘氏忍住气，沉默了好一会儿，最后妥协说道："那这样，你是过继给二房的，就一子双祧，再娶一个，新娶来的和她都是大老婆！"

"不行，正太太就一个，哪来的双祧！"夏之时态度很强硬，就是不向刘氏妥协。

刘氏很恼怒，却最终没法，没再说什么。

"娘，您也看到了，竹君来到我们家，没有一个人能说出点别的不好的。她究竟哪一点不好，让您到现在还对她有成见？"

"不是她不好，是……大家都看出了她很好，但是她就是一个卖唱的姑娘，这样说出去不好听啊！"

"这要什么好听不好听的，只管自己过得好就行，管别人说那么多！"夏之时一甩袖，走了出去。

董竹君赶紧退到一旁隐蔽处。看着丈夫远去的背影，一种强烈的幸福感涌上心头。

日子是忙碌的，也是劳累的，但是为了让这个封建旧家庭接纳自己、认可自己，她必须付出这些。关于别人对自己出身的歧视，她也只能忍耐，继续最大程度地做着自己认为是分内的家务事。

过了一段日子，夏冕昭看她勤快，又在日本读过书，便让她帮总管上账。其后，哪位弟弟哪位侄子要结婚，也一直是董竹君独当一面。每个稍有良心的人都看到了她的诚实、善良、知书达理、聪明能干。于是，大家渐渐地把暗地里称呼她的"下贱胚"隐去了，婆婆也慢慢开始喜欢她，与她说话时，脸上也露出了少有的笑容。

只是她不知道，她还要和夏之时在夏家大院里再次举行婚礼。

这是一次旧式的封建婚礼。

"娘和大哥都很喜欢你。娘说，让我们重新拜堂，由她来主持呢！"夏之时兴高采烈地对董竹君说道。

"我们不是已经在上海举行过文明婚礼了吗？为什么还要再拜一次堂？"董竹君很是不解，"更何况，我们已经有了孩子。"

"这就是说，娘和大哥都接受你了，接受你成为夏家正式的儿媳了！"

"原来我才进门。"董竹君想道，"那些日子只是见习，现在到了正式上岗期。"一阵悲哀之感又没由来地涌上她的心头。她深感荒谬，但只能适应环境。

这个潜规则是董竹君自己悟出来的，谁也没说。

几天后，鼓声、锣声、唢呐声，奏出喜庆的和音。夏宅张灯结彩，人声鼎沸，推推揉揉。

穿上大红色的绸缎衣服，戴上文明结婚时不曾戴过的红色方块头巾，董竹君被夏之时用红色的带个花结的绸子牵着进屋。

一拜天地。

二拜高堂。

夫妻对拜。

拜过堂之后，董竹君很疲惫地坐在梳妆台旁，一个人静默不语。

这时，大嫂走进来，身后还跟着一些亲戚。

大嫂把一张一千元的收条扔在梳妆台上，严厉地说道："这张收据是你大哥在上海帮你赎身时，付给巡捕房和长三堂子的。现在你毁掉它吧！"

董竹君立刻站起来，理直气壮地说道："大嫂，你搞错了吧？告诉你，我是自己逃出来的，我没用任何人赎我，之时的很多革命党朋友都可以作证！"

这张收据的实际情况是：当时，夏冕昭为了掩护夏之时和他的革命党人朋友逃跑，还没有来得及离开胖田旅馆就被巡捕房抓了，之后关在牢里一个礼拜，罚了一千元，这是当时的收据。但考虑到亲戚都在，这件事也是关乎夏家脸面的事，董竹君就一直没有说出真相。

大嫂先是一怔。她没料到这个刚进门的二太太居然会跟大太太顶嘴。她想狠狠地杀杀董竹君的威风。

幸好此时，夏之时走了进来。

夏之时是夏家唯一做官的人，所有的人对他敬畏三分。

大嫂马上强颜欢笑，向董竹君赔笑。

一场虚惊就此过去。所有的人都心照不宣。

董竹君在夏家用自己的实际行动赢得了婆婆刘氏的信任和喜欢，也赢得了家人和佣人的爱戴，俨然成了夏家除夏之时之外的实际主持人。各房之间有什么解决不了的难题，总要叫董竹君出面主持公道。而与之相反的是，大太太的所作所为让大家渐渐地不再对她俯首听命了，她的地位渐渐衰落。

八、不虞之年

董竹君在夏家勤勤恳恳地操持着家务，生活虽忙碌，但是稳定而充实。只是，在夏家的高墙之外，四川的局势却是风云变幻。

1917年年底，全国各地宣告独立护法。

滇、黔两省的军队与川军熊克武的军队汇合，1917年年底攻克重庆以后，又相继攻下叙州、成都。1918年3月18日，熊克武被举为川军总司令，主持四川军政，四川军阀之间的争夺暂告一个段落。

1918年秋末，熊克武军权在握，决定统一整编川军，电促夏之时率军西上成都任职。当时，夏之时率领自己的军队驻扎在合江。以前，夏之时任四川省都督时，熊克武只是夏手下的一名师长。因此，熊克武电称：

你是我上级，你的军队绝不会收编，
否则，川中父老认为我甘冒天下之大不韪，
将会被世人唾弃，你全可放心。

夏之时没有多想，随即北上。

此时，夏冕昭却耍心计，提出要夏之时、董竹君夫妇带小辈们去成都，说是他们在那里可以受到良好的教育。实际上，夏冕昭只是想减少在合江老家的经济开支。

董竹君不稀罕和这个当家人及其太太钩心斗角，在经济利益上斤斤计较。既然别人有这样的请求，何况自己有能力去做，要强的她就爽快地答应了。另外，她负责任地从一个长辈的角度看，那样一个封建旧家庭实在不是一个适合孩子们健康成长的环境。

当离开合江去往成都的时候，她愉快得像是一只蝴蝶再次飞翔。她终于挣脱了封建家庭礼教的束缚，摆脱了一家人钩心斗角的算计，解脱了身在旧式环境中的心灵的枷锁。从此，她可以按照自己的意愿，重新好好组织一个幸福美满的家庭，让每个人都轻松、快乐，就如她和夏之时结婚时所设想的那样。

然而，夏之时一行人浩浩荡荡地到达成都后，很意外，夏之时却被熊克武缴械，免除军职，改任文职。一向崇尚戎马生涯的夏之时不喜欢干坐着的文职，便没有赴任。时间为1919年上半年，夏之时正式解除军职，赋闲在家。

1920年8月，驻闽粤军回师广东讨伐桂系军阀，占领广州后，孙中山宣布重建军政府。国会议员也准备重开国会非常会议，第二次护法运动开始。此时，滇军重新入川，熊克武被滇军和川军吕汉群打垮，后者做了川军总司令，并委夏之时为四川护法川西总司令。不到三个月，熊克武东山再起，吕汉群失败，滇军也退回云南，四川护法运动宣告失败。之后，四川被各个军阀割据，内战时起，民不聊生。

夏之时第二次赋闲。

赋闲后的夏之时决定在成都安定下来，便买进东胜街大院，以及后来的将军街住宅，一家人居住于此。

两座大院布置都相当讲究。大院占地三亩，房间约有二十几间，正房、卧室、书房、会客室、厨房、日本式浴室、长廊、球场、菜园、花棚、马厩、猪圈、雇工睡房、传达室等一应俱全，且里面的布置都是合乎每个房间的属性和功能的。比如夏之时的书房，门额上挂着横匾"榕山馆"，书柜、桌柜都是红木、紫檀木制成，另外，地毯、古董、字画，配上鲜花，屋内装饰极其精致、考究。

夏之时点着烟，对旁边沙发上的董竹君说道："既然赋闲了，我打算找点事做。我想办个旧制中学，你看怎么样？"

"好啊！很有意义啊！"董竹君欣喜，举双手赞成。

"叫什么好呢？快帮我起个有纪念意义的名字吧！"夏之时抽一口烟，接着说道，"我从小在锦江边上长大，跟这条江感情很深，所以呢，我想直接取这个名字——'锦江'。你看怎么样？"

锦江是府南河的别称，是岷江流经成都市区的两条主要河流，府河、南河的合称。府河进入市区后绕城北城东而流。两河在合江亭相汇东去往南经乐山、宜宾入长江。锦江流经旧城区段总长 29 公里。

"很好的名字！那就叫'锦江公学'咯！"董竹君看着丈夫。

夏之时继续外表悠闲、内心黯然地坐在沙发上抽烟，边抽边发着牢骚："年轻那会儿真傻。做副都督时，一个兵从军政府拿了一对痰盂回来，我居然耿直地把无辜的人家打了一顿，然后幼稚地让人家送回去。没有几个像我当时那么老实的。我当时怎么就不知道多搞点钱呢？现在明白了，没钱，没权，就没人在你身边，你就什么都不是！唉，现在明白也晚了……"

"我觉得还是那样好，没有什么亏欠，对政府，对百姓，也对自己。活得坦荡荡！"

夏之时摇摇头："唉，你还年轻，现在的你就像我当初那样单纯。再说，你也不是这个圈子里的，你不懂这些事。"

"不管我是不是年轻，是不是这个圈子里的，我只是觉得做对的事、正确的事，不管是自己有没有既得利益，于人于己都是有益的，这种利益可能是长远的，暂时捕捉不到的。再说，我觉得我们的社会、我们的时代在变化，向着前进的方向变化。你看，北京的学生因为反对中国代表在巴黎和会上签订合约、出卖山东权利给日本，勇敢地发动了大规模的五四运动。不就是这个道理吗？那些靠剥削百姓发家的军官拥兵自重，但肯定不会长久的。人要向前看。"

"算了算了，"夏之时冲董竹君摆摆手，他没想到自己说一句，夫人说一筐；他更没想到，夫人说得那么在理，"以后这些事你就少关注点吧，好好做你的太太，做孩子的母亲，把这些做好就够了，其他的没必要操心了。"说罢，他也不看董竹君，只顾一个人吞云吐雾，作逍遥状。

其实董竹君还想说点什么，但既然夏之时示意不要再说下去，她也就知趣地退出来了。

夏之时这次回川，精神和行为都有了变化。他已经不再是当年那个正直、充满朝气和进取的都督。当年一心要推翻满清、建立民国的单纯的夏之时变了，他的欲望开始膨胀，思想开始腐化。他被委任为靖国招讨军总司令的时候，跟别的军官学会了聚财、敛财，并开始巧立名目到处设立关卡，征税，收罚金。这些费用除了一小部分用于军费开支外，其他全部归入夏之时私囊。

董竹君走到花园里的池塘旁边，池水清澈见底，鱼翔浅底，假山架在池中间，不仅不突兀，反而别有韵味，鹤立鸡群、出类拔萃的韵味。左边不远处是六角亭，玲珑精致的小亭子依偎着几株高大的柳树，这是一个很美的庭院。董竹君在这里抱过、哄过、亲过三个女儿——国琼、国琇、国瑛。

一个女人，一个富丽堂皇的家，一个曾经贵为都督的丈夫，几个活泼可爱的儿女，一群帮忙打理家务的下人。生活很富足。这个女人可以这样过下去——相夫教子，料理家事，做好一个传统女人的工作。

但是，一个人的生命只做这些吗？她要这样做，一直到自己和老伴头发都白了，儿女都成人结婚了，她依然坐在大门口把不利索的针放在花白的头发里磨一下再用吗？其他的空间和时间就白白地在悠哉游哉中荒废掉吗？

不虞之年。董竹君打心眼里羡慕五四运动中那些在街上勇敢奔走呼喊的女大学生。她们才是一群真正飞舞的蝴蝶，向着自由，向着光明，向着蓝天里的梦想！

第三章

裂　痕

赋闲在家的丈夫逐渐成为另一个男人，一个普通的、平庸的、懒惰的、懈怠的男人。一个家庭的两个主体是互补的关系，他强，她则从旁协助；他弱，她就必须强大。她无时无刻不在接受新思想、新潮流，追求进步和提升。他落后了，却不以为然。她不甘屈居人后，更不甘自己的丈夫就此龙头蛇尾地中止自己的向前之路。她用尽一切办法，用力拉扯和扶持颓唐而顽固不化的丈夫。他始终不肯醒。尽己所能之后，她继续前进，一跃成为家喻户晓的四川女企业家。

一、无理取闹

锦江公学轰轰烈烈地办了几届,后来夏之时与教职员工在工资待遇方面出现了意见不合——后者想拿到与之付出成正比的工钱,可这时的夏之时因赋闲日久,没有太多收入而变得一毛不拔。更何况,夏之时绝不是一个精明的教育家,更没有教学兴国的理想。因此,双方冲突时,粗鲁的夏之时发了一通强词夺理的脾气之后,便把这些在他看来颇为悖逆的教员一一辞退了。渐渐地,教员越来越少,教师体系不能支撑学校的进展,最终,锦江公学被迫停办。

被解除兵权后,夏之时整个人变得颓唐了很多。贪图享受和思想上的腐化仅仅是他改变的最初表现。之后,夏之时的消沉则表现到了行为上。他不再关注国事,不再与朋友们讨论国事,不再看书充电,没事就写几个字,下几盘棋,逗几只鸟,喝几杯酒,甚至还要抽几口大烟,然后就是不讲道理地冲董竹君、下人和孩子们乱发脾气。

天空雷声大作,突然间黑了下来。

此时为1921年夏,董竹君的第三个女儿国瑛快要临产。

倾盆大雨即将落下,董竹君和梅香赶紧去草地上收拾晾晒的衣服,手忙脚乱。

这时,夏之时在屋子里陪几个朋友打牌。突然间,他莫名其妙地派卢炳章把董竹君叫进屋,陪着他们打牌。

挺着大肚子的董竹君和梅香七手八脚又很不方便地收着衣服,根本顾不上卢炳章的叫唤，说了一句"忙不赢呢"，便推脱了。

一会儿，卢炳章又来叫，说道："司令官一定要太太您去。"

董竹君很是为难，给了卢炳章一个可怜的神色，便让他进屋了。

去了两回，也没把个太太请来。夏之时在屋里大闹，他指着卢炳章的鼻子大骂："让你办这点事也办不了！怪不得只能当当给人跑腿的小兵，当不成将军呢！"

卢炳章很难堪，也很气，但又不好表现什么。他低着头，连连道歉。

董竹君听到夏之时歇斯底里的咆哮的声音，赶紧小步跑到屋里，气喘吁吁地说道："你别责怪卢炳章，他没有错；你也看到了，我和梅香在收衣服，眼看就要下暴雨，衣服那么多，梅香一个人忙不过来，我帮她一下。"

"你帮她一下？你以为你很高尚了？这些都是下人干的活，你去插什么手！你就这个贱命！"

"之时，你……"董竹君一时语塞，气得一脸煞白。

"怎么，我说错了吗？我三番五次让卢炳章找你来打牌，你凭什么不来！啊，妻子要顺服丈夫，这点都不懂吗！在日本花了那么多钱供你读的书都白读了？！"

"别生气嘛。"董竹君极力忍住，小声说道，"你心里有火，往我发，没关系。可这是打牌嘛，又不是正经事，不就是赌钱嘛……"

"赌钱又怎么啦？赌的是你的钱吗？在外面没有听我话的人也就算了，在家我也不做主了吗！"夏之时说着，"啪"地一声，顺手拿起桌子上的烟灰缸朝董竹君扔过来。

董竹君一惊，马上一闪，躲过去了。

夏之时又顺手拿了个茶杯，朝董竹君狠命地扔过来。

董竹君又幸运地躲过，茶水洒了一地。

这时，夏之时的朋友们赶紧护送董竹君离开屋子。

夏之时在董竹君身后气急败坏地大骂："滚！给老子滚得远远的！"

董竹君刚出门口，就挣脱掉夏之时的朋友们的手，拔腿就跑。这时，天已经下起了豆大般的雨点，并且刮着风，夹着闪电和雷声。

一个小脚佣人在后面艰难地跟着董竹君跑，边跑边喊："太太，您别跑了，太危险了！您快要生产了，您要当心身子啊！小姐还在家等您呢，赶紧回来吧！"

董竹君不听她的，仍然咬着牙向前跑着。

"啊——！"突然，董竹君踩在道旁的青苔上，路湿脚滑，有孕在身的董竹君顿时栽倒在路上。

小脚佣人惊慌失措,赶紧跑到跟前,问道:"太太怎么样了?"

董竹君不说话。

小脚佣人立即扶董竹君起来,叫了辆车去医院检查。

幸亏董竹君是向左边横跌下去的,只是膝盖跌破了皮,出了一点血。其他地方没事,胎儿也没事。

董竹君很生夏之时的气,更多的是感觉委屈。自己有孕在身,还在辛辛苦苦地料理忙不完的家务事,你不但不体贴,反而变本加厉地横加指责,穷凶极恶地地命令我做这做那。你还有没有良心?归根结底,还是觉得我出身贫贱,才如此欺压!

董竹君越想越伤心,坐在回家的车上,泪流不止。她回忆着那个激情飞扬的四川都督,回忆着那个细致入微的夏爷,回忆着那个温柔似水、见多识广的之时。

回忆带来了更多的痛苦,因为现实中缺乏这些内容。难道那样的内容从此不再有了吗?难道往后的生活就如此痛苦而伤心吗?

董竹君的泪水如注。

夏之时的生活作风和习惯越来越让董竹君不理解或者看不惯。没有钱,他却喜欢讲究大排场。在他的生日宴上,上辈二房二爷的丧事上,以及后来出生的儿子大明的满月宴上,他都要董竹君把这些大事件、大场合布置得漂漂亮亮、热热闹闹。花钱如流水,再大的家业也会被败光的。光一个葬礼就找和尚念经、吟唱,做了七七四十九天。

董竹君出身贫困,深知穷人的日子有多艰难,所以,她认为夏之时的做法很是奢侈无度,太过张扬,又劳神伤财,便好言好语地劝说他节省,做些更有意义的公益事业。

但夏之时不以为然,还指着董竹君的鼻子说她没见过世面,没见过富人家的排场。"别以为我下台了,就连这点气魄都没有了!"夏之时振振有辞地为自己辩护。

董竹君实在不好再说什么,只好由他去。他要她主持,她就努力主持好;他要她招待客人,她就努力招待好;他要她披麻戴孝,顺便致谢回礼,最后结账上报,她都努力一一做好。他要求他的妻子做什么,董竹君都很认真地做好。

很显然,这时的夏之时已经是一个十足的封建家长,像极了他的大哥。而董竹君,一个温顺的贤妻良母并没有把自己完全拘泥于这个家庭中,她仍然不断地关注政治、时事和学问。

两个人的分歧和差距渐渐明白地显露出来。

由于水土不服，国琼到了成都不久便出痧疹，头晕目眩，而且一直吃不下饭，病情慢慢变得严重起来。

短居日本的董竹君不仅学习到丰富的科学文化知识，还借鉴到日本人注重卫生、清洁和有条不紊的生活习性。于是，董竹君立刻腾出一间屋子，专门给国琼住。全面消毒后，她搬进了一张双人床，供自己和女儿使用，除此之外，房间内再无其他摆设。之所以布置精简，是便于清理，少些细菌感染，为了女儿的健康考虑。董竹君把家务事暂时放在一边，全身心地投入到国琼身体的治疗和恢复中。

四十多天之后，国琼终于痊愈，董竹君如释重负，喜上眉梢。

有着典型的重男轻女思想的夏之时对此深表不满："一个女儿值得你付出这么多？"

"不管是女儿，还是儿子，他们都是我的孩子，我的骨肉，我作为一个母亲，有责任对每个孩子认真负责。"董竹君不卑不亢。

"把家务事都抛一边去，只顾着孩子，这就是你对他们认真负责的表现？那你对这个家应负的责任呢？"

"孩子的健康是关系到他们一辈子的事，而眼前的这些家务事毕竟有人在帮忙打理，所以我才可以分出身来照顾国琼啊。"董竹君原本想说一句，"这个家你也有一份责任啊"，但话到了嘴边，终于咽了回去。

夏之时不屑地"哼"了一声，转身离去。

董竹君很伤心，不仅为夏之时，更为做这种父亲的女儿感到伤心。

那个指点江山、忧国忧民的英雄哪里去了？那个宣称要爱自己一辈子、铁骨柔情的丈夫哪里去了？那个曾经体贴入微、通情达理的夏之时哪里去了？董竹君仰望苍天，泪眼迷蒙。

二、夹缝中的"能豆子"

晴空万里，阳光明媚。"榕山馆"的匾额在阳光的照耀下熠熠生辉。

董竹君靠在门框上坐着，看着病愈的国琼在天井里和妹妹们玩耍，活泼可爱，心里疼着眼前的孩子。

梅香在阳光底下铺晒夏之时的字画，以免受潮。看到太太不开心，她问道："怎么了，太太？"

董竹君把视线从孩子们身上移开，回过神来，朝走到身边的梅香说道："你讲讲，有没有父亲不爱自己的孩子的？"

"有呢。"心直口快又简单直接的梅香立即回答道，"我小时候在家里，经常看见邻居的伯伯动不动就狠狠地打他的女儿！本来她出生的时候，按她祖母的意思是要把她弄死，因为我们那边流传说把头胎的女儿弄死，就能生儿子。她娘心疼自己的骨肉，好说歹说哭着喊着对公公婆婆磕了几天的响头，才算保住了她的命。以后，她爹只要不顺心就拿她出气，打得狠毒狠毒的咧，好几次打得半死……我们做女孩子的好倒霉呀……"

"唉，作孽啊！"董竹君摇摇头，闭上眼睛。

梅香知趣地闭上嘴巴，看着董竹君。

不一会儿，董竹君睁开眼睛，看看梅香，又看看不远处欢呼跳跃的孩子们，随即低下头，站起来，去整理字画。

梅香的视线随着董竹君的视线移动，慢慢才明白太太不高兴的缘由。不知道该说什么，她也低下头帮忙整理老爷的字画。

在日本时，满腔革命热情的夏之时曾信誓旦旦地拍着胸膛发誓，要把女儿国琼培养为巾帼英雄、女中豪杰。

如今，时间、地点、誓言全变了。

正所谓"祸不单行"。国琼的身体刚刚恢复好，家里最小的女儿国璋的身体也出了毛病。国璋腰椎部的脓水流到大腿上，在大腿上鼓了一个包，使右腿比左腿粗了一倍。后来，小国璋被医生抽过两次脓水后，伤口却不愈合，残剩的脓水一点一点地流个不停，又恶心，又揪心。

董竹君焦急万分，四处求医。

此时的夏之时依然优哉游哉地在烟房里躺在烟床上云里雾里地抽着大烟。

董竹君又急又气，但又不好向丈夫发泄或者要求什么，只能嘱咐梅香看好孩子们，不要让他们进到烟房里去。

最终，原都督夫人登报求医，为治愈女儿国璋的病，悬赏一百银圆。

走出烟房的夏之时慵懒地来到正室，百无聊赖地拿起红木方桌上董竹君订阅的报纸，看到董竹君刊登的广告。粗略地浏览后，他便不屑地扔掉，脸露愠色。

终于有一天，一个有名的四川老中医上门为国璋医治。他为小国璋开了鹅蛋、大粒药丸、酒酿、香菜等苦口利病的中药。

每次看到刚刚三四岁的国璋吞下这些成人都难以忍受的药材，董竹君都会揪心不已。

喂完了药，董竹君将孩子们交给梅香看管，嘱咐些饭前用香皂洗手，饭后半小时刷牙等的话，自己则去平安桥法国修道院学习法文。

夏之时既不管家，不管孩子，也不管董竹君。他常常漫无目的地背着手在院子里四处晃荡一番，然后去供着佛像的屋子里敲木鱼打发时间。

奔跑嬉戏的孩子们不在他的视线里，若孩子们的声音吵到了睡懒觉或者捋佛珠的他，他便怒从胆边生，冲着天井破口大骂，吓得孩子们大气不敢喘一口，抢着往梅香怀里钻。

一次在学习法文时，董竹君突然喘不过气来，大口大口地喘气，像羊叫一般呻吟，面如灰白，最后竟咳出了一些黑血。

曾经留学法国的中国法文老师赶紧给她诊断病情，董竹君被告知得了肺病。

为了确诊，董竹君又去医院检查了一下，的确是得了肺病。

这种病在当时是大病，十分麻烦。除了药物治疗外，董竹君为避免感染给家人，立刻把后院里一个较为偏僻狭小的房间收拾了一下，作为疗养休息的卧室，不见孩子，不见丈夫，不见朋友，平日里只是梅香端茶、送饭、传话等。

　　在那无聊之至的日子时，夏之时偶尔也会和一群在野的政客边赌牌，边商量东山再起，再立军阀，割据地盘，牟取私利。沽名钓誉的夏之时从未想过患病的妻子和暂时失去母亲的孩子们。他不仅不关心孩子们的病情，连结发妻子都没放在心上。

　　这让董竹君心寒不已。

　　"太太，您也别难过，凡事都往好处想：也许是老爷觉得您样样都行，这些事就不用他操心了呢。"梅香把茶杯递给董竹君。

　　董竹君接过茶杯，没说什么。只能怪这个理由太过牵强。

　　董竹君是一个不会藏话，不喜压抑，不愿窝窝囊囊过日子的人。病愈后，在一个烟雨蒙蒙的雨天，董竹君决定找夏之时谈谈。

　　"之时，我生病可以不算，可是国琼、国璋两个孩子生病的时候，你连看都没看她一眼，这是为什么？给我个理由好吗？"董竹君努力克制自己内心的翻滚，静静地说道。

　　夏之时似乎有些讶然，抬起眼睛看看她，没说话，又垂下眼睛。

　　"我病成啥样子，你没管。我认命。"董竹君咬咬牙，说道，"可国琼是我们从日本带到四川来的，也是小时候得到过你最多呵护的孩子。国璋是最小的女儿。她们病成这样，你从来都没有心疼过吗？之时，你是她们的爸爸啊！"

　　"妇人之道！"夏之时轻蔑地咕哝了一声，"男子汉整天叨着儿女情长，围着灶台锅边转，能有出息吗？"

　　董竹君没法把谈话进行下去，一种刺痛让她稍稍沉默了一会儿。

　　"之时，你也别老这样没安排、没计划地打发时间了。看些进步书籍，学习些进步的知识，咱们一起向前看向前走，好吗？"董竹君说话的口气，像是在央求着自己的儿子。

　　"进步？什么是进步？你告诉我什么是进步！"夏之时向门口重重地走几步，头一回，眼睛一瞪，说道，"好啊，一个青楼出身的女人也开始教训我这个都督了！"

　　"之时，你……你怎么这么说话！"董竹君的伤疤被狠狠地撕开，痛得她钻心，气不打一处来，她使劲咬着牙，冷冷地说道，"夏之时，告诉你：我不是你买回来的，我是自己逃出来的！"

"好，好！你有种，你有能耐！"夏之时凶神恶煞地看着董竹君，冷笑一声，然后从怀里掏出一份东西，恶狠狠地扔到桌上，说道，"合江拍来电报，娘老子催你回去办事！"说罢，竟摔门而出。

电报的大致内容是，合江老家发生了一件事情，上辈二房找知书达理的董竹君回家商议如何处置。

听到是婆婆的电报，且点名要自己回去，董竹君便暂且搁下夏之时给自己的侮辱，匆匆交代了家里的事情，就急急赶回了老家。

原来，合江发生了一件纠结的事情。

事情的经过是这样的：夏冕昭欲讨姨太太，大太太死活不准。实在顽劣的夏冕昭夜里偷偷爬进丫头佩琼的房间，不料，竟把佩琼的肚子给搞大了。

事已至此，责任很明显的在夏冕昭及其老婆身上，而夏冕昭老婆和女儿夏国君十分无理，反而一咬定是佩琼勾搭了大老爷，罪在"狐狸精"佩琼，要二房把她逐出夏家。

上辈二房自有算计，佩琼身强力壮，还能为夏冕昭添儿子，或者还可以多生几个。反正，夏冕昭老婆不能再给他生了，他迟早要讨姨太太，这个佩琼是现成的，况且做惯了丫头的她逆来顺受，不会像其他刚进门的姨太太一样颐指气使，让二房受气。

二房的算盘打得很精明，想留下这个丫头做姨太太。

结果就僵住了：一边是夏冕昭大老婆和他女儿指着佩琼的鼻子要她滚出去；一边是二房不想失去这份既得利益。

两房僵持不下，二房便托人发电报给成都的董竹君，要她速回老家帮忙解决。

重又进入文昌巷街，重又看到这规模可观的府宅，董竹君不再怯懦，而是自信满满。因为她早已用智慧和行为赢得了这家人的尊敬。

董竹君迈进门槛。

二房忙不迭地迎出来："二嫂。"

稍稍寒暄后，二房说明原因。董竹君便找人叫来丫头佩琼。

身材中等，面貌普通，皮肤白嫩，大脚。这就是佩琼。她跪在董竹君面前，眼睛直直地盯着地面。不管是麻木还是仇恨，这种直盯带着绝望，有种濒临死亡的意味。

董竹君让她坐下。

她木然地坐到椅子边上，眼神没有变化，依旧直直地盯着地面，没理会任何人。

也许她始终认为自己行将就木，便决绝而坐。

董竹君看着这个才十六七岁的可怜的小姑娘，很是心疼。她看看二房，试图从二房口里再得到些佩琼的情况。

"事发后，她是寻过死的，"二房慢悠悠地说道，"从几件衣服上扯了些布，绑得结结实实的，悬在梁木上……正好被丫头麻子碰上，就是和梅香一起去接你的那个姑娘。"

董竹君点点头，叹息。心想，这个佩琼倒是个烈性女子！

"被救之后就一直这样，不吃不喝，不笑不哭，一对眼睛直呆呆地像要把地看穿似的！"

董竹君的视线从佩琼身上转移，发现不远处有一只蝴蝶在自由自在地飞翔。蝴蝶是她的梦想，而现实中有很多使她、使女人做不成蝴蝶的羁绊。

五四运动反对中国代表团签订《巴黎和约》，拒绝日本接手德国在山东半岛的侵略权益，弘扬伟大的爱国之志，释放深刻的爱国激情，那群青年女学生在街上、学校里、工厂里奔走呼喊："外争国权，内惩国贼！"白色的短衫，及膝的简约学生裙，齐耳短发。她们在青春中激愤昂扬地奔走，在国民中强有力地呼喊，服务于国家，服务于世界和平的最前沿。那是一群多么美丽的蝴蝶！

再看看眼前的佩琼：梳着传统的两条长长的麻花辫子，长褂长裤，在青春中哀怨，在封建中受辱，在中国传统腐朽文化的糟粕中被深深地压迫。

这一上一下、一天一地的极其鲜明的对比，让董竹君的心很沉，很痛。

"家里都还有谁，现在？"董竹君轻轻地问受辱者。

佩琼仍然直愣愣地看着地面，仿佛其他一切人和物都不存在。

站在佩琼旁边的丫头麻子摇了摇佩琼，凑在她耳边说道："问你话的人是二太太，她人好，在重庆时，我亲眼看过她为好些穷人主持公道呢！她会帮你的，啊。"

佩琼听后猛地抬起头，抬起眼睛看董竹君。也许这是她存在这个世界上的最后一丝希望了吧——她必须抓住这根救命的稻草。

"不知道，打我记事起，我就在夏家，"佩琼哭着跪到董竹君身边，"二太太，您给我做主，别让我出去啊，出去后，我真的不知道去哪里啊……"

董竹君不解地看着二房。

二房解释说："她小时候在街上玩，人来人往的，就被人顺手牵羊牵走了，然后被卖到了我们夏家。"

小时候被拐卖，大了又被人凌辱。有着同样坎坷之路的董竹君为佩琼暗暗擦泪。

思前想后，最终，董竹君打定主意，先带佩琼回成都，待她生下孩子后，要么让她继续留在自己身边，要么给她找个好人家；至于孩子，二房想要就要，不要的话就由董竹君先养着，反正是夏家的骨肉，夏家是要负责的。

临走，上辈二房由衷地夸董竹君是"一颗豆芽结十二个豆荚的能豆子"。

三、错看了戴季陶

1915年早已开始的新文化运动的进步影响是潜移默化的，民主和科学思想的弘扬，动摇了封建思想的统治地位，并且推动了中国自然科学的发展，使人们的思想尤其是青年的思想得到空前的解放。后期传播的马克思主义，为中国先进的知识分子所接受，成为拯救国家、改造社会的思想武器。

而五四运动的爆发更是起到了宣传动员作用，直接催生了文化的普及和繁荣。五四运动孕育的爱国、进步、民主、科学的五四精神，成为中国人民和中国青年为中华民族伟大复兴不懈奋斗的宝贵精神财富。

新鲜的学说，新鲜的思想，新鲜的文化，如活水源泉涌进来。

董竹君乐意接受新的事物，她敞开心扉，如饥似渴，迎接一切向前的变化。她订阅了各种宣扬新思想的报刊、杂志、书籍，从中汲取新鲜养分。在充实自己的同时，她吐故纳新，努力打扮好自己和孩子们。

例如，她一直穿西式的笔直有型的衣衫或裙装，半高跟黑色皮鞋，手提织锦缎细铜链的包。四个女儿则梳着两个长长的扎蝴蝶结的辫子，垂在胸前，头上戴着有帽檐的小圆帽，身穿白衬衫或连衣裙，短裤，长筒袜，洋气的圆头小皮鞋。儿子夏大明则被要求穿蓝短裤海军装，小球鞋。

另外，为了个人卫生，董竹君还实行分餐制，即每个人都有自己的餐具，下人盛饭时就会把每个人的饭菜摆在各人的餐具里，这样就不会像以前的八菜一汤那样易于疾病传染、传播细菌了。一日三餐之外，董竹君还设置了两次加餐：下午的下午茶和半夜的点心宵夜，也是实行分餐制。

家里的各个房间的布置也都成了西式的。董竹君购进了刚刚进口到中国的西式灰白色沙发，摆在客厅的北上位置，背靠紫黑色屏风。沙发前放置高不过膝的茶几。低的沙发为水，高的屏风为山，有高有低，山水有情，有山有水，宾主有义。空着的墙壁上的适当位置，董竹君又为丈夫摆了几幅油画、水粉画，画中内容均为意境闲适的森林湖泊，深邃，淡远。

这时候，一些来夏家做客的男女老少常常会赞赏地点头，称赞女主人夏太太能干，会生活，是个洋派。

然而，此时的夏之时俨然已是一个守旧的乡绅，与时代，与这个家的人、思想、摆设等严重地格格不入。当董竹君把夏之时的国画取下来拿去晾晒，换上油画、水粉画的时候，他紧张地以为董竹君要剥夺他自己的审美取向。若真是这样，他在这个家里，就没有任何痕迹了，除了他的肉体之外。

那些褒奖董竹君的人一看到夏之时叼个烟斗背着手从院子里走过时，便颇适时机地闭上嘴。

董竹君看到了夫妇二人人前人后的对比和思想上的差距，很着急，她很想拯救丈夫，祛除他的消极、颓唐的思想。

虽然董竹君一次次的寻找机会劝说丈夫重整旗鼓，苦口婆心、好言相劝，但是，每次都被夏之时冷言冷语地堵回去。他要么大发脾气，进行一番歇斯底里的大喊大骂；要么便一声不响，用极端方式，将瓶瓶罐罐摔得到处都是；要么指东道西，动不动就拿不给女儿上学来威胁唠唠叨叨的妻子。

"让一个女人读了这么多书，就是为了她以后絮絮叨叨教训丈夫的吗！"不止一次，他这样怒气冲冲地吼道。

劝说无效，董竹君甚至把夏之时烟房里的烟具藏了起来。她认为，就是大烟让夏之时沉沦的。结果，还是被他给翻找出来了。他重新叼在嘴上抽，边抽边怪董竹君多管闲事。

油盐不进。实在没有办法，董竹君便想托夏之时的朋友来说服他，让他重整旗鼓，从夏乡绅转变为夏都督，至少是转变为真实自然的夏之时。

当时，和夏之时来往密切的一个人是后来大名鼎鼎的戴季陶。其时，他是中华民国国民政府的官员。

有必要简单地介绍一下这个人物：戴季陶，名传贤，字季陶，笔名天仇。原

1924年戴季陶与孩子们摄于成都将军街客厅门前。下排自左：国琇、国瑛、杨四妹。上排右起：国琼、戴季陶、杨二妹（杨吉甫博士之女）。

籍浙江湖州，生于四川广汉。早年留学日本，参加同盟会。辛亥革命后追随孙中山，参加了二次革命和护法战争。1917年，由上海赴广州任大元帅府秘书长。五四运动期间，他在上海主编《星期评论》周刊，对社会主义和劳工问题做过一些深刻的研究。马克思主义使他接触到了一个崭新的理论世界。他试着用马克思主义的学说分析了中国的现状，也领会到了社会主义的某些要义。然而，作为一个资产阶级民主主义者，他不愿正视这一现实，并且极力回避和否认。他回想三十几年来的奋斗，好像是在一步一步地走向黑暗，不由得黯然神伤，妄图把事业、生命一切都抛在一边。

与夏之时交往频繁的那些日子，也正是戴本人思想迷茫，看不到前途的时候。

有一次，已经是夜里十一点多钟了，戴季陶独自一人来到甲板上，走到船尾，凭栏浴风。偶尔的汽笛声给幽静的黑夜增添了神秘诱人的色彩，江岸低矮的黑影和船舱灯光照亮着翻腾的江水，似乎给他一种启迪，仿佛有个神秘的声音在召唤着他。戴季陶猛地有一种无法掌握自己的冲动，他扶着冰冷的铁栏杆，看了黑暗的夜空一眼，便毫不犹豫地跳入江中。

然而，一艘渔船救了他，使他幸免于难。

这个经历很奇特。戴季陶对夏之时说，当时他在河里游着的时候，额前老是有一道白光显现，他觉得那就是佛祖告诉他，他不能死，他不会死。

夏之时也敬虔地说，那是佛祖显灵。

谈到佛，两人有着更投机和更隐秘的共同语言。

他俩在一起也是靠在烟床上抽抽烟，然后打打牌，喝点酒解解闷，做些夏之时平日里老做的事。

董竹君为了拯救丈夫的堕落，促使其奋起，便想到了戴季陶。当时，她仅仅知道戴季陶和夏之时是很好的朋友而已。

碰巧，没过几天，戴季陶来了兴致，提出与夏之时、董竹君及其他几位老友一同游览四大佛教名山之一——峨眉山。

董竹君求之不得。

峨眉山层峦叠嶂，古木参天，景色秀丽，秀甲天下。云雾缭绕，雨丝霏霏。弥漫山间的云雾，变化万千，把峨眉山装点得婀娜多姿。峰回路转，云断桥连。涧深谷幽，天光一线。万壑飞流，水声潺潺。仙雀鸣唱，彩蝶翩翩。灵猴嬉戏，琴蛙奏弹。奇花铺径，别有洞天。

登临金顶极目远望，视野宽阔无比，景色十分壮丽。观日出、云海、佛光、晚霞，令人心旷神怡；西眺皑皑雪峰、贡嘎山、瓦屋山，山连天际；南望万佛顶，云涛滚滚，气势恢弘；北瞰百里平川，如铺锦绣，大渡河、青衣江尽收眼底。置身峨眉之巅，大有"一览众山小"之感。

因为山体巨大，登山路线近百里，体弱者很难登顶。而唯一的女子董竹君更是穿着一双半高跟皮鞋跟着男人们登上了金顶。

夏之时老友及夏之时本人对董竹君赞不绝口，戴季陶对她也很是赞赏。

到达金顶后，戴季陶一句"峨眉高出西极天——"冲破云霄，到了一个不知名的远方。

其他人鼓鼓掌，夸笑几句，便朝不同的方向去休憩或游走，只剩戴季陶和董竹君在此。

"夏夫人真是女中豪杰啊！像这样峭崎岖的小路，男人们都优柔寡断，拿不定主意，女人们更是望而却步啊！"戴季陶笑呵呵地说道。

"过奖了，戴先生。之时也很惊讶，我以前曾来回走过青城山都江堰的绳索桥呢。"董竹君笑说，"女人嘛，也该适时地争口气。"然后，董竹君向戴季陶讲述了她一个难忘的经历。

那是1925年5月30日,上海学生两千余人在租界内散发传单,发表演说,抗议日本纱厂资本家镇压工人大罢工,打死工人顾正红,并号召收回租界,终被英国巡捕逮捕100余人。当天下午,万余群众聚集在英租界南京路巡捕房门口,要求释放被捕学生,高呼"打倒帝国主义"等口号。英国巡捕竟开枪射击,当场打死11人,被捕者、受伤者无数,造成震惊中外的五卅惨案。

惨案发生后不久,董竹君得了沙眼。她去一个法国医生开的私人诊所就医,医生要用铜丝刷子为她刮眼。刮眼之前,医生问她要不要用麻药减少些疼痛。倔强、好强的董竹君不想让这个法国医生看出自己的脆弱,坚定地回答不用。结果,整个脑袋像是被铁锤狠狠地击过一样。回到家,董竹君便让梅香不停地给她用冷水浇头,以毒攻毒。

说完,董竹君坚毅地看着戴季陶,说道:"我只想告诉他,我们中国人不是软弱的,我们中国的女人也不是软弱的!"

戴季陶听后礼节性地笑了笑,然后话锋一转,道:"从这一点上讲,之时确实不如你啊。"

"唉。既然女人都想奋起直追了,男人更应该是。戴先生,我想您是赞同的。之时现在变了,变得消沉、颓废,现在俨然一个封建家长,过去那个宽厚体贴、充满斗志的他消失了。所以,戴先生,您是他的好朋友,我想劳烦您劝劝他,让他多看些宣传新思想的书,从保守的旧思想中走出来,可否?"董竹君用询问的眼光看着戴季陶。

戴季陶听后先是讶然,然后便是礼节性地笑笑,似乎不愿再说什么。

下山时,董竹君不知道戴季陶有什么顾虑,只想抓住机会,强调一下自己的愿望。这时,忽地听见有人急匆匆大喊:"戴先生不见了!"

有人半开玩笑半猜测地嘀咕了一句:"该不是又寻短见了吧?"

顾不上多想,每个人都扯开嗓子喊:"戴——季——陶——"大家的声音响彻在云里云外,响彻在林木缝隙,响彻在花海山间。

哪知,大家心如火燎,四处寻找。而最终发现的时候,戴季陶却在山脚大峨寺的炕上陶醉地抽着大烟呢。

董竹君一看,知道看错了人,心里全凉了。

这件事,董竹君做得有些天真。尽管戴季陶和夏之时是老友,但两人的内质是相同的,自暴自弃,甚笃迷信,仅有的一点爱好便是抽大烟,好享受,喜欢过着神仙般的醉生梦死的生活。

　　董竹君错看了戴季陶，这不是她的错。但看不对人却一直是她的一个弱点，直至后来经营锦江饭店时的用人，也留下了"看人不准"的隐患。这是后话，暂且不提。

四、冷漠是刀

远离政界和军队的环境，夏之时逐渐放松了对自己的标准和要求，人性中的负面慢慢地一览无遗。

每晚，夏之时都会要求董竹君在他身边陪着。他漫无目的地抽烟，她在旁边练习七弦琴《平沙落雁》，或者读新书。

这时，夏之时通常傲睨自若地看董竹君一眼，说道："老看这些蛊惑人心的书，有什么用嘛！一个女人，勤勤恳恳地料理好家务，照顾好家人就行了，你还想追求啥？！"

董竹君抬起眼睛看看夏之时，并不为自己辩解。

"还有弹琴，做事情要讲究目的性，即便你弹得很熟练、很精通，又有什么用呢？"

董竹君放下自己的追求，站起身，温柔地对夏之时说道："不早了，洗洗歇息吧。"于是，她差丫头给夏之时端来洗脚水。

"给我剪剪脚趾甲。"泡完脚后，夏之时对董竹君说道。

"让丫头做吧，我还要去看看孩子……"董竹君为难地回复。

"不行！"夏之时武断而鲁莽地打算董竹君。

忙碌了一天的董竹君，此时已是头昏眼花。她定睛看着丈夫的趾甲，小心翼翼地剪着。

"哎呦！"夏之时大喊一声，同时用力蹬了董竹君一脚，"你的眼睛长到哪里去了？！"

董竹君被蹬倒在地，这才发现自己剪破了丈夫的脚趾。"为了你和这个家，我天天忙东忙西，里里外外独自担当，难道你没有看见吗！我又不是丫头，我是你的妻子，你究竟把我当成什么了！难道我是你的牛马，让你作威作福吗！"她掷地有声地说道。

夏之时阴阳怪气地"吆"了一声，没再回击什么。

丫头梅香已经十八岁了。夏之时四处晃荡的时候，无意间给她物色了一个卖煤炭的苏姓商人。家境说得过去，梅香做大。

董竹君为梅香准备了丰厚的嫁妆。梅香即将欢欢喜喜地嫁过去。

外面鞭炮震响，花轿伺候着，旁边是大箱大箱的嫁妆。梅香绞过汗毛，开过脸，头上盖着方块头巾等着时辰，惴惴不安，又多些兴奋和迫不及待。

日久生情。董竹君的五个孩子凑在梅香周围，很是舍不得她。被董竹君从老家带来的佩琼抱着还不会说话的儿子，给梅香细细地嘱咐些话。

然而，这样和谐喜庆的气氛中，夏之时和董竹君忽然间在卧室发生了冲突。

原来，夏之时临时想收梅香做义女，让花轿从正门抬出。

而董竹君为梅香着想，担心这样张扬梅香在夏家的地位，背后会有人风言风语，梅香到时候难做人。

夏之时有着很强烈的大男子主义倾向，不仅顽固成性，而且自尊心极强，觉得董竹君不顺着他的意思就是严重冒犯了他，一气之下，竟伸出手给了董竹君火辣辣的一个巴掌。

董竹君讶异而疼痛地发出"啊"的一声，只觉眼冒金星。

她从来都没想过丈夫会打妻子，而且打得这么狠，这么重。

血从嘴角流下来。

她呆呆地看着夏之时。

夏之时看着董竹君嘴角上的血迹，表情有些怪异。

回过神来后，董竹君赶紧擦干净嘴巴，免得进来的人看到这一幕。

她无力再去强辩什么，或者强争什么。

又忍让了一回，内心的逆反便又多了一分。

梅香的轿子从正门抬出。

站在门口目送梅香出嫁，董竹君只是希望善良单纯的梅香幸福。说真的，身边走了一个朝夕相处的乖丫头，董竹君很是舍不得，眼里含着泪花。

佩琼抱着咿咿呀呀的儿子走过来，站在董竹君身边。

"佩琼啊，"董竹君抹抹泪，抱过大胖小子亲了一口，"待我给你物色物色，过些日子，你也这样体面地嫁出去！"

"不要不要，太太，"佩琼忙不迭地说道，"是太太您救了我，我要报恩，我在太太身边做一辈子的丫头！"

董竹君摇摇头，一把辛酸泪，为佩琼，为自己，更为所有坎坷的女人们。

可以说，一个巴掌的后果是使董竹君对夏之时的敬和爱接近消失殆尽了。

几天后，夏之时想起这件事，也觉得自己过分了，便凑到董竹君身边，主动对她说："把你在上海的爹和姆妈接过来住些日子吧。"

"这么个大家庭，你一个人操持也很累，爹妈过来也好替你分担些。他们二老在上海住了几十年，到成都来看看、走走，总是有好处的。"夏之时巴结道。

董竹君的"痛"还在。对于夏之时的主动示好，她没说什么。

很快，双亲便过来了。

同庆和二阿姐头发又白了些，面黄肌瘦，眼睛深陷入眼眶，颧骨凸出，被岁月打磨过的皱纹像是被刀子狠狠地刻上去的，二老的牙齿也掉了不少。

看着双亲，董竹君难过地流下了眼泪。想想自己看似入了豪门，其实不仅没有帮着两位老人过上快乐幸福的日子，而且自己的每一天都不好过啊。但是，董竹君即便有太多的委屈，也不会在双亲面前倾诉。

令人不解的是，夏之时对可怜兮兮地过了一辈子的岳父岳母居然无动于衷。他不仅没喊一声"爹妈"，而且对三个人在一起泪流满面的场面更是不屑。

一个人岂能如此冷漠？董竹君很为丈夫不尊敬自己的双亲生气。

心地善良的二阿姐看出了董竹君的心思，劝她说："阿媛，夏爷主动接我们来成都，已经算是我和你爹的福气了。我们不计较这些，你也别在这些小事上计较了。在一个家里，计较这，计较那的，何时是个头啊。况且，夏爷做了一件很让街头巷尾称道的事情就是，他只有你一个大太太，不像别的当官的那样三妻四妾的。阿媛，你这样就不用受其他姨太太的气，我们就很知足了。儿女已经成群，很多事忍忍也就过去了，为家就是多忍让些，尤其是女人。"

董竹君听着，似乎也有道理。可是，董竹君的痛再一次涌来，止也止不住，不知道为什么。她真的想哭，但终究还是强力忍住了。

随后的日子里，夏之时竟把请进门来的岳父岳母当佣人使唤。

同庆和二阿姐都咬着牙默默地忍着,没敢把自己的遭遇告诉董竹君。因为,与世无争、老实巴交的两位老人,他们不想让自己成为夫妻俩争端的导火线,所以宁愿委曲求全。

　　然而,有些事一味忍让是不能解决问题的。

　　这不,有一天,夏之时居然在烟房里当着佣人的面,冲同庆大吼,原因是,他嫌同庆给他熬的鸦片不够分量。

　　"夏爷,我的确是按您给的分量熬的。您给了我多少,我就熬了多少。真的,我没有骗您的。"同庆低声下气,弯腰弓背,小心翼翼地解释道。

　　"不可能!今天明显比昨天的分量少,肯定是你偷了我的烟土!"夏之时站起来,凶恶的表情贴在脸上。他围着同庆转了一圈,然后冷冷地说道,"一个外表老老实实的乡下老头,没想到心里面这么狡猾奸诈啊!哈哈!果然是人不可貌相,海不可斗量啊!"

　　同庆气得直哆嗦。

　　在外面听到吼叫声的董竹君赶紧跑进来,看着父亲受辱,气不打一处来:"夏之时,你无凭无据地乱说什么!你不要欺人太甚!"

　　"哎哟哟,董竹君,你来得正好,快看看你的爹爹是个什么样的人……"夏之时阴阳怪气地说道。

　　董竹君气得脸色发青。她扶住颤颤巍巍的父亲,义正词严地跟夏之时说道:"这样吧,夏之时,按你给的分量再熬一次,夏爷您亲自监督,这样岂不是更明白?"董竹君直视夏之时,眼里不再是怒火,更多的是冷漠和可怜。

　　顿时,夏之时被这样的智慧所打败,他自知理亏,却又气急败坏地说道:"好啊,董竹君,和你爹妈串通好了一起来整我是不是?董家串通一气要把夏家整垮是不是?快告诉我,你们究竟安的什么好心!"

　　冷漠是刀。董竹君不再说话,她的心凉透了,胃里涌起阵阵绞痛。她极力忍住泪花,冷冷地看了夏之时一眼,然后,扶着颤颤巍巍的父亲,一步一步走了出去。

五、开办实业，矛盾激化

五四时期是个激荡变革的大时代，在经历了新文化运动的洗礼后，妇女解放运动也以崭新的姿态出现在政治舞台上。除北京、上海、天津等大城市外，江苏、山东、江西、浙江、福建、安徽、广东、湖南、湖北、四川、河南等地的中等乃至小城市，都有女学生及其他阶层的妇女参加运动。"她们纷纷冲出学校和家门，走上街头，游行示威，抵制日货，宣传爱国思想，每至激昂之处，痛哭流涕者有之，断指血书者有之，真正是'巾帼英雄，不让须眉'"。从此，约占人口半数的妇女便成了中国政治舞台上一支不可忽视的重要力量，妇女解放运动成为当时反帝反封建的政治运动强有力的组成部分，与中国的民族民主解放运动紧密结合。

李大钊明确指出，真正解放全体妇女，必须"一方面要合妇人全体的力量，去打破男子专断的社会制度，另一方面还要合世界无产阶级妇人的力量，去打破那有产阶级专断的社会制度"。

孙中山先生也因十月革命胜利，和中国发生五四学生运动，而深受鼓舞和巨大启发。他殚精竭虑，呕心沥血，写成了《知难行易的学说》和《实业计划》二书。

而这时，夏之时再也不肯为四个女儿上学付钱，他自己的劣性如吃喝赌抽却样样未丢，夏家六房人，上上下下几十口军府门第，公馆派头，名声在外，大家都游手好闲，还是寄生于曾经的夏大贵人身上。

在夏乡绅眼里，女子无才便是德。夏之时执意不让女儿上学，甚至龌龊地拿家里的积蓄不够当理由。

在这件事上，夫妻二人又起了冲突。

"可你一直在抽大烟、喝酒、赌钱，合江老家还有一大家子人在等着你养活，这样坐吃山空下去，多少的钱也给折腾光了！"

"怎么，居然和我顶嘴了！董竹君，你有什么资格！"夏之时怒不可遏。

董竹君低下头，难堪，沉默。

这样的发怒，于夏之时而言，已成了家常便饭。"是我把你从堂子里带到日本去的，读了六年的大学课程，学上了点东西，翅膀变硬了？"夏之时说此番话的时候，内心明显地坚信不让女儿去读书是对的。

"之时，刚才是我太激动，是我不好……"董竹君拉住夏之时的胳膊，低声下气的。为了这个家，几乎每一次，她都是这样的委曲求全。

夏之时猛地甩掉董竹君的手，董竹君心无提防，打了个趔趄。

"董竹君，我夏之时从来没有做过对不起你的事！你要我答应你的三个条件，我夏某统统做到了！现在军阀、政客哪个不是妻妾成群的，我夏之时就你一个正太太，我没有食言！你别敬酒不吃吃罚酒！我抽也好，赌也好，喝也罢，都是我夏之时自己赚进来的，没花到你董竹君一分钱，你不必心疼！我有钱给儿子大明上学，就是没钱给那四个闺女！"

夏之时如此气冲牛斗，暴露出内心赤裸裸的封建家长思想，吼罢，便大摇大摆地走了出去。

董竹君呆呆地看着丈夫的背影，眼泪不知不觉就流了下来。过去是对孩子们生病不闻不问，现在是连学都不让上了，谁知道将来还会有什么样的事情发生呢？

有着新女性思想的董竹君不可能因夏之时不出钱而断送孩子们的前程。她想尽一切办法，使大女儿国琼继续学钢琴，另外三个女儿继续上洋学堂求学。

在丈夫带给自己的沮丧之余，董竹君没有消沉。相反，她积极关注着时事、政事，并被这些激烈的妇女运动和进步的女权主义理论鼓舞着、激发着。

鉴于夏之时及其带来的家庭现实，她想到了一个主意：办实业。

一个女人若要得到权力，便要赢得别人的尊重，使别人甘心把权力交托给她。因此，她要具备政治上的前瞻意识，或者经济上的独立，或者思想上的深邃、全面，或者人们乐意称道的人格魅力，或者所有这些兼而有之。

董竹君表面上追求的是经济上的独立，实际上，这个接受过日本明治维新后新教育的新女性正在全面追求着，努力实现人生的梦想。

经过慎重考虑，董竹君首先决定在成都开一个投资不用很大的女子织袜厂和一个出租黄包车的公司，帮助那些贫困的女孩和家庭，也改变一下四川闭塞的风气。

织袜厂是为当地贫苦人家的女孩子量身定做的，这个厂子可以使这些女孩用经济独立换取人身自由，换取自身权利；也可以抛砖引玉，激励更多的新女性办实业，使四川走出由来已久的封建、落后和闭塞。黄包车公司则是为像曾经的同庆一样的穷苦的拉车夫准备的。四川有很多黄包车公司租价很高，董竹君的设想是，一方面降低车租，另一方面使他们免付或者分期付清车租，至于拉车的过程中，车夫受伤和车子出故障，这些费用都由董竹君来支付。

可是，妻子如何使丈夫在这个破天荒的行动上与自己达成共识呢？

每天的交流没几句话，仅有的几句话也不过是针尖对在麦芒上，然后是不欢而散。这种状况令董竹君十分难受。

董竹君一边精心、严谨地做着市场调查和分析，一边还是寻找恰当的机会跟夏之时讲明兴办实业的事情。

这天晚上，穿着太太熨的平平整整的睡衣，夏之时走进卧室，坐到床沿上。他看到写字台上的几叠纸。

第一张是一个表格。内容是：成都人每年穿多少袜子，分老年人、中年人、青年人和小孩等，还分丝袜、棉袜、线袜等。第二张也是一个表格。内容也是：成都有多少辆黄包车，租金、租时、违约金等等细节写得一清二楚。

夏之时瞪了半天，不知所以然，心里隐约感到董竹君在瞒着他做什么事，于是歇斯底里地冲门外大叫：" 董竹君！你过来！"

正在照顾孩子们休息的董竹君赶紧跑到夫妻俩的卧室，温和地问道："之时，怎么了？"

"这是什么？" 夏之时扔下那叠纸。

"噢，这个啊，我正想跟你说呢，还没来得及说你就看到了。" 董竹君小心寻找合适的词汇，轻柔地说着，"家里开销实在太大。之时，我想办实业。这是我做的市场调查，心里有些眉目了。"

董竹君一边说，一边悄悄地看着丈夫。

"办实业？" 夏之时斜着眼睛瞪了一眼妻子。

"嗯，挣点钱贴补家用呀。" 董竹君说道，"再说呢……"

"哼！你嫌我夏之时没兵权了没地位了，挣不了钱养不活一家人是不是！"

夏之时几乎是跳起来，吼道，"我告诉你！瘦死的骆驼比马壮，破船烂了还有三千钉呢！我夏之时再落魄，也饿不着你董竹君，也用不着你董竹君来养家！"

"之时，你听我说嘛。"董竹君知道不能来硬的，便小心地为自己辩白，"我不是说你没权没势没金银的，你在我眼里永远都是爱我疼我的高高大大的丈夫，妻子都是尊敬、顺服丈夫的，怎么会嫌弃呢？即使你什么都没有了，你还是那个跟我在日租界的旅馆里举行过婚礼的夏之时，还是那个把我从堂子里带到日本读书的夏之时，还是那个在日本陪我漫步在樱花海中的夏之时，然后又带我去到我们合江老家，一家人终于因着你的大面子容下我，而且啊，还让我插手很多事，都让我受宠若惊呢！你说不是吗？"

董竹君见夏之时稍稍平静了一些，接着说道："五四运动给咱们国家带来了很多光明，我觉得咱们国家的前途会越来越好。趁着这个好时机，我们也做些有意义的事，哪怕不说为了咱们国家好，也是为了我们自己好啊！"

"你一个女人家懂啥？头发长见识短！"夏之时摇摇头，坐回床沿上。

董竹君见夏之时软了下来，便松了一口气，开导着对方："这两个公司都是本钱很少的实业。即便我们——做最坏的打算——赔了，也损失不了多少。更何况，这种形势下，孙先生都提出了实业兴国，我觉得我们成功的可能性很大，因为我们顺应着潮流。之时，等公司办起来，你就来做老板！"

"行了。我不想听了。"夏之时拉过被子，蒙住头，"睡觉。"

董竹君动之以情晓之以理，总算成功说服了丈夫。

市场调查完成后不久，董竹君开始着手规划工厂的规模、效率、产出、销售等具体操作的细节。

1924年，"富祥女子织袜厂"正式挂牌成立。1926年，飞鹰黄包车公司也创办了起来。

织袜厂在正屋后面的大块空地上；一个前来道贺的国民党人赞赏地对董竹君说道："前面是孩子们的琅琅读书声，后面是织女们扎扎弄机杼，好一个朝气蓬勃的大家庭啊！"

"是啊是啊，夏太太为员工成功地组织了一个文明家庭啊！"另一个国民党人说道。

此后，董竹君更忙了。两个公司里里外外都是她一个人主管。她起早贪黑，家里家外。家务事、来客、财务、应酬等等。春暖花开，烈日炎炎，秋高气爽，严寒冰冻。这个好强的女人宁愿一个人吃苦受累地做下去，为了自己，为了四个

第三章　裂痕

女儿读书，为了这个家庭不散，为了这些女孩子，为了这些拉车的穷人，为了打开闭塞的成都，甚至为了一个依稀的飞翔梦。

天还没亮，董竹君就要起床、梳洗，先去孩子们的卧室看看保姆对孩子们的护理情况，然后查看一下下人做的清洁卫生，正室、厨房、书房、天井、浴室，各个角落，她都要仔细检查一遍。天色渐渐地亮起来，董竹君叫醒孩子们起床，读书的读书，练琴的练琴，做早操的做早操，她意在使每个孩子培养一个良好的生活习惯。随后，她开始伺候夏之时起床、穿衣、吃早饭。做完这些，她跟下人们交代好个人的工作，自己便去了飞鹰黄包车公司。

车夫们出车早。董竹君一眼就看到了父亲，心里一怔。

同庆比董竹君早到了些。他嘿嘿一笑，倔强地非要董竹君同意他帮董竹君打理这个黄包车公司。

董竹君同意了，心想，拉了一辈子的车，还没拉够。这难道就是父亲的命吗？当然，现在的身份不同了。这样想想，心里还好受一些。

车夫们穿着整齐的制服，大家看上去精神抖擞。

董竹君颇感欣慰，然后跟大家讲些服务顾客的要点，照顾自己的细节，等等，还特意向各位车夫强调，有了病就尽早就医，反正都由她董竹君来报销，车子坏了的修理费也由她董竹君出。

女老板不止一次地这样强调，大家都憨憨地笑，可是董竹君心里却是有些沉重。这些人幸运地遇到了董竹君，可是当年的董同庆却没有幸运地遇到现在像董竹君这样善良的老板啊。

等车夫们陆陆续续出车之后，董竹君立即赶到富祥女子织袜厂。

董竹君一边巡视着厂子里的卫生、设备，一边给女工们讲着些实在的道理。她告诉她们，要学上一身硬本事，然后保护自己，学着赚得经济上的独立，争取男女平等。她说："很多事情，都是自己主动争取来的！"

女工们听着这些东西觉得很新鲜，也很乐意听，干得也很带劲。

董竹君找了几个师傅教这群女孩，还嘱咐这些师傅要和蔼、谦逊，跟姑娘们处好关系，并说，这些姑娘都是些善良的好姑娘。

中间还可能遇到来访的亲戚、客人，或者需要外出应酬些事务，董竹君行色匆匆，一个人跑这跑那。

这样忙活一天，晚上，董竹君回家还要登记账目、巡逻，深夜才精疲力竭地睡下。

1928年于成都拍摄的全家福。自右向左：三女国瑛、四女国璋、董竹君、大侄女国祯、夏之时（手抱夏大明）、二女国琇、大女国琼。

两个公司的效益都很好，烟瘾越来越大的夏之时喜上眉梢。

《重庆日报》《国民公报》等报纸纷纷让出头版给成功办成实业的董竹君。

新闻标题大多是《都督夫人董竹君，原来是个女中丈夫》，"在上海与英雄结伉俪，日后到日本留学，回国便实业救国。巾帼不让须眉！"然后是董竹君温文尔雅的照片。

董竹君在社会舆论里保持着低调的微笑，一贯谦虚务实的她忙碌着自己的事业和家庭，很少去参加那些官太太们的无聊聚会。

这些官太太还在谈论着这个绸料子好看，那个钻戒名贵；还在谈论着哪个做官的又娶了个姨太太，哪个又卖官鬻爵，哪个校花又被有权有势的人看上；还在谈论着哪个留过洋的博士回国还仅仅做着电影放映员的工作，哪个发了财，哪个又打了败仗。等等，不一而足。

道不同，不相为谋。

在董竹君被社会舆论褒扬的同时，夏之时却因一件事成为人们茶余饭后指指点点的对象。

原来，夏之时的大侄女夏国君 13 岁时被许配给了王崇德，此人是合江县商会会长兼办商团的王学希的胞弟。在彼时的夏之时看来，这两家是门当户对的。但在护法战争中，王学希被指反抗政令，后被谋杀。王学希死后，王家一蹶不振，濒临破产。因此，夏家开始嫌弃王家，但又碍于面子，没有跟对方挑明，只是一味地拖延婚期。在离婚期只有十天的时候，王家请帖都已经发出，夏之时却谎称夏国君得了肺病，需要急赴上海治疗，不能结婚。王家对夏之时的权势还是心有恐惧的，因此，夏国君的婚事就此搁置。

夏之时及整个夏家这种嫌贫爱富的品性一度成了街头巷尾议论的焦点。

夏之时也深知自己做得不对，才会招来非议，但顽固不化的他一口咬定是妻子在外太出风头了，所以人们才会对比，才会产生这么多对他是是非非的议论。他觉得自己失去了尊严，失去了男人的威风，甚至是招致了臭名。

他一直持续着的消沉落寞状态，从来都没有改变，而对岳父母更是恶言相向，大有把对董竹君的怒气转泄到两个可怜的老人身上的倾向。

六、金簪子丢了

就在此时，夏府发生了一件奇怪的事情：二阿姐用攒了好多年的钱换成的金簪子在夏家丢了。

董竹君没有声张。

她不动声色地观察每一个人，但是，她的最大怀疑对象是，自己的丈夫。

前天的时候，夏之时跟朋友们在外赌博，输得垂头丧气回家；第二天，却照样人模狗样地出去继续赌博了。

董竹君并不排除他拿了自己挣的钱，出去继续赌的可能，可是，当她和同庆从"飞鹰黄包车公司"回到家的时候，她刚好看见夏之时从二阿姐房间的方向走过来。那时，二阿姐正在后屋的"富祥女子织袜厂"帮姑娘们织袜子。

当时，董竹君没有多想什么，而现在，姆妈确是在夏家丢了自己最贵重的东西，她不可能再不去多想些东西。

这不是董竹君多虑不信任丈夫。一个男人在他无能的时候，什么都做得出来。龌龊、浅薄、不分是非、强词夺理、不识大体，甚至包括家庭暴力，等等。这些原本与心目中的伟岸的丈夫搭不上边的词汇现在一股脑地涌了出来。

但是，转念一想，董竹君依然不希望事实如自己所想。于是，她告诉家里的每个人，关于簪子丢失的事情，意在使每个人都帮忙找找，兴许会有好的结果。

二阿姐着急慌乱中，不知所措，只是像个孩子一样不停地哭。

夏之时从门前走过，冷冷地说道："哭什么哭！不就是丢个簪子吗！拿绳子把她绑起来！真是一个穷命鬼！好运气都被你哭没了！"

正在二阿姐身边的董竹君听见后气的发抖，她"嚯"地站起来，严声厉色地冲夏之时喊道："夏之时，你说话也过分了点！那是姆妈攒了很多年的钱才攒到的。你没经历过穷人拮据的生活，请你不要乱讲奢侈的话！"

"有双亲在这里撑腰，敢跟我顶嘴了是不是！最近顶的嘴也不少了，董竹君！女人是应该这么做妻子的吗！姓李的，你教教她，教教她怎么做老婆，怎么做母亲，怎么做当家的！哼！"

"夏之时，我从来都很认真地做着我应该做的事。我哪件事没给你做好，让你这个都督丢脸了？我做当家的，别人说这是个文明家庭；我做母亲，别人说我的孩子勤奋、懂礼貌；我做妻子，别人说我干练、得体、懂事。夏之时，请问，我什么地方没有做好，让您这么不满意，以至于冲我的父母发这么大的火？"

二阿姐在旁边拉着董竹君的衣袖，劝她不要再说下去。

董竹君不听她的，挣开她的手。

还没等夏之时说话，董竹君问出她最想问的话："夏之时，姆妈丢簪子的这件事我没有下令严查，你不要得寸进尺！你说实话，金簪子是不是你拿去赌钱了？"

"咳，董竹君，别什么事也怪罪到我头上好不好！是你姆妈自己没保管好，别乱怪别人！我夏之时如今什么都没有了，就被你看得连个街上要饭的都不如了！我还成这个家的小偷了不是！董竹君，你睁开眼睛看看，这个家里里外外哪件值钱的不是我夏之时挣回来的！"夏之时恼羞成怒。

"夏爷，您别听阿媛她乱说，她是乱猜的。您……别跟她一般见识……"二阿姐在一旁替董竹君赔不是。

"是啊，董竹君，你的各个方面都做得很不错，是吧？别人都在夸女主人能干，男主人窝囊，是不是？哪个男人能咽得下这口气！董竹君，你去问问！"说罢，"啪"一声，夏之时竟然将一把手枪摔在桌上。

二阿姐和董竹君惊得后退一步，然后呆住。

另一个关于手枪的片段在董竹君脑海中闪过。

那次，夏之时要一个人先离开日本回国，临行前，交给董竹君一把手枪，告诉她，她如果做了对不起他的事，她可以用它……

董竹君吓了一身冷汗。

当时在情深意笃时的董竹君只是理解为丈夫太爱她了，尽管爱得令人窒息。为什么她没有再深入地想到男人狠毒和自私的本性？为什么她没有深入地想到那个英雄的内在还有很多她所不知道的真实性征？

日本的那把手枪是一个端倪，是一个预叙，隐晦，却实实在在……

夏之时竟常拿枪来威胁董竹君和母亲！

再想想夏之时针对父母的所作所为，董竹君气愤难耐，她继续大声说道："夏之时，如果你咽不下这口气，请你去努力争取，争取你该得的荣誉啊！你这样坐吃山空，守株待兔，天上真的不会掉馅饼的！"

"董竹君，我告诉你，"夏之时拿起手枪正对董竹君，咆哮着，"我夏之时不管什么状态，都轮不到你这个女人来教训我！你没有资格！你知不知道，你没有资格！你没有！"

二阿姐见状吓得不行，赶紧拉董竹君往外跑。

1929年以前父亲同庆、母亲李氏着寿衣摄于成都将军街。

董竹君用仇视的眼光看了夏之时一眼，被二阿姐生拉硬拽着走了出去。

二阿姐回到和同庆居住的屋子，就准备和同庆收拾东西回上海。她嫌自己给董竹君和夏之时带来太多的麻烦了。

董竹君虽然不舍得，可是又不能不允许。与其让双亲在这里吃苦受辱，还不如让他们回上海过着虽贫穷但自由的生活。她从办实业攒来的利润中拿出一点钱，重新给姆妈买了一个金簪子。

之后，谁也没再提过金簪子丢失的事。

临走时，董竹君给父母穿上自己亲手做的长长的、肥肥的寿衣，这是父母唯一花过的夏家的钱。心里流着泪甚至是流着血的董竹君，找人给父母拍了一张照片。

两位老人的表情都是放松的。女儿在他们面前，不管前一秒发生了什么，也不管后一秒即将发生什么，这一秒，大家都很好，所以，就轻轻地露出微笑，淡淡的，会心的。

第四章

分　居

　　历史马不停蹄地前进着，不同的人从同一种现实中品味到不同的思想，并做出迥异的选择。他仍然不想放弃过去的政党，她则毅然投身于共产主义。不能简单而武断地判断——一个家庭的两个主体万万不可拥有两种截然不同的信仰；毕竟，一个家庭解体的原因绝不仅仅是单一方面的。她的主意已定，他竭力挽回。他是爱她的，他是离不开她的。可是，他的悲哀在于，他不懂她，也不努力去懂她。为了儿女的前途，她宁愿露宿街头，成全自己的追求和自由。

一、觉　醒

1921年7月23日，中国共产党第一次全国代表大会在上海召开，宣告中国共产党的成立。

1924年1月，孙中山召开国民党第一次全国代表大会，宣布改组国民党，并确定"联俄、联共、扶助农工"三大政策。国民党内部左右派分化明显，但是因为孙中山的领袖位置，所以还是左派占上风。

1924年起，中国人民在中国共产党和中国国民党合作领导下，进行反帝反封建的革命斗争，在全国范围内出现了大革命高潮。随着革命高潮的到来，统一战线内部争夺领导权的斗争日益加剧，特别是1925年3月，孙中山逝世，国民党内部以蒋介石为首的右派，勾结英美帝国主义，破坏"联俄、联共、扶助农工"三大政策。

1926年7月9日，国共两党组织北伐战争，从广州开始，很快打到了上海。这时，中国共产党内部陈独秀右倾机会主义占据领导地位，一味妥协退让，使北伐军总司令蒋介石有可能逐渐摆脱困境，有计划地加强右翼势力。

1927年4月12日，蒋介石在上海发动反革命政变，7月15日，汪精卫在武汉也发动反革命政变，血腥屠杀共产党人和工农群众，轰轰烈烈的大革命遂告失败。第一次国共合作宣告失败。

这时，夏之时和几个朋友认为蒋介石的政权已经巩固，于是，决定去南京政府了解军界的情况，试图东山再起。

董竹君也同意丈夫去江南看看。她认为，在四川这个闭塞的地方不利于思想的发展，希望南方激涌的革命浪潮能对夏之时的思想有所启发。尽管夏之时不懂她的这些良苦用心。

考虑到董竹君的厂子和公司还在运营中，无法随行，夏之时就带着逃婚的夏国君和几个下人去了上海，留下董竹君和孩子们，以及合江来的几个弟妹在成都生活。

1928年2月16日凌晨，四川省军阀出动大批武装，包围成都大学等6所大、中学校，逮捕教员、学生一百余人，在四小时内，残杀14人于成都下莲池，制造了震惊全国的"二一六惨案"。

事情的起因是反共分子杨廷泉接任四川省一中学校校长，大批爱国学生不服，起来反对。结果，时任四川省政府主席的刘文辉诬称闹事者是共产党，要求军警抓捕这些伪装成学生的"共产党"。

刘文辉，1920年以川军独立旅旅长的身份占领四川东部重镇叙府，从此开始了他的军阀生涯。此后，刘文辉通过军阀混战，地位进一步上升，1928年当上了四川省政府主席。

刘文辉的上台历程大致如下。

自从熊克武等人把滇黔军逐出四川之后，刘湘被川系军阀各军推举为川军总司令兼四川省省长。可是好景不长，熊克武率领第一军击败了刘湘所统的第二军，刘湘辞职，由刘文辉护送回乡。

次年夏初，刘文辉收到两份通电，一份是刘成勋任川军总司令，一份是孙中山先生任命他为四川讨贼军总司令。刘文辉决定与杨森、邓锡侯等十多名川军军师旅长联衔发出通电，拥戴刘湘出山，推举他为四川善后督办。刘湘东山再起，1924年，他与杨森发动倒熊克武之战，大获全胜。刘湘让刘文辉收编了熊克武的部分残部，并接管了熊克武的部分防地。

在弱肉强食的军阀混战中，二刘不时联手。次年春天，刘湘击败杨森。他不仅让刘文辉接管了杨森的原部分防区，而且把刘文辉扶上四川军务帮办的交椅。

刘文辉势力扩大以后，感到仅靠五哥刘文彩一人不行，又把四哥刘文成弄到成都当了名为机械厂实为造币厂的会办。后来刘文成又兼二十四军机械所所长，负责监修枪炮军械，最后一直做到四川戒烟总局会办。

北伐战争开始后，表面上看，川军已经接受国民政府的领导，但各派系的权力斗争并未停止过。刘湘、刘文辉统领的二十一军、二十四军联手先后击败刘成勋二十三军和赖心辉的二十二军,他们的所有防区皆为二刘所瓜分。到1928年,基本形成了刘湘、刘文辉主宰,二刘与邓锡侯、田颂尧四巨头分割四川的政治格局。就在这一年,南京国民政府指定刘湘担任川康裁编军队委员会的委员长,刘文辉为四川省主席。叔侄二人终于成为四川军政首脑。

显然,刘文辉的反动行为引起学生公愤,大家齐心协力把杨廷泉殴打一顿,未曾想到竟然致其死亡。如此一来,刘文辉更是凶残地逮捕、屠杀学生近20人,其中包括师范大学的8名共产党员。

被逮捕的人中有个13岁的小男孩,叫文兴哲。行刑前,准备枪决的时候,这个小男孩吓得直叫"妈妈——",哭声刺耳。他们把他揪了出来,也想兴许能从这个年幼无知的小孩嘴里套些什么机密出来。

结果他们什么也没得到。

六个月后,实在得不到这个小男孩的口供,他们决定取保释放。

问题是,一直没有人敢出面作保。

文兴哲的母亲来找董竹君。

她早先就听说过董竹君宅心仁厚,也多次听过董竹君以前一些打抱不平、正义凛然的事情。

董竹君很同情文兴哲,他是遗腹子,自小跟着妈妈成长。文妈妈在一个中学当教员,丈夫也曾是中学的教导主任,但在一次坍塌事故中丧生。当时,文兴哲还在妈妈肚子里。之后,文妈妈一直没有再嫁人,辛辛苦苦地抚养着小文兴哲,完全靠一个人在社会上独立谋生。董竹君一直很敬佩这样的独立女性,更何况,文兴哲年纪轻轻就忧国忧民,大难当头,挺身而出,可歌可泣。她对文妈妈培养了这样一个有出息的儿子表示了自己的赞赏,并答应文妈妈营救文兴哲。

关押学生的两个国民党人正好是夏之时的老友,过去经常来夏家坐坐、聊聊,董竹君便趁着这个便利的条件,请他们来家中做客,和盘托出要取保文兴哲的事。

这件事对于一个都督夫人来说,不管是过去的,还是现在的,都易如反掌。第二天,文兴哲便被顺利地放出。

无疑,这件事给董竹君带来的社会影响是久远的。

董竹君怕文兴哲住在外面不安全,便叫他住进自己家里,一住就是一年多。在这一年多的时间里,文兴哲经常给董竹君讲述共产主义,使她对共产主义有了更多的了解,思想上慢慢倾向于共产党。

夏之时不在身边的这段时间，董竹君的生活安静而清闲。闲下来的时候，她经常邀请文兴哲的母亲和国琼的钢琴老师张景卿一起喝喝茶、聊聊天。

跟文兴哲的母亲一样，张景卿也是遗孀，且思想新潮。她没有子女，年轻时留学法国，接受过法国启蒙运动时的自由、平等、民主学说，因此，对时下宣传的社会主义学说很是拥护。她也是在社会上独立谋生的新女性。

董竹君自己是一个追求独立的女性，因此，对同样追求独立的文妈妈和张景卿，她颇为欣赏。

1929年，四川局势混乱，各个军阀拥兵自重，私自建立枪厂、造币厂，逮捕进步人士，大肆欺压人民，使人心惶惶。川民道路以目，对这些新军阀增加的比往日更多的苦难只有逆来顺受。

鉴于当时四川币值贬值、百业萧条的局面，董竹君意识到织袜厂和黄包车公司随时都有倒闭的危险，便将工厂和公司及时卖掉，购置了田地，准备去往上海与丈夫夏之时会合。

董竹君离川前，又邀文兴哲母亲以及张景卿一起叙谈一番。

湛蓝的天空，像极了棉花糖的白云，青色的远山，流淌的溪涧。线条流畅，颜色参差却不是突兀的冲突。视线近处，幽幽的古木，别致的六角亭。

六角亭里，董竹君用讲究的绿茶和点心的下午茶招待两个朋友。尽管认识时间不长，但已很交心，很投缘。

董竹君大致解释了一下自己离川赴沪的原因，关键是国琼要去考上海的音乐专科学校，夏之时与前妻所生的大儿子夏述禹也要去上海考大学。四川闭塞落后，教育和商业经济等一些体制或系统存在较大弊端，董竹君决定送国琇、国瑛、国璋去上海接受教育。

"可是……"董竹君叹息道，"大明儿过继给了无子的三房做长子……这次是带不走了……还不知道什么时候才能再见面……"

"哎，董竹君，别这么悲观，你一直都很自信和乐观的！不时地回合江老家看看不就可以了！"打从董竹君救了文兴哲，文母一直心存感激。此刻，听了董竹君这番话，她率先这么宽慰道。

"是啊，是啊，又不是说去了上海永远都不回合江！就算你不想回，夫君夏之时还不同意呢！"张景卿立即附和道。

"咳，我哪能不想回呢，"董竹君摆摆手，马上改变表情，"说的也是，不说这个了。对了，兴哲怎么样了？挺不错的吧？打从我把他保出来之后，他常带些新鲜的前沿的社会主义、共产主义理论给我！听得我心潮澎湃的！哈哈！"

"是啊是啊，别看兴哲这孩子年纪小，思想进步得很呢！不仅才华横溢，又是精通英文、德文的！"张景卿接着说道，"竹君是很喜欢这孩子了，要不，竹君，招他为婿？哈哈！"

"那要看人家有没有异议了，我这边是绝对没有意见的！"董竹君爽朗地笑着。

两位女士把儿子一夸，文母倒是不好意思了："咳，咱这边也没意见，国琼知书达理，钢琴弹得这么好，还有个这么能干的母亲！这是我们家兴哲的福气！"文母性格内敛，三人中她最安静；她接着说道，"这些日子，也正为他筹划着去法国留学，简单地跟张老师商量了一下……"

"去法国很好啊，正好实现了我的愿望！"董竹君打断文母，"我在日本时学过一点法文，回国后，又在张老师介绍下，在平安桥法国修道院学了一段时间。一直想去法国留学来着，只是家务事太多，一直没成行。费用够不够？我还有些积蓄。"

"不不不，"文母赶紧客套地摆手，"张老师和我已经凑了一部分了，不用麻烦你了……"

"哎，跟我还这么客气！这样吧，不够的我垫上，过些日子，让兴哲和我们一起去上海，反正去法国是要经过上海的。他年纪小，路上还有个照应！"董竹君说道。

"看来，是不放心这未来女婿咯！"张景卿开着玩笑道。

三个女人乐呵呵地笑在一起。

夏之时不在身边，董竹君感觉轻松多了。她突然意识到：这个男人不再是她的依靠。没有他的日子，自己不仅可以活下去，而且活得很舒服，活得很精彩！

夕阳西下，三个女人意犹未尽地互相道别。

与两位知性的女友在一起，董竹君得以彻底地放松，爽朗明快的笑靥自然绽放，就像天空中那些拉伸开的蓝色，松弛，开颜，即便是迟缓的步履也不觉得有心理压力。

身处夏家十几年，董竹君的精神上始终有根绷紧的弦，像个女奴一样随时待命。

送走成都结识的两位友人，董竹君穿过偌大的场院，听到国琼弹奏的美妙的琴声。董竹君驻足静听。夜幕即将垂下，像一张巨型的魔鬼的嘴吞噬着夏家的住宅。

董竹君抬头找寻月亮，在黑暗中找寻光明。

四周有着欲仙欲幻的光晕。月亮似乎总会告诉仰视它的人一些什么。或者是，仰头看月亮的人主观地认为月亮告诉了他一些什么。

十几岁的阿媛被关在牢笼里的时候，她试图在那个月光皎洁的夜晚逃出去。她抬头看月亮，她认为月亮在暗示她：那一夜是一个很好的出逃的机会。月亮在笑，光辉满盈。

月亮也仅仅是一个客观存在的实物而已。但有些时候，它赋予人们以信仰，或者说，有些时候，人们心甘情愿信仰它——如果他们自己没有信仰的话，以便使自己的行为或心理名正言顺、师出有名。

被琴声、月光、微风、夜里凉爽的空气包围着，这个站在空旷的大院里的个体实际上并不孤独。女人更接近自然，更有自然的智慧。因为男人会选择烟草和酒精，或者赌博，遗忘了自然，也被自然遗忘。

月亮依然笑着，像个温文尔雅的淑女。

董竹君喃喃着："到了上海，会发生一些巨变吧。"

看看国琼琴房里的灯光，其他三个女儿房间里安静的窗户和黑暗的大宅，这个清醒的女人拿定主意：到了上海，若丈夫与自己在思想上仍不和，那就与丈夫分开。

二、隐忍之痛

虽然万物复苏,舒展、张开,但春寒料峭,冷雨不断,人们仍然迎着风裹紧衣服,逆着风搓搓手。

1929年春,董竹君带着一群孩子停靠在码头上。他们从成都千里迢迢地赶来上海,等待夏之时来接他们。

挤在熙熙攘攘的人群里,透视熙熙攘攘的人群。

没有人在岸上等待——董竹君有些讶然,随即淡然处之。她带着浩浩荡荡的队伍,按照电报里描述的地址边走边找。

大大小小的孩子围在身旁,转在身旁,事情琐碎而纷繁,董竹君从容地应付着,有条不紊。自做夏家合江的媳妇,到做夏家成都的老婆,她早已练就了从容的本事,趋向饱满、完全。

敲开夏之时与大侄女住的房门,董竹君堆满笑容向前来开门的夏国君问好,并示意旁边的孩子们叫"姐姐"。

夏国君不改往日的盛气凌人,白了董竹君一眼,狠狠地推了下门,转身进了自己的房间。

夏国君偏激地以为,所有嫁到夏家的女人无不是冲着她的都督叔叔的地位和财富的,除了她的母亲。另外,她嫉妒这些女人的运气,迈进夏家门槛时,夏家正兴旺着;不像她的未婚夫的家世,还没等她嫁过去就早已一蹶不振,本来能使她风光一时的婚事就此湮灭。

夏国君的这些心理，秉承了她母亲的一大个性。

董竹君没在意这些，确切地说，她懂这些人、这些事、这些表情和这些心理，懂得人性的阴暗，所以无视。她带孩子们进屋。

夏之时把脚搁在茶几上，坐在沙发里抽烟。他慢慢地抬起眼皮，不耐烦地问道："带这么多孩子来上海做什么，我又不是在上海安家！"

董竹君把行李放好，吩咐国琼和文兴哲带孩子们去院子里去玩，自己留下来向丈夫耐心地赔笑解释，也把张景卿开玩笑撮合国琼和文兴哲的事一并说了。

"成都的公司和工厂呢？"夏之时居高临下地问道。他一点不关心董竹君他们是怎么到达上海的，也不解释为什么不去迎接大家。相反，他念念不忘的是公司和工厂，因为这是两架"赚钱机器"。这情景虽在意料中，但真正发生时，董竹君还是感到有些胸闷。

"噢，我把它们都卖掉购置了田地，成都紊乱的局势很不适合再经营下去。我把全部财产、账簿、折子、房地契约以及现款和钥匙都交给六弟保管了，过些日子，他写给你的证明信应该就会到上海了。"董竹君隐忍地说道。

孩子们无忧无虑地在院子里玩耍。

停了一会儿，夏之时又因董竹君让女儿来上海读书而大发雷霆："女孩子读那么多书做什么！还要花读书的这些冤枉钱！再过几年，找个好人家嫁了就行了！要读就等到嫁人了，让她们婆家给她出钱读去！你董竹君不就是这样的吗！"

"之时，"董竹君狠狠地吞咽自己的眼泪，"我董竹君的确是在嫁给你夏之时之后才系统地读书的，这一点我不管什么时候都会对夏家深表感激。可是，之时，不同的人有不同的路，像我董竹君这么幸运的人实在是不多的！合江的老母亲不就是一辈子都没得到过读书的机会吗？"

"董竹君，你敢拿我妈来对比！"夏之时火气更大了。

"之时，我哪敢拿自己跟老母亲比啊……是你误会了我的意思了……我只是想说，这些孩子真的需要上学，否则，她们长大成人后，会因没文化而悔恨终生的！到时候，做父亲的你和做母亲的我都没法给她们交代啊！国琼打一开始学钢琴，教过她的老师都说她很有天分……"

"上学，上学，上什么狗屁学，跟我夏之时学三年就什么都会了！"他拍着胸脯，大言不惭。稍稍想了一会儿，夏之时又转过头来，对董竹君说道，"在成都认识的那两个女人都是骗子，你还信得服服帖帖！她们浅薄无知，都是遗孀，自己不奋斗赚钱养家，反倒是到处找人要钱，不给她们钱的人都被她们狠狠地骂过多少难听的话了！既贪婪，又卑鄙！她们接近你，是看你办实业挣了些钱，况且我又不经常跟你进进出出的，她们都谋算好了怎么样把你的钱弄到手！董竹君，你什么时候变得这么单纯了？啊？"

夏之时无理又无度地谩骂自己的朋友，让董竹君又一次伤透了心。他不仅仅是不理解，更是屑于理解，无视理解，却热衷于侮辱。夫妻二人思想上的差距是婚姻破裂最有力的理由，而非性格差异。

"之时……"董竹君又一次狠狠地咽下眼泪，"我还是这么想，其实你可以在上海办些实业。还记得你在成都办过的锦江公学吗？那就是很有意义的一个实业。所以，我希望你能在上海办些这样的团体或者组织。"

"我没兴趣搞那些东西！我的兴趣在政治和军事上！男人就该统领军队，冲锋陷阵，遥遥领先！"说到激动处，夏之时伸出右手在空中挥舞。

董竹君很清楚丈夫所谓的"统领军队，冲锋陷阵，遥遥领先"，无非还是想登上蒋介石营造的政治舞台，东山再起再立门户罢了。但她没有揭穿丈夫。沉默了一会儿，她又强作满面笑容地说："兴哲那孩子你也见过了吧，很斯文、很积极的一个男孩，他过些日子要去法国留学了，这几天先住在我们这里。"

夏之时转头朝院子里看了一眼文兴哲："二一六惨案发生后，就听杨虎说那家伙娘娘腔。要被枪毙的时候，他一个劲地喊他妈，执行人员见他年纪小，就把他给放了。没一点男子汉的硬气！这样的人你还欢喜得不得了，还要把自己的女儿送给他！哼！"眼神和表情是明显的鄙夷。

杨虎与夏之时是战场上和麻将桌上的老朋友。杨虎，字啸天，毕业于南京将弁学堂。1915年，袁世凯称帝时，任江苏军总司令，海军陆战队司令兼代理海军总司令。1918年，任广州大本营参军，后任鄂军总司令。1922年，任广州非常大总统府参军。1924年，任北伐讨贼军第二军第一师师长。1926年赴江西，任国民革命军总司令部特务处处长。1927年，任上海警备司令。

董竹君无奈地笑笑，说道："张老师也是开个玩笑而已，我们三个在一起闲谈，都是开玩笑，没人真放在心上，何况人家是要去法国的。将来咱们国琼的婚事啊，做爹的你说了算！"说罢，她给丈夫沏上茶。

脸上的笑容却强烈地反衬了内心的苦涩和决绝。事到如今，她已经不想再和丈夫吵架。歇斯底里的争吵只会使自己身心俱疲，两人的感情裂痕越深，整个家庭解体的速度更快而已。

艰难的隐忍后的笑容其实并不美丽，可是于不了解的人而言，并没有什么丑陋，也没有什么异样，这便是要强的女人的成功之处。包括门外的孩子们和夏国君在内的他们还是会觉得董竹君仍然在微笑着生活。

即便是假装，为了让别人知道自己笑着应对生活，也是值得的。

哪怕是假装，为了让善良的别人放心自己，还是值得的。

尽管是假装，但是假装可以承载很多意义，这些都是值得的。

可是，自己的心在流泪，撕扯，夹杂着对矛盾的权衡。

矛盾从来都没有消失过，不管是在宏观的世界上，还是在微观的个体中。

要强的女人宁愿忍耐，尝试着假装，选择自己懂自己。

三、风中的定力

当夏之时仍旧一意孤行的时候，任凭董竹君用笑容、有原则的退让和真情付出，都打动不了他的铁石心肠。

不管谈什么问题，夫妻二人从来都达不成共识。尤其是关于几个孩子在上海上学的问题。董竹君坚持要求女儿们继续读书深造，她的坚定就像当初同庆和二阿姐砸锅卖铁也要把她送去私塾求学一样。然而，说一不二的夏之时始终不肯对女儿们进行教育投资。

此时，夏之时反而找来几个朋友，劝说在他看来孤注一掷的妻子。

这不，曾任四川省议会议长的李肇甫先生从中调解。他主张董竹君先把孩子们带回四川，留下国琼在这里考音乐学院；等夏之时政治上得意，或者思想上接受新事物之后，再把孩子们接来上海求学。

李肇甫以情感人，从董竹君当初和夏之时的结合开始说起，两个人的婚姻来之不易，要懂得珍惜，别草率行事云云。他像个白发飘飘、捋着山羊胡给孙子孙女们讲道理的老爷爷。

董竹君思来想去，何况，大明还留在四川，于是，她再次妥协，决定先带国琼之外的其他孩子回川。

为了别人。

从来都不是为了自己。

其实很多时候，为别人而活是必须的。

就在董竹君即将返川前的一个早上，国琼和文兴哲在洗手间里一起洗漱。国琼把手上的香皂泡往文兴哲的手上、脸上涂一些，文兴哲也把牙膏盒里的牙膏挤在国琼的手上、脸上；两个十几岁的孩子单纯地打打闹闹，不亦乐乎。

刚好，夏之时看见这一切。他恼怒地一把把国琼揪出来，扔到卧室里。

文兴哲惊讶的表情还没卸掉，张着的嘴巴还没合拢，夏之时又马上喝令国琼跪下。

国琼完全是机械地被揪出来，机械地被扔到卧室里，机械地被夏国君安置成跪下的姿势。

似乎一切都静止后，国琼才缓缓地抬起头，看着爸爸，甚至连惊恐都没有。

"男女授受不亲，这样的道理都不懂吗！上过的学、读过的书都哪里去了！跟一个男孩子在洗手间里挤来挤去，你的羞耻心都哪里去了？丢人现眼！出去别说你是我夏之时的女儿！"

夏之时撕心裂肺的吼叫终于惊醒了国琼。她的眼神流露了太多的恐惧和胆怯。

旁边的姐姐夏国君不时地戳妹妹的头几下，帮都督叔叔说点话。

这时，夏之时指着放在地上的剪刀和绳子，对国琼骂道："我教你不要听你母亲的话，你偏不听！这两样东西，你自己选一样，给我去死！"

董竹君正好从外面回来，甚为惊讶地看到了这一幕。她跑进卧室，紧紧地抱住国琼。

夏之时和夏国君看了一眼母女俩，便一甩门悻悻地走了出去。

投进妈妈的怀抱，国琼才吓得哭出来，在妈妈怀里不断地战栗。

其时，董竹君正准备带小一些的孩子们离开，把国琼留在上海考音乐学校，暂时向夏之时妥协。但是看到这样的一幕，一个母亲怎么放心把女儿交给这样一个丈夫和这样一个侄女呢？

董竹君的眼神充满坚毅，她又改变主意了。因为一次次的妥协已经没有任何意义，甚至还会殃及其他无辜的人。

她扶女儿起来。

这时，隔壁的房间里传来夏之时发疯般的叫唤："你们谁偷了我的信？啊，谁偷了我的信！快给我招出来！"

几个孩子刚巧从夏之时房门前经过，被夏之时一把逐个揪住盘问。

孩子们一个个吓得目瞪口呆，连连摇头，连解释的能力都没有。

董竹君安顿好女儿国琼，赶紧跑过去，把孩子们一一支开后，她用一种近乎视死如归的表情和口吻对丈夫说道："你别怪孩子们，是我刚才烧掉了。"

原来，董竹君离川后不久，张景卿要去法国。路上遭遇强大风暴，她写信告诉董竹君，风暴平息，勿挂念。而此时的夏之时对董竹君要求甚是严格，不许她与外界有任何来往，包括书信来往。他认为，董竹君的新思想就是在和外界交流的过程中接受的，而他一向反对这些新的东西，也不允许妻子接受这些新的事物和理念。

他甚至污蔑张老师的来信是蛊惑妻子独立，加入中国共产党，怂恿妻子与军阀丈夫决裂的。因此，为了妻子的安分守己和百依百顺，他私自把信看过之后，锁在了自己的抽屉里，而且天天拿着这封信和董竹君吵架。

董竹君不胜其烦，索性趁夏之时不在家时，把那封信烧掉了。

"烧掉了？我的信，谁让你烧掉的？啊？！"夏之时面红耳赤地冲董竹君发火。

"之时，这信不是你的，是教国琼钢琴的张老师寄给我的信，是你拿了我的信罢了！"

"董竹君……"夏之时气不打一处来，伸出右手朝董竹君的脸上打去。

还没有吃过早饭，况且又刚做完一家子的家务活，董竹君身子有些虚弱，这个猝不及防的狠狠的一巴掌让董竹君打了个趔趄。

眼冒金星，董竹君让自己快速恢复正常之后，平淡地说道："夏之时，这不是你第一次打我了。"

"是的，是！不是第一次！也不是最后一次！"董竹君的倔强没有迎合大男子主义或者自尊心极其强烈的丈夫，夏之时又被激怒了。他气急败坏地伸出穿着马靴的脚朝妻子的腰腹狠狠地蹬去。

董竹君捂住腰部，跌倒在地。咬住嘴唇，她不让眼泪在夏之时面前流出来。

"你还两次在我面前动用过你的枪。这一次，你仍然可以用枪。"

夏之时经历过董竹君的倔强和刚毅，却没有经历如此的冷静和淡漠。很明显，他被董竹君眼中射出的寒冷光芒击中了。他呆呆地站着，似乎没有听见妻子的话。

董竹君对于丈夫的所言所行很是愤怒，但是表现出来的却是静如死水。似乎是一种绝望，安静的绝望，内心的挣扎从来都没有人看得清。

透过洁净的窗户看着窗外，想起离川时的那个夜晚，那时候看着天空里的月亮，董竹君对自己说，也许到了上海，生活会发生巨变的。果然来了。现在的她又平静地对自己说。

"之时，我没有力气跟你争跟你吵。咱们过不下去了，分开吧。"董竹君提出分手，这话从她嘴里说出来，虽然很轻，却如霹雳。她转身离开。

看到董竹君决绝的背影，夏之时才回过神来。"你想去哪里？！翅膀硬了，可以飞了是吗！"一边咆哮着，他一边跑向屋外追赶。气急败坏之际，他从厨房拿了一把菜刀。

董竹君怕了，拼命地向前奔跑，跑进弄堂，跑出夏之时的领地。

幸亏，夏之时的两个侄子及时从外面回家，拦住了挥舞着菜刀、骂骂咧咧的夏之时。

董竹君一口气跑到表兄的家里。一家人看见她青一块、紫一块的，都心疼地哭了。而董竹君此时却一滴眼泪也没有。她的心死了。她终于对夏之时彻底死心了！

也许夏之时也意识到自己疯狂的行为造成了严重后果，几次打电话让董竹君回家，但都被拒绝了。夏之时没有办法，只好打电报把董竹君远在北京的干亲请来上海，从中说和。在表兄家住了两个礼拜后，董竹君决定回去。但是，她的回去不是妥协的，她是回去和夏之时离婚的。

丈夫变得越来越暴戾、嚣张，他真的不是当年的夏之时了。当年那个温柔而又朝气蓬勃的夏之时已经死了。既然如此，还有什么可留恋呢？

回到家里，董竹君正式向夏之时提出离婚，女儿她全部带走，不要夏之时的一分一毫财产。做人要有骨气，董竹君对自己说。

对于董竹君提出的离婚，夏之时很是吃惊。突然之间，他感觉董竹君有些陌生。可是，他真的不知道，在董竹君心里，他早已成了陌路人。她念旧、负责，担心孩子们受伤害，于是仍然尽力去维持一个家庭的原貌。可是，夏之时根本不懂得珍惜，总认为没有他，董竹君就会活不下去。他严重地高估了自己，低估了董竹君。

夏之时急了。他决定委曲求全，暂且扮作一个演员，对董竹君晓之以情，动之以理，温柔而多情，并且立下很多誓言，企图挽回妻子。

这一回，董竹君很坚决。

夏之时真的急了。他找到李肇甫，继续从中进行调解。

说了一箩筐的话，最终，李肇甫对董竹君提出："家庭不要说散就散，再给之时一个机会，你们两人沟通一下。"

也好。尽管说得坚决，但董竹君尊重李肇甫的意见，她表示，她和夏之时之间尚有调和的余地。这就是董竹君的风格：仁至义尽。

于是，两个人达成一致——去上海复兴公园进行协商。

天气晴朗，天空明净。很多出来散步的过客，徜徉在冬天的公园里，由衷赞叹生活的美好。懂得满足的人从来都很容易获得幸福，获得了一定程度的幸福并不意味着停止追求。不断的追求和常乐的知足不是等同的，也不是矛盾的。前者建立在后者的基础上。

董竹君就是这样一个人。生命永远处在一种运动状态，向前。

青色的垂柳，伟岸的梧桐。

他们相遇了，尽管有这么多看似不可调和的差异。垂柳外表柔弱、依人，梧桐高大、恢宏。英雄和佳人的结合。

外表不能说明根本性的问题，一个人丰富而复杂的内在是很少有人能够完全看得清的——不了解和不理解就这么发生了。

若差异是来自内在，而双方都有着不可妥协和不可退让的原则，结局只能是分道扬镳。

造物主创造了生命不断发展前进的董竹君，并且安排夏之时作为她生命中的一个过客。这种对夏之时来说有些残忍的解释是对他的地位的一种轻视，可是事实上，想想近年来夏之时的种种行为，董竹君的确是决意要与之分手了。

在来公园的路上，董竹君已经想到男人会用感情来打动女人，用眼泪，用温柔，用可怜，用双方共同经历的艰难岁月的回忆。她给自己立下一个原则——不再对夏之时的挽回动情。是自己决定要离开的，这个家庭对董竹君而言，已经是第二个火坑，像是小时候被关进去的长三堂子。只是时间不同，地点不同，空间不同。

但是，一想到一个人拉扯四个女儿在上海滩上过活，无依无靠，像风，像浮萍，董竹君也不确定会遇到什么困难，她忍不住心里发慌。

恍恍惚惚地，她差点跌倒在地。

这将是又一个新的沉重的十字架。

她不知道结果。也许会和父母那样仍然自由自在地追求新思想、新事物，也许会和双亲一样仅仅维持生计，甚至入不敷出，也许最最落魄之时最终会出入当铺，或者沦落街头行乞。

可是，她宁愿放弃夏之时给予的四川的金饭碗，去追求女儿们和自己的前途。

清风吹过。她确定，与夏之时之间，已经无以为继。

她理清思绪，站起来，果敢地向前走。

黑色皮鞋，深蓝色西裤，浅色系大衣，脖子上围着一条狐皮围脖，长发舒散。她漂亮而清醒地来到夏之时的面前。

1929年，从四川回到上海后的董竹君。

夏之时身穿黑色西装，齐整地打着红色领带。

她看着他，等待话题的开始。

果不其然，夏之时从两人在堂子里认识说起，回忆她的孩子气，她的知书达理，她的爱国情怀，以及他的细心体贴，他的长者风度，他的英雄主义，后来，她勇敢地从堂子里逃出来，两个人好不容易秘密举行文明婚礼。终于到了日本后，两个人过上了安谧的幸福家庭生活，虽然也有去当铺的穷苦日子。夏之时又回忆到没钱抽烟时，董竹君用废纸和扔掉的烟头卷成烟卷给他过瘾。夏之时夸赞妻子在合江老家的能干、善良，他对于妻子的扶持，始终坚持贯彻他向她承诺过的一夫一妻制，等等，不一而足。

一切都在董竹君的意料之中。

杨柳，杨柳，为什么风一吹，你就飘动？告诉我，你的定力在哪里？

董竹君眼睛朝向别处，心也朝向别处。那里，杨柳垂帘，轻风习习。她要找到一种定力，克制自己的感性，不为所动。

终于，她美丽而清瘦的脸上写满坚决。

夏之时不懂这些，喋喋不休地讲完后，看着妻子，希望妻子能够回心转意。

沉默。

董竹君看着依人的垂柳，看似柔弱，但实际上，每个人都有坚强的潜质。坚强的潜质一旦被挖掘出来，便内化为一种完美的性格。没有相应的经历，坚强只会潜藏在一个人看不见的深处。若是与丈夫分手，董竹君便会使这种潜质塑造成自己的个性，因为她要一个人带着四个孩子在上海滩闯荡。

夏之时看妻子没有反应，又坦诚地检讨这些年自己的不是。甚至，声泪俱下。擦干眼泪，他定睛看着妻子，希望她能有所表示。

董竹君依旧沉默，没有表情。

"董竹君，我说的你都听到了没有？"夏之时终于忍不住问道，声音中有了一些不耐烦。

"之时，爱情和婚姻是建立在男女平等的基础上的，所谓相敬如宾、举案齐眉、夫唱妇随。可是我们之间的关系早已不是这样了。我知道，你有恩于我，我一直心存感激。但是感激不能支撑爱情和婚姻。"董竹君仰起脸，淡定地看着丈夫，决然道，"之时，长痛不如短痛。我说过，我们要分手了。"

夏之时一怔。他始终没有想到一个女人竟然有这么大的决心。刚才所有的表演全都作废。他终于气急败坏，回到原点，回到本真的夏之时。

"你有没有想过，你跟我分手后，就意味着失去你的儿子大明了！有没有想过，你究竟怎样带着四个女儿在上海这个花花世界混口饭吃！有没有想过，你的父母还是那样的贫穷，你离开了我，就意味着你要回归到他们那种一辈子的穷苦生活！"

"之时，这些我都想过了，谢谢你为我考虑。关于儿子大明，我会回去看他的……至于我的父母或者其他，你就不用操心了。"

"你以为你回去想见就见到了？做梦吧你！"夏之时打断董竹君，脸色十分难看，"董竹君，这样吧，咱们来个君子协定吧！我们暂时不考虑离婚，分开五年。这五年里，若是你董竹君带着四个女儿没有在上海滩饿死，也没有带着我的孩子们跳进黄浦江，我夏之时到时来看你，在手掌心里给你煎鱼吃！"

夏之时对自己的轻蔑让董竹君气愤之极："好，我就等着吃你夏之时在手掌心上给我煎的鱼！"

夏之时鄙夷地"哼"了一声，转身愤然离去。

剩下董竹君一个人站在原地。耳边响起一种声音，仿佛一种优美的物件以残酷的方式碎裂了。那样的一种痛，钻进了骨子里。

直到夜幕降临，初升的月亮再次微笑，董竹君还在公园里徘徊。

她抬头看月亮，乌云散开，让位给了明净的白月光。

两天后，在李肇甫等人的调解和见证下，双方达成一致：夏之时与董竹君暂时分居五年，由夏之时每年给四个孩子生活费和学费共一千六百元。

但是，正式分居以后，董竹君未曾收到夏之时付给女儿的生活费和学费，哪怕一分。

1929年冬，夏之时带着夏国君等人回到四川成都，其他人则跟着董竹君在上海过活。

董竹君唯一的和最大的遗憾是，不知道何时才能再见到儿子大明。

世界上没有不透风的墙。

1929年冬与四女摄于上海法国公园（现为复兴公园），其时刚与夏之时进行了分居谈判，心情沉重，思绪万千。

第四章　分居

很快，四川的报纸登出了"夏之时家中难都督，将军街走出女娜拉"的报道，董竹君的选择和行为轰动了四川，甚至波及上海。

娜拉是易卜生作品《玩偶之家》中的一个角色。娜拉本是一个备受丈夫呵护的娇美妻子，不仅有中产阶级稳定优裕的生活，也具备做母亲和妻子的幸福，却因着多年前一次背着丈夫冒名签字的举动——虽然这个签字是为了借钱使丈夫出国疗养身体，引起了一场家庭风暴。刚得到晋升的丈夫受到下属（债权人）的威胁而惶恐，更因此怒斥娜拉。娜拉是个善良而坚强的女性，一个头脑清醒，渴望独立、自由，愿为真理而奋斗的高尚的女性形象。为此，娜拉出走——即使丈夫在风暴平息后，又回头欲与她重修旧好。最终，她走出了家庭。现实中，她没有任何财产，在法律上也不具有代表性。

一无所有，却毅然出走。

鲁迅曾在《娜拉走后怎样》一文中断言："娜拉或者也实在只有两条路：不是堕落，就是回来。"除此之外，还有第三条不算路的"路"——饿死。

可董竹君与娜拉的故事有很大的不同。董竹君留在了风口浪尖的上海，出走的是夏之时和他的颓废生活。

董竹君，中国的娜拉，改写了易卜生和鲁迅的预言。尽管她自身的生活条件以及所处的社会环境比挪威的娜拉更为恶劣和危险，但是她却凭借勇敢和智慧走出了难度最大的第四条路 —— 独立之路、创业之路、自我完善之路。

许多年后，当董竹君功成名就，她认为此次行动是十分正确的。

四、艰难的开始

从上海到日本，从日本到四川，又从四川到上海。命运画了一个圈，董竹君又回到了原点。然而，她却不是过去那个十三四岁的小女孩了。现在的她是一位成熟、理智的女性，是一位坚强、勇敢的母亲。

一个人成为大家街头巷议、茶余饭后的谈资，并不是一件很开心的事。好在董竹君出身卑微，大风大浪也见得多了，她并不在意人家的议论。当初与夏之时结婚，不也被人家说三道四吗？当初在成都筹办公司、工厂，不也是遭别人议论纷纷吗？嘴巴长在别人身上，她没有权利也没有能力封住它们。

泼出的水收不回，射出的箭难回头。董竹君只有朝前走。凄凉、单薄和穷酸，只有自己懂得。

此时的她，没有职业，没有现金，一个人拉扯着四个女儿和双亲过活。而夏之时在众人面前协议时，答应过给孩子的生活费和学费，董竹君未收到分文。她不想为此去找夏之时，甚至不想利用夏之时的人脉，不想利用原都督夫人的身份，不想利用任何独立于自身之外的资源。一句话，她想靠自己，从夹缝中，为自己、为女儿们、为双亲杀出一条血路来。

实在没钱买米了，她就让放学回来的国琼去当铺里当点钱回来。原来的衣物、配饰、皮鞋、帽子，都拿去当。

国琼在当铺老板眼里毕竟是个小孩，肥头大耳的老板老是欺负她，使劲压低价格。

董竹君看着日子越来越难过，便舍弃面子，自己挎着个菜篮子走上了去当铺的路。菜篮子里装的是一件春季上衣，董竹君叠好后，上面再盖上一块深蓝色的方块布，邻里街坊看了就以为是董竹君上街买菜了。

为了顾及虚伪的面子，每个人都费尽了心思，费尽了周折。在那样的年月和那样的处境里，董竹君所费的心思可想而知。

走过了几条小巷，穿过了几条马路，董竹君惴惴不安地来到当铺。

进门，董竹君看到一个大屏风，上写"当"。低着头越过屏风，董竹君很怕被人认出来。排在队伍后面，董竹君一直埋着头盯着右胳膊挎着的菜篮子。队伍渐渐地向前移动，她也缓缓地跟着向前挪动，脸憋得通红。等待的间隙，董竹君慢慢地转过脸去，看坐在地上嫌钱少而叫苦连天的穷苦人家。看着他们，她再一次想到了小时候洋泾浜边上打零工糊口的邻居们和自己的双亲，敲打着锤子，叫卖着热饭，流淌的汗水，委屈的泪水，辛辛苦苦一辈子，穷苦的状态却从未改变过。一丝怜悯的神情洋溢在她的脸上。她心疼他们，可是，她跟他们已经是相同的境地了，她没有办法为他们做些什么。

董竹君的浮想联翩被当铺老板刺耳的吼叫突然打断："要当多少钱！"

"80元。"董竹君战战兢兢地把菜篮子放在柜台上，给老板拿出衣服。

"这个要80元？顶多就值30元！"老板居高临下地随手揉了揉衣服，扔到一边。

董竹君没再讨价还价。得到30元后，她又用深蓝色的方块布把菜篮子盖好，低着头匆匆走出当铺。

用当来的钱，董竹君给孩子们买了一块白色的棉布，打算给四个女儿做裙子穿，夏天快来了。

刚到家门口，国琼悠扬而灵动的钢琴声传来，董竹君心情舒畅了很多。想象着四个美丽可爱的女儿穿上自己做的白色的裙子，像四个天使一样快乐地飞舞、跳跃，董竹君微微笑了。

"妈妈，妈妈！"国瑛看到董竹君，连忙上前迎接。

"妈妈，你又要给我们做新衣服吗？"国璋咬着指头问道。

董竹君把国璋的手指拿出来，捏了一下女儿的小脸："是的，妈妈要给你们每个人做一条漂亮的白色连衣裙！"

"太好了！太好了！"国琇连连拍手，跳个不停。

国琼从钢琴旁走过来，笑着说："妈妈，我昨天找了份不耽误我上课的小工作！有个小女孩要学钢琴，我的钢琴老师把我介绍给她的母亲了。我明天上完课就可以去教她弹钢琴了。这样还可以让妈妈少点负担。可以吗，妈妈？"

董竹君被懂事的国琼感动得泪水满盈，点头说道："前提是绝对不耽误你上学。"

"嗯，妈妈，你放心，我知道的。其实，如果实在不行，我可以把我的钢琴当了的。"国琼看着董竹君的眼睛，说道。

董竹君坚决地摇头："不行，钢琴当了，你弹什么！妈妈再穷再苦也不会走到舍弃女儿前途的境地！"

国琼的眼眶也已浸满了泪水："尽管我们的生活没有原来那么富足了。可是，妈妈，您知道吗，我们在学校里还是穿得最体面的！谢谢妈妈！"

四个女儿一起扑在董竹君的怀里，这是一份沉重，却同样是一份幸福。

贫穷与整洁而体面的生活习惯是毫不冲突的。尽管入不敷出、节衣缩食，但是董竹君依然孜孜不倦地用身体力行的方式教育和影响着自己的女儿们。母女居住的房间里，每天都会被她擦洗得干干净净，她清洁卫生的样子像极了年轻时候的二阿姐。不只是自己的房间，楼梯、走廊都被董竹君经营得一尘不染，房东看在眼里，乐在心里，最愿意把房屋租给董竹君母女。由此，她的女儿们都在母亲的带动下，养成了爱干净、讲卫生的好习惯，日复一日地传承和践行着。

物质上的缺失没有影响到董竹君全家精神上的追求，她依然在追求着共产主义。

孙中山先生领导的辛亥革命没有取得长足的成绩，种种原因造成的失败使董竹君认识到，三民主义在一定程度上并不适合当时的中国。与此同时，中国共产党大力弘扬的共产主义使董竹君隐约地看到了改造旧中国的正确之路，隐约看到了穷苦人民幸福和富足的实现之路。共产主义宣扬共产主义社会将是古代氏族社会民主、自由、平等、博爱的精神在更高物质基础上的回归，人类将真正掌握自己的命运，从必然世界走向自由世界，共产主义的本质就是人的自由全面的发展。因此，她渐渐地远离日本明治维新思想和三民主义，转而主攻共产主义学说。

对共产主义学说的信仰和对共产主义知识的渴求，使董竹君很想加入中国共产党。

正巧，在成都教国琼钢琴的张景卿为董竹君介绍了几个共产党朋友，其中一个是郑德音。

郑德音思想积极，早就从报纸上看过舆论把董竹君喻为"中国的娜拉"的报道，对董竹君很是敬佩和景仰，便托远在法国的张景卿写信介绍，终于与董竹君做了朋友。

董竹君诚恳地跟郑德音说出了自己想入党的想法。

1930年春末夏初的一个黄昏，天空已经不够明净，夕阳染红了天空，折射给人们的是一个色彩浓重而杂乱的世界，像是女人的脸上脱了妆，花了脸。

郑德音带董竹君走过几条崎岖的小道，拐了不知道几个弯，来到一所宅子面前。房门虚掩着，郑德音没敲门，径自走了进去。

很显然，大家都已经商量过了。

董竹君随之进去，顺便把门从里面插上门闩。

进到屋内，一个高高瘦瘦的中年男子坐在一张方桌旁边。

郑德音为两人相互介绍。中年男人姓李，是上两届的共产党员，最近正好在上海秘密组织革命工作，郑德音便设法联系到他，试图使他同意带董竹君入党。

认识之后，中年男人问董竹君家里有多少人。

"四个女儿和双亲，共七口人。"

李姓男人怀疑董竹君养活全家的能力。

"我可以去教书。小时候，我上过六年私塾，后来在日本留过学。我可以教书来养活我们七口人的！"董竹君着急地解释道。

李姓男人摇摇头："入党后人员的流动性很大的。你加入了中国共产党是一种光荣，组织上对你也很重视；可是，若你被组织上调动，你的双亲和孩子们谁来照顾？这些问题都必须要考虑到。所以，我劝你，先在经济上取得独立，然后再考虑入党。一旦你经济上取得独立，同样可以在经济上资助我们党。这些都是光荣的。"

"难道入党的都没有家庭吗？虽然我上有老，下有小，但是我可以保证，我不会拖累中国共产党的！我想加入中国共产党是希望为党、为国家、为百姓做事，而不是把共产党当福利院的！"董竹君的声音有些激动。

中年男人露出稀罕的笑容，点点头："董先生，我理解你对党、国家和百姓深厚的感情，可是，加入中国共产党是不能仅仅靠某个人或某些人感情用事的。我们党正处于萌芽、成长阶段，很多方面不够成熟、完善，所以在录取党员的时候，我们是很谨慎地考虑到各个方面的因素的。其实，董女士，我想，您先解决了您全家老小的经济和生活问题，等孩子们大些后，肯定会有机会入党的！"

中年男人的话斩钉截铁，董竹君不好再强求什么。作为一个先进组织，他们有自己的规定。瞬间，她感到很沮丧。她拿眼神看了看郑德音，希望她说些什么。

郑德音却摇了摇头。

虽然入党不成，但郑德音却给董竹君郑重建议：重开一个工厂，纱管厂。郑德音认为，董竹君有办厂的经验，选择办厂是一个解决经济独立的很好的办法。另外，当时中国的纱管大部分是日本进口的，虽然质量上乘，但是价格贵；郑德音鼓励董竹君办纱管厂，这在一定程度上还可以抵制日货。

听了朋友的话，董竹君觉得很有道理。

分居后的生活开始起步了。

这是艰难的开始。尽管有些艰难，但毕竟还是开始了。

远处，黄浦江上的涛声隐隐传来。

风乍起。

董竹君心潮起伏，目光坚毅。

第五章

起 伏

　　她开始以一个彻底独立的个体而存在。她能够依赖的只剩下自己。遇见大人物，她被轻视。遇见蓝颜知己，可惜他是一个已婚的天主教徒。前进的过程中，她经历了历史，历史也经历了她。她热情地拥护国家，拥护共产党，却不幸被捕入狱。她用强有力的意志战胜困顿。一个有声望的漂亮女人独自屹立于光怪陆离的上海滩，利欲熏心之人都想在她身上揩油。她又一次陷入一贫如洗的境地。接二连三的打击，她似乎有些不确定，不确定自己的未来如何，以及孩子们的未来如何。

一、拜见荣德生

得知董竹君的窘境，夏之时幸灾乐祸，同时，采取种种极端手法，胁迫董竹君乖顺地回归四川老家。

首先，夏之时电信戴季陶、李伯申、谢持等人，造谣董竹君隐匿款项，并叮嘱他们"勿予接济"。然后，夏之时要求他们向南京政府申请，设法逮捕、惩办共产党员文兴哲、张景卿。最后，夏之时请求他们，以夏之时的名义正式将董竹君驱逐，登报周知，并设法拘禁董竹君，迫使其交出孩子。

戴季陶等人并未理睬夏之时的癫狂行径，反而将夏之时的信件交给董竹君。

董竹君未予理睬，因为她有更重要的事情要忙。

董竹君把自己的珍珠首饰、貂皮大衣、皮草围脖等值钱的东西都拿到当铺，得到了八百多元，然后又靠得其他友人的人脉集资，经尽艰辛，终于筹到四千多元钱。1930年春末，董竹君在上海闸北台家桥创办了一家群益纱管厂。

群益，每个人都会受益的工厂。简单、直白的含义，透露着董竹君的"博爱"和"宽厚"，以及她的个人期望。

除了具体操作性的工活以外，行政、财务、市场运营等工作全都由董竹君自己一个人主管。那段日子，她忙里忙外，忙前忙后，忙得不亦乐乎。

国琼继续在上海音乐专科学校读书，剩下的三个女儿则被送到寄宿制学校。

此时，与夏之时有过深交的戴季陶担任了南京国民政府考试院院长。尽管夏之时已与董竹君协议分居，戴季陶还是照常与董竹君来往，并一如既往地做着国琼的干爹，自己的母亲也认董竹君为干女儿。

戴季陶从不在董竹君面前谈起夏之时。

董竹君也不便得罪这个高官红人，仍以正常态度对他。董竹君原本不期望这个人能够为她做什么，但实际上，此一时彼一时也，这个人还是能够有所作为的。

这不，看到董竹君为资金周转不灵而焦头烂额，戴季陶好心地送给董竹君一千元添作资本，同时又为她介绍了无锡纱厂巨子荣德生。他劝她去荣德生那边直接推销。"我给你写一个介绍信吧，那里的人会给你面子的。"

用不着客套和感激，拿着戴季陶开的介绍信，董竹君一个人来到无锡。那天，她发着高烧，38℃。

黑色半高跟皮鞋，藏青色裙子，白衬衫，外套大翻领亮灰色长大衣；发髻挽在脑后。董竹君亭亭玉立地站在申新纱厂门前。她知道某些地域、某些人只重衣衫不重人，于是，特意精心打扮了一番。

照例被门口的保卫盘问了好一阵子，董竹君才得以进到工厂里面。

进到办公大厅，看着明晃晃的玻璃窗，看着明晃晃的玻璃窗中的自己，董竹君撩了撩头发，整了整大衣和裙子。

穿过几个办公室，董竹君找到荣德生办公的房间。正欲敲门进去，她被旁人拦住："你没看到这里还坐着这么多人吗？知不知道一点规矩？这些人都是要见荣总的，你还要排队等一下！"

董竹君看看说话的这个人，又看看旁边长椅上坐着的等候荣总接见的人，舒一口气，便找了个座位坐下来，等着。本来，她是要拿出戴季陶的介绍信的，但是，她放弃了。歇一会儿，也好。

"轮到你了。"不一会儿，刚才阻止董竹君进屋的那个人轻声说道。

董竹君抬起头看着他，看了很久，直到那人用眼神和手势示意她进屋。

等待，会徒增空虚和恐惧。

她站到门口，回头又朝传话的人看了一眼。

"您可以进去了，现在。"那人点点头，眼神中充满着对董竹君犹豫不决的不理解。

董竹君僵硬地微微一笑，点点头，转过头敲门进屋。

荣德生低头看着材料，上身是黑色的中山装，头发有些花白，但精神矍铄，眉宇间透着商人的敏锐和智慧。

"您好，荣先生。"董竹君大方得体地微笑。

荣德生抬起头看董竹君，微微点头，示意她坐在他面前的椅子上。

"我是上海群益纱管厂的总经理董竹君，是戴季陶先生介绍我到这里来的。"说罢，董竹君拿出戴季陶的介绍信，双手递给荣德生。

荣德生打开，粗略地浏览，点点头，脸色明显晴朗了许多："戴先生曾经大致地跟我说过贵厂的一些情况。"

"这是我们厂生产的一些样品，请荣先生过目。"董竹君递上。

荣德生仔细看过之后，表情有了些略微的放松："虽然是小型工厂，但是产品是不错的，这是很值得肯定的。"

董竹君喜笑颜开，眼前的荣德生荣总似乎成了自己的救星，群益纱管厂的救星，群益纱管厂资金周转的救星。她认真而含笑地看着荣德生，似乎在看着一颗宝贵的启明星。

荣德生放下样品，看着董竹君温和地说道："你先把样品放在这里吧，等我们仔细研究过了，再写信告诉你订货的事情吧！"

这样的答复让董竹君的情绪顿时一落千丈。她知道，这种答复说明，面前的荣先生不会向群益纱管厂订货的。刚才说的话只是些客套说辞罢了。她的笑容僵在脸上，极其不自然地假装自然地跟荣先生告辞，虽然这也是客套。

荣先生点过头，随即低下头继续看材料。

董竹君顺便将荣德生的房门轻轻地带上。

世道冷暖，董竹君增加了新的认识。戴季陶的面子并没有打动资本家，他的面子只是让这位资本家接见了一下董竹君。虽然，董竹君从来没有把希望寄托在戴身上，这从她请求他劝说夏之时改变、进步那件事情上就认定了，但是，当戴季陶主动提出帮助她时，处于人生低潮的她还是心存感激。只是，她没有将感激说出来，而是默默地留在了心底。事情虽然没有办成，但不能怪戴季陶，也不能怪荣德生，要怪只能怪自己实力不强。

一想到自己单薄的实力，坐在从无锡回上海的三等火车上，董竹君还是忍不住流下了眼泪。有资本就有实力，眼下，纱管厂像是一个新出生的婴儿，哪个母亲忍心看着自己的孩子因为没有奶水而夭折？

窗外飞快滑过的景色，那么自由，那么洒脱。可实际上，那些自由、洒脱的景色是人们从疾驶的火车上看到的。它们其实是原地不动，独守着它们的寂寞和陈旧。

现在的董竹君的处境就是火车窗外的那些景色，对那些乘着火车来看世界的人来说，她很自由、洒脱，可是她的寂寞、陈旧，甚至是落魄，谁懂得？

　　她只是想办个纱管厂拯救这个七口人的家庭，拯救自己的人生，然后，尽早加入中国共产党，协助革命，为党、为国家、为百姓多做些事情。

　　归根结底，就是为了入党，实现共产主义。因为组织上说了，必须要经济独立，才能谈论革命的事。

　　可是，现实的处境有了危机。一个女人，在上海办工厂，没有银行家投资或者贷款，群益纱管厂即将落入难以为继的境地。

　　粗略地划分女人们的人生理念，大致不外乎两种：平衡人生和棱角人生。

　　平衡，即接近的完整，对一个女人来说，有一定的学问，然后结婚、生子，平淡地相夫教子，在婚姻的围城里享受着或忍受着婚姻带来的完整人生。

　　选择了棱角的人，必然是放弃了完整和平衡的人。不满足于既得的，更倾向于追求新的、强的挑战。女人为了自己的追求和更大的前途而放弃婚姻，是选择了棱角人生。她的人生不再圆滑，不再完整，却将会凸显某个点或某些点，在这某个点或某些点上，她会有所作为。

　　上帝造人的时候，已经有他的计划，而董竹君就是他计划里的棱角人生的一个重要角色。阿里山的千年神木能成长为"神木"，不是一千年后才知道的，而是它发芽时就注定了。

二、美丽的暗示

风暴的强势不会是永远,过后的平息带来的将是祥和与安宁。

董竹君的房东庄希泉是个进步人士,很敬佩董竹君的为人,感叹她的经历,同情她现在独木难支的处境。

庄希泉曾就读于厦门东亚书院和前清举人办的学馆。1906年到上海经商,他追随孙中山从事实业救国。1911年辛亥革命后,受上海军政府委托组织南洋募饷队,他三下南洋为民主革命筹款。1912年,庄希泉任中华实业银行南洋总分行协理,1916年,在新加坡创办中华国货公司,1917年,创办南洋女校,探索"教育救国"的道路。1921年回国后,他在厦门创办厦南女子师范学校。大革命时期,1925年五卅运动爆发,和夫人余佩皋以国共合作的中国国民党福建省党部执行委员的身份,组织成立"厦门国民外交后援会",发动罢工、罢课,积极推进国共合作,开展抵制日货运动。与董竹君相识时,他正与夫人余佩皋在上海主办曙光公学。

庄希泉利用自己的人脉,积极为董竹君介绍了几位从马尼拉来上海游玩的华侨。这些人大都是菲律宾马尼拉香烟厂和菲律宾 Davao 省麻厂的股东、经理,也是菲律宾马尼拉社会名流和进步人士。

这些人同样敬佩董竹君独特的个人经历,并建议她去菲律宾招股。

董竹君抓住了这个机会,接受他们中肯的意见和建议,立刻去菲律宾招了一万元的股子回上海,终于,1931年春,群益纱管厂扩大成一个有职工三百人的中型工厂了。

厂子扩大后，董竹君还协助福建人周桂林医师在上海开设了华南医院。

事业繁忙，董竹君分身无术，于是，她将三个女儿送到苏州的教会学校寄读。女儿们是她的风筝，她是放风筝的人，送往教会学校并非一劳永逸，她还要紧紧地抓住放风筝的"线"。她告诉自己，孩子都是洁白无瑕的，她不能使风筝断线，使她们迷失方向。虽然教会学校的严格管理有利于女儿们的成长和教育，但是另一方面，董竹君也怕年幼的孩子们会受宗教意识和帝国主义思想的灌输与毒害。所以，平日里，她预留时间与女儿们书信往来，通过一封又一封的书信进行爱的教育。她告诉她们，为人做事要有责任感，处理问题要理智，分析事物要全面、客观，待人接物不能任性、硬碰硬……每逢周末、假期，无论多么忙碌，董竹君都会留出自己与孩子们相处的时间，为她们讲人生道理，讲爱国故事，讲中国传统文化，为她们推荐思想进步的文艺书籍，同时，她引导她们热爱劳动、主动做家务，从而使她们能够在接受正规教育的同时，礼不忘本，饮水思源。她也会陪伴她们去户外，去田野，去接近大自然，陶冶她们的情操，养成胸怀宽广、热情开朗的生活情趣和习性。

苦尽甘来。董竹君不仅没有在风暴中倒下，相反，因为一道道闪电，使她的背影更加美丽。

就这样，她的事业、生活和追求，蒸蒸日上，花开不败。

值得一提的是，在这些菲律宾华侨中，有个人叫陈清泉，Davao省麻厂的经理。陈先生中等身材，单眼皮小眼睛，温文儒雅，很有绅士风度，他是个进步人士。他除了经常去群益纱管厂参观，提出一些实际的意见和建议，讲一些办厂的经验和理念外，他还喜欢与董竹君谈天说地，山侃海聊。其中，两个人谈资有一个重要内容，那便是双方都感兴趣的共产主义学说。

"我读过一些社会科学书，例如《社会组织与社会革命》，还有《妇女与社会》《家庭私有制和国家的起源》《历史唯物论》等等。这些理论书籍给了我很多理性的理论知识，让我能够完善我看待问题、处理问题的角度和方法。另外，我也读过不少文学方面的书籍，像《母亲》《屠场》《爱与死之角逐》《少年维特之烦恼》《三个叛逆的女性》《娜拉》等等，这些书让我更深刻地认识和理解了世间的儿女情长，有了更高、更远大的人生追求。在读《娜拉》的时候，我被娜拉的行为和精神激动得不行，有报道曾把我比作娜拉，其实我跟她有很大的不同。我必须面对一个现实的问题，那就是我出走后，我的生活应该怎么继续。娜拉出走之后，就没有下文了——我肯定不想那样。"董竹君很有兴致地滔滔不绝。

对面刚放下茶杯的陈清泉连连点头："我一直很尊敬董先生，说实话，是一直很好奇董先生。如今，通过慢慢对您的了解，我对董先生越来越仰慕了。"

被陈清泉这么善意地一夸，董竹君很是不好意思："哪里哪里，陈先生才是值得别人仰慕的呢！我也仅仅是做了属于我自己的选择而已，为了我的孩子们有一个好的将来，为了我自己有一个好的前途。其实，群益纱管厂的振兴并不是我一个人的功劳，我一直觉得我的生命中有很多奇迹。一旦我落入一种不堪的境地，帮助我的人马上就来临了！我能走到今天，事业上能有今天的成绩，也是多谢你们啊！"董竹君发自肺腑地说道。

"这就客气了！对于以后，有什么具体的打算吗？"陈清泉试探性地问道。

"最具体的就是把四个女儿抚养成人，把双亲照顾好，然后追求自己的理想。"董竹君摊摊手，说道，"办工厂都是这些打算得以实现的途径。"

陈清泉认真地看着董竹君。

董竹君接着说道："生于这个时代的女性，责任不仅仅是争取自身的自由，还要为下一代做个铺路人。为此，哪怕起到一颗螺丝钉的作用。"

"这些是你人生的全部了，是吗？"陈清泉看着董竹君，"事业与教育儿女们成才。"

董竹君点点头："夏之时曾经说过，我们分居五年期满，他只要看着我带着四个女儿不至于穷途末路时跳黄浦江，他就会在手掌心里煎鱼给我吃。他知道我的选择会给自己和孩子带来多大的麻烦，其实我也知道离开四川的家庭后，生活有多艰难，可是我还是坚持我的选择，因为我觉得这样是对的。既然是对的，我为什么不做？"

说完，董竹君冲陈清泉笑笑，笑容里充满了自信和坚毅。

陈清泉点点头，随即低下头抚弄桌子上的茶杯，一圈又一圈："我有个菲律宾妻子，很贤惠的一个女子。"

"嗯。"董竹君微笑着看着陈清泉，示意他继续说下去。

"对于婚事，我是被迫的。当时是父母单方面为我挑选，因为我那时候在内地办事。他们老人家觉得门当户对差不多，就要求我回菲律宾结婚了。她是个天主教徒，天主教徒是不允许离婚的。"说完，陈清泉颇有意味地抬起头看着董竹君。

这是美丽的暗示啊。董竹君笑着点点头。聪明的女人明白一切，却不会在不合适的时候道破什么。"人，总应该学会珍惜自己现有的，如果它的确有意义的话。"

这话含蓄，却也是委婉的拒绝。

陈清泉看着面前年轻而又不失成熟风韵的董竹君，认真地说道："你的回答真值得我好好品味，细心品赏。"

董竹君起身，给陈清泉斟上茶，将一缕幽香留在了空中。

三、危险的演讲

1931年9月18日22时20分左右,日本关东军铁路守备队柳条湖分遣队队长河本末守中尉为首一个小分队以巡视铁路为名,在奉天(现沈阳)北面约7.5公里处,离东北军驻地北大营800米处的柳条湖南满铁路段上引爆小型炸药,炸毁了小段铁路,并将3具身穿东北军士兵服装的中国人尸体放在现场,作为东北军破坏铁路的证据,诬称中国军队破坏铁路并袭击日守备队。

爆炸后,驻扎中方北大营和沈阳城的日军兵分南北两路,向中国军队驻地北大营进攻。

这就是震惊中外的"九一八"事变。

蒋介石为了保全自己在全国的统治,顽固坚持他的"攘外必先安内"政策,强调先消灭中共再抗日。此外,他天真地认为世界舆论能够阻挡日本的侵略。因此,他提出的"不抵抗政策"使得东北三省——辽宁、吉林、黑龙江很快沦陷。

"九一八"事变后,中国民间的反日情绪高涨。而穷恶极恶的日本鬼子在中国大地上犯下的一桩桩血行更是激起了民众的无比愤慨。全国各地人民纷纷上街举行游行示威,抗议蒋介石的不抵抗政策,要求全力抗日。

国破山河在,家国一条根。

在风云激荡的日子里,董竹君和大女儿国琼走上街头,挤在上海游行示威的强大队伍中,呐喊、呼求、奔走。示威人数越来越多,口号越来越响亮。

"国家兴亡，匹夫有责！"

"打倒日本军国主义！"

"日本鬼子滚回去！"

"雪我国耻，还我国土！"

"……"

在万众一心反对帝国主义侵略的高昂情绪下，游行队伍冲破了英法租界的界线。于是，英租界对岸的巡捕拿着木棍冲游行群众一阵乱打。群众队伍大义凛然，手无寸铁地与之对峙、抗争，巡捕时进时退，反复攻击。

这时，不远处，忽然开来两卡车的巡捕，全副武装，枪上都插着刺刀。卡车停下，巡捕立刻整体划一地排成一排，枪口正对着董竹君和国琼的游行队伍。

正是群情激奋之际，没有一个国人被吓倒。董竹君带头领着群众，大家热血沸腾，慷慨激昂，不约而同地吼声震天，对着巡捕们的刺刀、枪杆，视死如归地继续前进。

如此一来，敌人见状，竟有些后退的意思。

接着，大批武装巡捕到达示威现场，驱散群众。当局和游行的队伍起了冲突，董竹君和女儿国琼也在混乱的人群中。董竹君保全了自己和国琼，并且机智地救出国琼的朋友。

对于董竹君来说，仅仅参加示威游行是远远不够的。她希望自己能够为国家、为人民做更多有益的事。1931年冬，董竹君与乐曲戏剧作家郑沙梅、戏剧工作者章泯共同创办了《戏剧与音乐》杂志，从群益工厂抽款作资本。

不光是武装自己头脑，使自己走上正确的革命道路，董竹君还尤其注意孩子们的思想进步。

其时，鲁迅先生在环龙路的一所暑期学校作演讲，演讲题目是《上海文艺之一瞥》。

董竹君闻此消息，喜出望外，带着孩子们前往演讲的课堂。明知她们并不能完全听懂，但是董竹君希望她们能够在进步思想的氛围中受到熏陶。

孩子们乖乖地坐在第一排，安静地等候鲁迅先生登上讲台。

鲁迅先生看看眼前的几个孩子，最小的孩子双腿悬空在座位和地面之间。"这么小的孩子，能听懂吗？"

听此，董竹君宛然一笑，带着孩子们坐到了最后一排。

女孩们认认真真地听着鲁迅先生的见解，结束之后，向董竹君问这个，问那个，让做母亲的董竹君的心里热乎不已。

然而，好景不长。

中国百姓尚未从"九一八"的国耻中恢复过来，胃口越来越大的日本帝国主义又一次对中国发动了进攻。

1932年1月18日下午四时，天崎启升等五名日本僧人在毗邻上海公共租界东区（杨树浦）的华界马玉山路的三友实业社外被殴打，一人死亡，一人重伤。日方指为工厂纠察队所为。1月20日，50名日侨青年同志会成员放火焚烧了三友实业社，回到租界后，又砍死砍伤三名工部局华人巡捕。当天，1200名日本侨民在文监师路（塘沽路）日本居留民团集会，并沿北四川路游行，前往该路北端的日本海军陆战队司令部，要求日本海军陆战队出面干涉，途中走到靠近虹江路时，开始骚乱，袭击华人商店。

日本方面声称将采取自卫手段保护日侨利益。1月24日，日本海军陆战队向上海增兵。当时负责防卫上海的中国军队是粤军的十九路军，由蒋光鼐及蔡廷锴指挥，京沪卫戍司令为陈铭枢。陈铭枢及十九路军主张应付日军挑衅，但国民政府会议后则主张忍让，并于1月23日由军政部长何应钦下令十九路军五日内从上海换防。

1月28日23时30分，日军海军陆战队2300人在坦克掩护下，沿北四川路（公共租界北区的越界筑路，已多次划为日军防区）西侧的每一条支路：靶子路、虬江路、横浜路等，向西占领淞沪铁路防线，在天通庵车站遇到中国驻军十九路军的坚决抵抗。

"一·二八"事变爆发。

董竹君的群益纱管厂在这次事变中不幸被日军的炸弹毁为灰烬。

一瞬间，工厂、资产、设备等有形的物质随着群益纱管厂的匾牌在炮火中被损毁、倒塌，连同他们带来的软实力和名利等等一切都毁于一旦。

员工的伤亡保险、福利、工资，各个股东的股份，已经协议过的订单……这些需要向外输出的资金资产，董竹君已是拿不出一丝一毫。

未曾亲眼目睹群益纱管厂被炸的股东误会了董竹君，他们造谣说她是女"拆白党"，说她根本没有将资金用于工厂建设。厂里几百名员职工的薪金伙食和家庭开销毫无着落。

欲哭无泪。美丽的樱花树下怎会有如此黑手伸向自己的国土？对日本曾有的好感被残酷的现实撕碎了。用血汗浇出来的"梦之花"也被一场无力抗拒的风暴击打的面目全非。

心痛，绝望，无济于事。

重要的是，活下去。

战火平息后，秸秆上的火苗还在嘶嘶地奋力燃烧，虽然已经是奄奄一息。任何外在力量对这微弱的火苗来说，已是无能为力，连风都因蒋介石政府阻止中国人的抗日活动而默然无语。

董竹君站在这片废墟面前，无语凝噎。孤单的身影格外刺眼。天空低垂，乌云四起。所有本来存在的记忆全部被清除，刹那间空间显得格外广袤。广袤反衬着心灵上的空洞。巨大的，黑色的，漫无边际的，不知应该用什么内容、在什么时候来填补的空洞。

董竹君怀着一颗空荡荡的心，无声地看着这一切。

从艰难创建到无力运转，从四处拉股到奔波振兴，从名利双收到无辜被摧毁。她一个人维持着，照看着，抚养着，含辛茹苦。

结果，几枚炸弹使这些房屋、机器和梦想顷刻间化为乌有。

同时化为乌有的还有董竹君所创办的各类社会活动。《戏剧与音乐》杂志被迫停办……

董竹君很心疼，太心疼了。她心疼员工，心疼自己，心疼每个用过心的人的付出。

不远处，董竹君看到一处秸秆上的火苗在无力地闪烁。她轻轻地走过去，试图用手摘下那朵火苗。可是，当她的手伸过去时，也许有一丁点的风，火苗闪了一下，终至于熄灭。

望着被炮火烧焦的秸秆，董竹君忽然笑了一笑。看似无比强大的炮火，却无法征服纤细的秸秆。它燃烧着，坚持着，纵使成为焦炭，仍然柔柔地凝成一团。一种力量从董竹君胸口涌起："既然生活以如此残酷的方式考验我，挺直腰杆，努力地活下去，是我唯一的选择。"

陈清泉在厦门。他知道上海局势紧张，担心董竹君有危险，于是，邀请她到自己老家躲避。

为了重新集资，同时也为暂时避难，别无他法，董竹君接受了陈清泉的邀请——随他去他的老家——福建厦门，带着内心的空洞和些许的感动。

当时正值逃难的高峰期，董竹君没有买到从上海到厦门的船票。他们一行几人就做了一次"黄鱼"，混迹在众多和他们一样没有船票的人流中。

推推搡搡，熙熙攘攘，董竹君几人终于找了个夹缝作为立足之地。他们没有与那些跟他们抢位置的人争辩、争取，因为没有道理可讲，没有精力去讲，没有心情去讲。同是天涯沦落，每个人无不是无辜的受害者，受害者对同样的受害者就要仁慈、宽容。

董竹君尽可能地挪了挪身子，给他们多腾一些地方。

一番颠簸，几经周折。董竹君一行好不容易抵达了厦门陈清泉的老家。

作为进步人士的陈清泉，在当地很有一些声望。很多寻求真理的年轻人都喜欢找他交流思想，交换意见。

这不，他刚到家不久，就有一群追求进步的中学生热情高涨地登门拜访。

陈清泉微笑着迎接他们，高兴地为这几个学生介绍董竹君："这是跟你们一样对真理有着先进、积极追求的董先生，上海群益纱管厂的总经理！"

几个中学生的唏嘘声响成一片。大家对这个上海来的女经理赞叹不已。

一个学生当即发出邀请："董先生，请你去我们学校演讲吧！我们的同学和老师其实还有很多在真理门外呢，我们都想把他们拉进来一起追求，一起分享，一起进步！"

谈及真理，谈及追求，谈及梦想，这些话题让情绪低落了好些日子的董竹君一下子来了兴致，她愉快地接受了邀请。这是第一次，也是新的开始。原本的空荡荡一下子被真实、美好的真理所激荡，所填充。她从这些年轻人的眼中看到了他们对于真理的渴望，对于救助朋友的渴望，对于人生价值和追求意义的渴望。她要拥抱他们，帮助他们，与进步的潮流融合在一起。

两天后，董竹君站在台上，以一个上海女企业家的身份，向黑压压一片的学生、老师和社会贤达，向心中的讲台，向梦中的角斗场发出自己真挚的声音。

董竹君演讲的主题是抨击当时蒋政府的无度、无能和无力。她联想到自己的经历，联想到办厂的艰难，联想到千千万万在生命线上挣扎的人。她情绪激动，言辞犀利，令听众大为震惊，掌声和口哨声不断。

"蒋介石本身就是挥霍无度的人。早在1920年岁末，蒋介石检点账目，发现全年花费已达七八千元之多，顿觉惊心，严厉自责。1925年4月，他到上海的大新、先施两家著名的百货公司选购物品，自以为'奢侈'，却没有停止享受。相反，变本加厉，疯狂采购。他把国家的钱当成自己的钱，把国家当成个人的家。这跟封建专制中的皇帝有什么不同？"

董竹君说到这里，特地停了下来，稍稍喘了一口气。

"'九·一八事变'中，蒋介石的不抵抗政策粉墨登场。'一·二八事变'中，驻守上海的国民党十九路军奋起抵抗，中共地下组织积极组织上海各界民众支援十九路军。淞沪抗战历时一个多月，日军死伤万余人。但由于国民政府推行不抵抗政策，十九路军腹背受敌，被迫撤离上海。5月5日，国民政府与日本签订了《淞沪停战协定》，规定上海为非武装区，中国不得在上海至苏州、昆山一带地区驻军！这是什么协定？强盗在家门口行凶，我们居然不能自卫，居然拱手将地盘让出，这是什么逻辑？"

"打倒日本军国主义！"

"废除一切不平等条约！"

"……"

顿时，台下群情激愤，口号声不绝于耳。

董竹君用手压了压，等大家安静下来后，她突然提高声音，铿锵有力地说道："很显然，国民党政府的统治已经不适合现在的中国，他们的统治已经无力！只有共产主义才能救中国！只有中国共产党才能救中国！"

"只有共产主义才能救中国！"

"只有中国共产党才能救中国！"

"……"

台下又是一阵欢呼声、口号声和呐喊声，同时夹杂着掌声和口哨声。

显然，这样激情澎湃的演讲是要冒风险的。就在演讲现场，有人发现了密探，他们带给董竹君和陈清泉的只能是追捕和搜查。

幸亏有好心人暗中给陈清泉递了纸条，幸亏有中学生、他们的家人、老师、朋友以及一切进步力量的帮助，董竹君才得以在追兵到达陈家之前，涉险逃回了上海。

董竹君不后悔，她说出了大家的心声，更说出了自己的真实感受。

四、牢狱之灾

回到上海不久,尽管群益纱管厂的复兴还有很大困难,但是,董竹君始终没有丢掉自己对于真理的追求,家里来往的年轻大学生依然络绎不绝。指点江山,激情洋溢。丈夫夏之时曾经有过的宾客满堂的一幕幕,如今在董竹君这里以新的形式上演着。她告诫自己,不要做昙花一现的采梦者,而要做不达目标决不罢休的圆梦人。

一天晚上,一个叫做骆介庵的暨南大学的学生来访。他关心着群益纱管厂的现状,并带给董竹君一些新鲜的思想学说。

两人正在兴致勃勃地谈论着,突然,屋门被几个气势汹汹的家伙狠狠地撞开。

"怎么回事?"两人惊起。

来者四人,他们都穿着规整的国民党捕房的工作服。

董竹君一看便知来者身份。

"听说这里掩藏着一些对政府持有反动倾向的人。今天我来搜查一下,看看传闻对否。"其中一个家伙盯着董竹君,阴阳怪气地说道。

董竹君看到这种因蝇头小利便会得意忘形的小人很是气愤。"请便。"她冷冷地站着,不再言语。

那帮家伙无礼地翻箱倒柜。齐整的房间顿时凌乱不堪。

"呀,还真不是空穴来风!这个是什么……什么……《社会运动全史》!"

一个瘦高个大声嚷道，手里拿着一本书，像个胜利者似地朝同伙挥舞，然后靠近董竹君，问道，"这算不算反动宣传品呢？"

"这本书哪里都有卖！"跟他们说一个字，董竹君都觉得是浪费时间和玷污自己。

"啧啧！"捡到"战利品"的人不怪罪董竹君的刚硬，仍旧满脸怪笑地继续检查。

趁着同伙检查的间隙，另一个贼眉鼠眼的家伙捅了骆介庵一下："你是共产党员吧，小兄弟？"

"不是！"骆介庵平静地说道。

"吃，真干脆！和她是同伙吧？"

"不是！我是来跟董老板谈点生意。"骆介庵说道。

"哼！共产党的党羽是谁，除了她？"问的人根本不搭理骆介庵的回答，他在心里早已替骆介庵回答过了，他更相信他自己的回答。

"我不是共产党，没有党羽！"骆介庵不卑不亢。

"切！别说得这么大言不惭的！反动分子的书都摆在这了，还抵什么赖！这个带走！"命令下完，不容分辩，两个小兵迅速挟持骆介庵出门。

"喂！你们……"董竹君欲喊，却被盘问骆介庵的人止住。

"想救他？太太，救了你自己再说吧！别把自己搞得这么高尚！"然后环顾四周，他眼神迷蒙地说道，"他妈的，看看这房间布置，都抵得上我这辈子梦见过的蒋委员长的房间了。"

接着，他又打开董竹君的衣柜，逐一摸过每件衣服："看看这衣服的款式和质地，都是宋夫人穿的那种吧！"说罢，他极不庄重地靠近董竹君，"太太，我看您也是有钱人，这样吧，我们私了。怎么样？你多出点钱，我们就不抓你……"

"我没钱！"董竹君感到恶心，向外退了几步，离他远一些。

"没钱？没钱！这些都是什么？"他再次靠近董竹君。

"家具是租来的，或者是大户人家二手卖给我们的。这些衣服都是旧的，早已经不值钱了。"董竹君想起自己的衣服被一双脏手摸过，心里直发毛，像有苍蝇掉进了嘴里，浑身不舒服。

"你知道你犯了什么吗！"搜客不依不饶，卑劣而黑心。

"不知道！"董竹君答道。

"反动分子罪！你知道这个罪要受多重的刑罚吗？"

"不知道！"

"至少四五年牢呢！你是明白人，仔细想想吧！"

"要抓随你们，要钱我没有！"董竹君火了。她知道，这伙人欲壑难填。跟他们讲理，无异于自己受辱。

"好，这臭娘儿们，不识好歹！带走！"搜客没捞到任何好处，恼羞成怒地大声吼道。

"等一下！我要跟我的孩子交代几句！"董竹君拼命挣脱掉两个狠毒的巡捕的黑手，叫醒被吵闹声惊醒的国琼，嘱咐她好好照看全家。

"放心。妈妈没事的，很快就会回来！"董竹君叮嘱道，并交代国琼找辩护律师等相关事宜。

在看守所，董竹君被盘问了相同的问题，她给出了相同的答案。

扣留她的人没得到利益，气急败坏地把她关进了监狱。

董竹君被两个人狠狠地投进深不见底的监狱时，她回头，看到了美丽的夕阳。

夕阳染红了天。红色，不是血腥，不是热情，像是画家上帝多涂抹了些赤色的颜料，然后随意加了些别的颜色，匠心独运，尽管稍显浑浊，却也透着一种异样的美丽。

她倔强地不吃不喝，以"绝食"的刚烈方式，试图拒绝着和这些小人一丝一缕的关联。同时，在众多狱中人面前，她会很用心地给大家讲一些共产主义学说和她所知道的共产党为国民着想、为国民服务的行动。

不久后的一天，一个值班站岗的越南巡捕突然悄悄地给董竹君送来一张小小的纸条。

董竹君很疑惑地接过来。

外貌憨厚、心地善良的越南巡捕悄悄地解释说，这是一个国民党官员陪着一个小女孩送来的信。

董竹君忙不迭地打开信来看，果然是国琼写来的。

董竹君并不认识陪国琼来的国民党官员，但这个人是郑德音给董竹君介绍过的一个共产党员朋友热情找到的。关系之婉转和曲折，令董竹君对认识过的朋友默默地深表谢意。

国琼告诉董竹君家里的近况，并告知，她已经在托董竹君的朋友找到了律师陈志皋为之辩护。因为国琼听董竹君说过，这个人是一个进步的"左倾"人士。

董竹君很快想起了陈志皋。他是海宁人，父亲曾是清朝二品大员。1931年4月，顾顺章（中央特科具体工作负责人之一）在汉口被捕叛变，供出共产党的大量机密，使驻沪中共中央机关的安全受到极大威胁。在此紧急关头，周恩来挺身而出，机智果断地采取一系列应变措施，使党避免了重大损失。国民党当局为此对周恩来恨得咬牙切齿，使出了极阴险的手段。自从顾顺章叛变后，敌人在四处造谣，说周恩来已经叛变。从1932年2月16日起，国民党当局在上海《时报》《新闻报》《时事新报》等报纸连续刊出伪造的"伍豪（作者注：周恩来曾用笔名）等脱离共党启事"。党组织在采取有关措施的同时，派人与律师陈志皋联系，而陈认为由外国律师出面更合适，于是陈志皋出面，请法国律师、《申报》常年法律顾问巴和吃了一顿饭，送给了巴和一幅古画。3月4日，《申报》以醒目标题刊出"巴和律师代表周少山紧急启事"："兹据周少山君来所声称，渠撰投文稿曾用别名伍豪二字；近日报载伍豪等二百四十三人脱离共党启事一则，辱劳国内外亲戚友好函电存问；惟渠伍豪之名除撰文字外，绝未用作对外活动，是该伍豪君定系另有其人；所谓二百四十三人同时脱离共党之事，实与渠无关。"这则使用"周少山"（周恩来别名）名义的启事措辞巧妙，也救了周恩来。通过这件事，很多人认可了陈志皋的倾向和为人。

看过信件，想到自己进入牢狱后，家里只有十六岁的国琼一个人苦苦地支撑着，而国琼毕竟还是孩子啊。董竹君心疼得泪流满面，但又被国琼的勇敢和智慧所感动。

越南巡捕看看董竹君，善意地提醒道："太太，还是要正常吃喝才好。他们根本不理解你的倔强，你只是辛苦了自己而已。太太，把自己照顾好，留得青山在，不怕没柴烧。"

满面泪痕的董竹君抬起头看着面前的这个讲着一口清楚的普通话的越南人，心里充斥着感激，眼神里充满坚毅："我的女儿都尚且如此了，何况是我！"

这个单纯善良的越南巡捕常常在自己值班站岗的时间里尽量隐秘地给每个无辜的人服务。走走停停，传传纸条，劝劝吃喝。在他的职权范围内，他只能做这么多。

不几天，国琼的纸条又平安无事地送了进来。

国琼说，她已经跟陈志皋见过面，可是陈志皋张口就要三千元。国琼没有那些钱，但答应交纳六百元的诉讼费，只有等六百元全部凑齐才能开庭。国琼已经筹措到两百元。此时，国琼也接到四川的来信。夏之时知道了董竹君的遭遇，不仅不予援手，反而落井下石，威胁说，如果董竹君没有能力抚养四个女儿，他将很快赴沪接走他的四个孩子。

陈志皋对于董竹君三千元的觊觎，是看在她曾经的都督夫人身份，现任南京国民政府高官戴季陶的干亲身份，和群益纱管厂的总经理身份上。在他眼里，董竹君拿出三千元钱是不费吹灰之力的。

经过这次事件，董竹君认识到陈志皋不过是一个披着进步人士外衣，骗吃骗喝的腐化分子。而分居后未曾给过女儿们一分钱的丈夫这时居然也雪上加霜，威胁患难中的妻子。

这是一个近乎噩耗的消息。

董竹君伤心透了。她很想念门外美丽的夕阳。

世界上没有救世主。一切要靠自己。董竹君停止了绝食行动。她积极地思考着对策，一方面，另托朋友找别的可靠的代理律师，另一方面，筹措着剩下的诉讼费四百元钱。

向人借钱，实在是迫于无奈，但在困境中的董竹君顾不了那么多了。

她终于向面前的越南巡捕开了口——这更是无奈中的无奈。

真没想到，热心肠的小伙子居然二话没说，翻了几层衣服，从严整的制服里面的衬衣里面的内衣口袋里取出叠得整整齐齐的一百元钱："我就这些了。太太，只能帮您这些了。"

"谢谢……"经历了太多的世态炎凉，越南巡捕的朴实委实让董竹君感动。"巡捕先生，您怎么会在这里呢？"董竹君有些不解，轻轻地问道。

小伙子微微一笑："我的祖籍其实是云南，祖父还在那里。祖父曾经给国民党的一个要员做过勤务兵。我在越南服完兵役以后，就来到祖父这边。祖父花了钱，给我找了条门路，便把我派到上海这里了。"

"你对每一个人都很善良。"董竹君由衷地说道。

小伙子不好意思地挠挠后脑勺："很多人被关在这里，其实并不是犯了多大的错，有的人甚至根本没有犯错。其实，这种情况每个国家都会有吧？"

"谢谢你。"董竹君认真地看着他，真诚地点点头。

小国琼继续周旋于成人的世界里，为董竹君寻找到另一名新的可信任的代理律师——曾任上海法院院长的俞承修律师。

终于，一天，董竹君收到一张传票，通知她开庭日期。

开庭辩护后，董竹君的罪名是"政治嫌疑犯"，取保释放，为董竹君担保的是福建人石霜湖医师。

几经周折，董竹君终于结束了四个月的牢狱生活，走出了牢房。呼吸着自由的空气，她真想对所有帮助过她的人说："谢谢你们。你们的帮助将成为我活下去的强大动力！"

有一个人不愿看到董竹君重获新生。

董竹君出狱后，夏之时对当时在上海的四川军长范绍增说，董竹君是共产党员。他托范绍增诱骗董竹君去杭州游玩，然后，趁机把她推入西湖淹死。

"你怎么能如此对待一个女人？！"范绍增听后不仅不支持，还将夏之时臭骂一顿，"你真是昏了头！不管你多么恨她，她毕竟是孩子们的母亲呀！"

"我只有弄死她，才能把孩子们带到我的身边来！"夏之时恶狠狠地说道。

"你真是枉为一个男人！"范绍增说了这番话后，拂袖而去。

董竹君多年后知晓此事，心有余悸。

当时，范绍增告诉杨虎此事，杨虎也是坚决不同意此行。夏之时的阴谋永远搁置。

第五章 起 伏

五、致命的骗局

然而，董竹君出狱后面临的窘境是空前的。

董竹君被带走的那天夜里，全家就剩下了抽屉里的十九元钱；国琼从自己的朋友和董竹君的朋友那里凑足了两百元。这就是董竹君一家的全部家当。当初，在监狱时，为了早日出狱，董竹君还向某些高官口头允诺几百元的贿款，但是，那些钱现在看来不过是空中楼阁的事。

群益纱管厂的几百口子人还等着她救济呢。另外，夏之时也以董竹君犯过案子为由，频繁来信威胁董竹君，要将四个女儿带回四川，免得跟着反动分子的妈妈学坏。

迫不得已，董竹君只好带着三个女儿去杭州避风头，剩下国琼留在上海继续教别人学钢琴，以贴补家用。那是 1932 年夏天。

这样，国琼的一点收入承担了全家的生活开支。

在杭州的一年多时间里，董竹君和三个女儿住在一起。她教她们做人的道理，学习的意义，热爱国家，相信真理等。

女儿是董竹君眼里圣洁的风筝，她是放风筝的人。风筝要飘向何方，以什么样的姿势，以什么样的速度，全凭放风筝的人主动掌握。不论她身处何种境地，光彩照人也好，身陷囹圄也罢，只要她在放风筝的时候，她都要全身心地履行好自己作为放风筝的人的职责，像是一种工作，神圣的工作。她从来没有休息的时候。

处境的艰难并没有扼杀董竹君对生活的热爱。大片的废墟和饱经的沧桑也没有摧毁董竹君重振群益的决心和信心。

这是一个单身母亲所具备的坚强和独立。

一年后，董竹君返回上海，风里来，雨里去，奔波，坚持，负重前行。她努力筹措着资金，尽管在战后的上海困难重重。

那是一段不见太阳的阴天的日子。天空厚厚的帷幕重重地压下来，像是其上还有一层更厚、更重的，它被无法负荷的庞然大物压迫着它。

黑灰色的天，很容易感染到人的心情。人们选择颓废地睡眠，选择漫无目的地消遣，选择心不在焉地混迹时光，等待天空放晴。

可是，一个坚强的人，从来不会因为天气而影响到自己。没有什么虚伪的、虚拟的外在因素能够影响到一个坚强的人。因为，她有自己的理想和目标。

董竹君坐在布置了不久的简陋的群益办公室，认真地看着时局新闻、经济动态、工厂建设与企业管理等相关的刊物。

厂保卫科小赵送来一封信。

董竹君疑惑地接过来，还没来得及想什么。也许她更怕的是受贿者托人发来的传票或者是夏之时的威胁信。

幸而，不是。

写信人自称是群益纱管厂的受益者，并大肆地对群益褒奖了一番，质量如何如何之上乘，对日货有着如何如何的打击力，董先生为人是如何如何之淳朴、善良，等等不一而足。然后，在信中，他真诚地为董先生介绍一个叫张云卿先生的好人。这位张先生是浙江绍兴的前清官府人家出身，年轻时在上海一带有过实业救国的经历，也因此而积攒了一些钱；并说明张先生对董先生很是赞赏和佩服。张云卿现年七十多岁，有个很受宠的小姨太太和不满十岁的小儿子；为了给自己的女人和孩子做长远的生活打算，张先生十分热衷于对群益的投资。

信中热情洋溢，满含助人的炙热。

放下信，董竹君看着窗外。

依然是阴天。可似乎远处透露出一丝光亮。

那是阳光吗？

有了上次戴季陶介绍去见荣德生的经历，董竹君不再单纯和轻信。她决定按信里的地址走一趟，哪怕只是看看也罢，哪怕再一次空手而归。

披上红色丝质披肩，拿上玲珑的黑色手提包，董竹君来到张云卿的家。

呵，典型的大户人家，气派的二层洋房。踩在幽幽的石子路上，董竹君随管家来到会客厅。

精致的古董，怀素的《圣母帖》，张大千的国画，偌大的鱼缸，气派而经典的红木家具，宽敞的客厅里充溢着中国古典文化的气氛。

张云卿热情地把董竹君迎进屋。

张先生比信中介绍的年龄要年轻很多，看起来约莫五十来岁的样子，头发有些花白，面貌清秀，一脸和蔼可亲、为人正直的样子。董竹君悬着的心放下了不少。

坐在红木方桌一侧的是一个带着黑色小墨镜，身穿长袍马褂的年轻人，嘴里叼个烟袋。

张先生介绍说，他是东北一个高官的弟弟，哥哥不幸在战争中牺牲，家里再无他人可以交心，便一个人来到上海散心。

相互问候过之后，大家进入正题。

董竹君欣赏张先生对时间概念的尊重。她主动说道："我想大家也不必急于投资入股。最现实可靠的办法是，大家先去群益参观一下，若觉得群益真的有前途，那时入股便是。"

张先生被董先生的诚恳和热情所打动，他微微一怔，马上拍手击掌："好好好！董先生果然真是替我们着想！我和这位东北公子明天就去贵厂参观！"

参观过后，张云卿和东北公子对董竹君更是赞叹不已。尽管现在的群益已经连繁荣时候的雏形都不具备。但是，张先生似乎从中看到了信心和希望。因为，对于一个企业而言，重要的不是房子怎么气派，重要的是掌管企业的人的能力和素质。他这么说。

同去的东北公子当即口头预支一万元的投资。

张云卿因自己的资产在"一·二八"战乱前悄悄运送到了浙江老家，现在拿不出现钱，便谨慎地没有开出空头支票。

董竹君对两个人分别表现出来的豪爽和慎重深表敬意。正可谓，每个人都有自己的个性和处事方式，只要成功，什么类型都无可厚非。

送走客人后，董竹君回到依旧破败的群益，看看依旧没有放晴的天空，不去理会这恼人的阴沉，却似乎预感到新生活的开始和新生命的复活。

几天后，董竹君办公室的电话响起。

原来是张云卿的来电。他请董竹君赶紧过去，说是有急事商量。

虽然一片狐疑，但董竹君还是马不停蹄地来到张云卿的家里。

"东北公子"已经不在。

张先生在屋子里快速地走来走去，不时地叹口气，不时地骂几句。

董竹君赶紧进屋："怎么了，张先生？"

"唉，董先生，你来得正好！东北那边刚刚来信，那小子没想到……没想到……唉……"张云卿一个拳头狠狠地砸在桌子上。

"张先生，您别激动，也别生气，慢慢说。"董竹君扶张云卿坐下。

"那小子……私吞了他大哥的钱财逃离东北不说，临走时还侵占了他的嫂子！这不是畜生吗！品质如此恶劣，我竟信了他！唉……"

董竹君跌坐在一侧的座位上，喃喃着："啊，竟是这样啊。"

"你看，现在他不在，估计又拿着那些银子找堂子消遣去了！"

董竹君只是低头不语。她在思考她的合作伙伴的人品。这样品格的人是不是还应该考虑跟他合作呢？

张云卿见董竹君不说话，便凑近她，低声说道："我看，董先生，为了使他许诺给你的那批款子尽快到手，群益能尽早复兴，我们得想办法从那小子手里拿出一万元！照这样下去，他那个箱子里的银子不几天就花光了！"

董竹君抬头看张先生，不是很明白他的意思。

"我们设赌局，想办法让他输，然后逼他拿出一万元！"

董竹君一听到赌局，尽管这个在上海滩很常见的名词和活动，她心里还是紧紧地揪了一下。

"董先生，您放心，我会找会赌的内行人士设局，肯定是我们必赢无疑！为了群益，我们只能这么做了！"

"这……张先生，这样太难为你了吧？万一我们出个什么闪失……你和那个东北公子的交情不也尽了吗？"

张先生大手一挥："不会的，不会的，董先生，这个就不需要您来操心了。为了群益，这是我张某应该做的！"

告别张先生，直至第二天见到张先生，董竹君心里一直惴惴不安，既觉得这是一个不光彩的骗局，又担心伤害到张先生和东北公子的情谊。

赌局设在张云卿家里二楼的一个小卧室里，大家以五万元为限。董竹君做庄家。

按照事先商量好的，把围棋子放在饭碗内，以棋子的单双来标志输赢——把筷子竖搁在碗上，暗示双数，如果筷子横搁，就说明是单数。

结果，一个上午过去，董竹君输掉了两千六百多元。她责怪自己老是弄错，明明放的是单数，开出来却是双数，明明是双数，开出来却又是单数。她擦擦额上的汗珠，很自责地退回。

事后，董竹君跟张云卿表示，第二次的赌局不想来了，换张云卿做庄家。

走出张云卿的家门，天空放晴。明媚的阳光使得在黑屋里待久了的董竹君暂时无法适应。

然而，大自然天晴了，可她的心情反而更加低沉。为张云卿输了这么多，还不知道第二天张云卿能不能赢回来。

她回到没有任何起色的群益，瘫坐在椅子上。想想自己的宿命，自己遇到的怪事，想想自己的单纯，依旧的单纯。想想自己的可怜……

天空阴沉的时候，董竹君接到一封意外的来信，像是救命稻草。

天空放晴的时候，董竹君输掉了两千六百多元，把稻草都给得罪了。

这看似很荒唐。

实际上，整个事件就很荒唐。

第二天，张云卿电话通知董竹君，他已经把输掉的两千六百多元赢回来两千一百元。

但是董竹君听后没有一丝的兴奋。现状是，她不仅欠着张先生五百元，更重要的是，她还欠着他一个不小的人情。

她没有通知张先生，就独自上门拜访。她想跟张先生做个了结。骗人的赌博，她很没兴趣用这种方式拉股。

管家也已经对董竹君很熟悉了，便直接让董竹君自己进屋。

一楼没有人。

董竹君上到二楼。她径自走向赌博的那个房间，轻轻推门。

门内稀里哗啦地狼狈整理。门内的张先生和带着小墨镜的东北公子的神情是极度慌张。

董竹君怔了一下，看到了一个和前几天的自己同样无辜的一个人。他不解地看着自己，看着惊慌的张云卿和"东北公子"。

猥琐的张云卿低声下气地说道："董先生,您来怎么不事先打个招呼呢？您看，我们对您招待不周，请见谅，请见谅……"

经典的双簧戏！他们竟然如此对她！一股寒意直逼脑门，董竹君转身下楼。

董竹君想起了上海滩上流行的"翻戏党"。张云卿和所谓的"东北公子"都是"翻戏党"的成员。

董竹君当场戳穿了他们的把戏，后来，张云卿几个人也向她承认了他们玩儿的把戏。他们无非是想从董竹君那里骗几个钱花花。他们以为董竹君和戴季陶的关系非同一般，有人撑腰，钱应该是不愁花的。

整个事件很荒唐。董竹君对自己说，自己居然如此容易上当！这繁华的上海，身后是多少人的泪水啊。

本来，得知实情后，董竹君还想以革命道理感化这些人，但是看他们顽劣成性，只好作罢。

天空一直放晴。明媚的阳光洒在她的身上。

秀发上流泻着光与影，动与静。

董竹君没有被牢狱之灾打败，却被牢狱之外的骗局打败了。她有些不甘，可这是现实。赤裸裸的，有些残酷，有些黑色幽默。

就这样，群益纱管厂因为缺少资金，难以为继，终于宣告结束。

这次遭遇"翻戏党"的经历让董竹君懂得了上海滩的险恶，使她在今后经营锦江菜馆时有了充分的思想准备。

六、柳暗又花明

社会舆论一片哗然。诅咒、咒骂、鄙夷的声音甚嚣尘上。

董竹君顶着巨大的舆论压力为双亲、孩子的生活,房租,债款等等,继续奋斗着。

人们只看到一个侧面,便要片面地断定这个女子放着好好的都督夫人的位子不做,偏要争做"中国的娜拉",结果一败涂地。他们这么说。

董竹君不和他们争辩与解释,隐忍和吞咽着这一切的压力和痛苦。为了节省开支,董竹君一家搬到了更偏僻一点的地方,典当度日,举步维艰,经常是几个月都付不起房租,饱尝房东的白眼和辱骂。

成王败寇。中国人从来相信这一点。

再难,她从未想过向他回头。再苦,她从未想过求助于他。再累,她也要自己胜过逆境。

屋漏偏逢连夜雨,1933年夏天,二阿姐因中风而突然死亡。

闻讯,董竹君痛不欲生。想起母亲一生的艰辛,做女儿的泪如雨下。她想要的金银首饰,她想过的富足生活,哪怕是她只想要几个铜板,买个香瓜解解馋,董竹君责怪自己没有给够她。

人生之苦如斯,不舍昼夜。

董同庆失去老伴后,心情一直很抑郁,加上生活的贫穷,没有太多食物来滋补身子，他的身体也是一直不好，只能整日躺卧在床。

日子沉重的令人窒息。

可是，还必须硬撑着，奋力前行。只要没有倒下，只要倒下后还能站起来，她就不会放弃。

家中债务累累，连二阿姐的丧葬费都没有。"翻戏党"头子张云卿怜恤有加，慷慨借给董竹君一张二百亩绍兴沙田地契，同时还资助三个孩子一学期的学费，使孩子们没有遭遇辍学。董竹君凭地契向女医师郑素因抵押三百元，支付母亲的丧葬费和平日生活挪借的零星债务。

"人有德于我也，不可忘也，我有德于人也，不可不忘也"。不管走到哪里，走到何种境地，董竹君都乐交朋友，哪怕是曾经意图诓骗她的"坏人"。因此，每每山穷水尽的时候，董竹君的身边总会有贵人相助，也算是"山穷水尽疑无路，柳暗花明又一村"。虽然这些接济是暂时性的，不能从根本上改变董竹君的困境，但是这些接济却带给她继续向前的勇气和信心。

白天，董竹君仍旧在外面奔波，寻找一切可以抓住的机会。

晚上，她回家照顾父亲。

董同庆紧皱双眉，惨淡地对董竹君说道："阿媛，我只要再多活五年，我这一生就足够了。"

听完父亲的话，董竹君心如刀割。她实在无法应允父亲卑微的要求，因为她没有钱为父亲医病。她看着父亲惨白的脸色，想着自己竟然无法满足父亲这个最低贱的可怜的愿望，心痛欲裂。

照顾完父亲入睡之后，董竹君一个人走出低矮的房间，来到院子里。她舒一口气，捶捶肩，捶捶背。累了整整一天了。

郑素因的款项几次到期，董竹君都无力偿还，连利息都付不出。

郑素因指着董竹君的鼻子大骂道："这笔钱都拖了多久了？！如果不是我借给你，你知道你会有什么后果吗！恐怕你现在不是少根胳膊，就是少条腿！想在上海滩混，没有钱，没有人，你真觉得自己是女英雄娜拉吗？！别做梦了！"

董竹君忍气吞声地听着这些恶言恶语。她的心里很是着急，但无济于事。

催促几次未遂，郑素因找来一名上海商人，为自己出气。

上海商人指着董竹君的鼻子骂道："你不是很有能耐吗？！有本事借钱，没有本事还钱吗！是不是有本事逞能离家，却没本事拖老带小地活下去呢！"

董竹君静静地听着，一声不吭，隐忍着所有的情绪。毕竟，是她无法还钱。

第五章 起伏

"女人还钱还不容易吗？！我给你指一条最快的路！看你还算有姿色，还能卖个不错的价钱，去试试吧！你小时候不是被卖过吗！再卖一回，又何妨？！"

董竹君狠狠地咽下眼泪。"我一定会还的，连本带利地还，请放心。"最后，她一字一顿地说。

夜深人静，董竹君一个人坐在黑暗中，漫无边际地想着生活，想着人生。

突然，莫名地，或者是这么久的困顿的日子累积的心绪，她想到了自杀。这个想法的出现有些意外。她为之一振。自杀是一种解脱。虽然，这不符合她的性格。虽然，她还要坚持，还感觉现在不是最终撒手的时候。

可是，看着池塘里倒映着的白月光，她已是无力抬头欣赏或者信仰它。

看着池塘里倒映着的自己，头发凌乱，脸上的皮肤也有了些粗糙，粗布衣裤，母亲过去亲手纳过的黑布鞋。衣柜里的皮大衣、连衣裙、半身裙、高跟鞋，那都是工作装，或者是过去身份、地位显贵的象征。

自杀，会带走一些现世的烦恼，减少一些别人的累赘，增加一些异域的逍遥。

自杀，会带来一些亲友的悲痛，增加一些别人的笑柄；至于死后的另一个世界，任何一个活着的人都不晓得真实的情况。

董竹君很无力，无力到挪动脚步的力气都没有。

她叹了口气。

"妈妈。"国琼清脆的声音在身后响起。

轻快的脚步声在董竹君身后响起。

董竹君缓缓地转过头："国琼，怎么还没去睡觉呢？明天不是要上台表演吗？"

国琼抱住董竹君的肩膀："妈妈，我想跟您商量一件事。"

"嗯？"

"中国共产党地下组织的电影制片厂'电通公司'现在需要音乐工作人员。我可以去弹钢琴或者担任大提琴伴奏。您说行吗？"国琼长大了，已经有了自己的追求，"不过呢，很多人怕参加这个组织会给自己的政治身份增加点不好的色彩，所以好多人都不敢参加。您觉得我应该参加吗？"

国琼年轻而又充满活力的漂亮的脸感染了也鼓舞了董竹君，自杀的阴影一扫而光。她回过神来，看着国琼，认真地说道："国琼，你知道妈妈一直追求的是共产主义学说，积极加入的也是中国共产党，这种事情你认为妈妈会不同意吗？"

董竹君看着国琼，微微一笑，继续说道："虽然现在还是蒋介石政府横行霸道，但是一旦时机成熟，中国一定是属于共产党的！那才是拯救中国百姓的正确道路呢！"

"嗯！我听妈妈的！"国琼仰起美丽的脖子。

董竹君刮了一下国琼的鼻子，两个人依偎着进屋睡觉。

过去，她是女儿的避风港。现在，女儿反过来成了她的挡风墙。董竹君心里有些宽慰。

关门之前，董竹君看了一眼还倒映着美丽的白月光的池塘。她关上门，转过身，把身后的那片阴晦永远丢在了身后，那片池塘，池塘里的白月光，和白月光旁边的自杀的意念。

"我永远都不能输给要在手掌心里煎鱼给我吃的夏之时。永远！"董竹君咬着牙，狠狠地在心里这么说道。

第六章

锦 江

　　他等了她五年，等她从富贵太太走向家徒四壁，等她从上流社会走向举目无亲，等她从无所不能战胜走向脆弱到试图自杀。简而言之，他只是在等她回头。如果她回头，他依然在原地等她。五年过去，坚毅的她没有选择回到过去，她走进了一无所有、被人蔑视的深渊……长风破浪会有时。从贵人相助的两千元钱起，她开始踏上了"锦江"之路。这条路被历史浓墨重彩地记了一笔。虽说这是一条辉煌而光荣的路，但是，当她在走这条路时，也是如履薄冰，千难万难。

一、正式离婚

转眼间,与夏之时约定的五年分居时间快要到头了。

回顾这不平凡的五年,董竹君肝肠寸断,欲哭无泪。工厂初见好转,却不久倒闭,自己失业,母亲去世,父亲重病在床,女儿的教育费,谣言四起的股东们,逼债的人们……这些灾难,随便抽出一个就足以把一个人击垮,何况董竹君同时经历了这几大灾难,还依然挺立于生活的深处。她没有倒下,更没有自暴自弃。相反,经过了难以想象的苦难之后,她的意志变得更加坚强,也更加明白日后的路该如何走下去。

不论如何,是与夏之时真正结束的时候了。

1934 年秋天,董竹君体面地打扮了一番,来到和夏之时商议过的地点。

秋末,天气有些微凉。

虽然处于极度贫困之中,但是董竹君的精神是很富有的。外套黑罗缎衬绒大衣,里面是白色毛衣,下身深蓝色长裙,脚蹬黑色高跟皮鞋,董竹君风姿绰约,如约来到了调解人李肇甫开办的律师事务所。

夏之时已经在那里等待妻子。还有其他三位见证人。

最后的秋季,是他们感情的末路。夏之时还缱绻在秋风的清爽里,而董竹君对这个没有丝毫改变的男人已经没有任何的眷恋。

从董竹君进屋,到坐在沙发上,夏之时的视线一直没有离开过董竹君,脸上露出明显的惊讶。因为眼前的这个人跟他想象的形象大相径庭。其实，他是一直全心全意爱着她的，所有的行为都是为了挽回她。只是，他的方式简单、武断，是旧男权主义的，是受到新女性思想熏陶的董竹君所不能接受的。

"你们都来了，这就好。大家好好谈谈。"见证人之一李肇甫待董竹君坐定后，笑容满面地说道。他希望营造好的氛围，希望做一个"好事佬"，而不是"拆桥人"。

董竹君喝了一口茶，看都不看夏之时，只对调解人说道："我来这里，不是为了谈什么，而是为了一种结束，一种解脱。"

夏之时明显地感到了紧张。他抬眼看了看李肇甫，又看了看董竹君。他明白，在这过去的五年里，他做得有些过分，有些残酷。他不仅没有尽到一个做丈夫的责任，更没有尽到一个做父亲的责任。

"话不能这么说嘛。"李肇甫笑笑，说道，"既然来了，就好好谈谈吧。毕竟，你们两人走到一起，很不容易嘛。"

但董竹君不为所动。她给过他太多的机会。可是，对方把机会当成儿戏。她也知道，与夏之时走到一起的确不容易。正因为此，她一直珍惜，一直忍辱负重。可是，夏之时把这些当成理所当然，把她的努力当成是她对他的报答。"就算报答，也报答够了。"董竹君这么想着，"曾经的英雄死了，可我还要活下去。"

的确，夏之时被解除兵权后的颓唐，以及他固有的劣根性是董竹君所不能改变的。她面对他，感觉到活着的无力与无趣。

然而，他面对她，还是爱慕着她的容颜和气质。他也许会嫌她太能干，她的能干不仅挑战了他的男权主义，更使他的光芒在公众视野大大受损。他就是这么认为的。然而，他依然不希望这个被人称为"文明家庭"的家庭破碎。他试图劝说董竹君带着女儿们随他回四川老家，一家人再次团聚。不过，当他说这些话的时候，他还是带着一贯冷峻而傲慢的语气："只要你答应跟我回四川，我就出钱治好你老父亲的病，否则，没钱！"

董竹君的灵魂是流动的，她不可能永远属于已经不再流动的他。

无论李肇甫再说些什么，双方都不可能在同一个点上发生心灵震动。

董竹君决然地说道："不想再说什么了。离婚吧。"话语不重，可口气之坚决令人吃惊。

强扭的瓜不甜。看来，再说什么都没用，董竹君的心真的死了。李肇甫叹了一口气，只好问她有什么要求。

董竹君说，第一，孩子们的父亲要按时寄送生活费和学费，否则，久而久之，孩子们忘记了自己的父亲的存在是很悲哀的;第二,若孩子们的母亲出现什么意外,请孩子们的父亲念在血缘情分上,将孩子们抚养长大,并让她们大学毕业。

这番话的意思非常明显:夏之时本来答应得好好的,说是分居时期,他应该定期给孩子们寄送抚养费,可是,他不但一分钱不给,相反,还落井下石,雪上加霜,这是一个做父亲的人之所作所为吗?

夏之时听后,一脸阴沉,终于忍不住,干干地咳了一声,站起来。

当天,他身穿深蓝色西服,里面是白色衬衣,袖子长出西服袖口,打着笔挺的领带。若他继续为国为民驰骋沙场,董竹君还有重新爱上他的可能。只不过,此时的他,今非昔比。

夏之时本想反驳什么,但想了想,觉得没什么好说的。眼见董竹君如此坚决,他感觉十分难堪。似乎是为了挽回面子,他舒了一口气,故意淡淡地笑了一笑,然后,在李肇甫拟好的离婚协议上签了字。签完,他将笔一掷,像是示威性地,转身离去。

董竹君看着这个曾经同居一室的人的轻佻的表演,更加恶心。轮到她签字的时候,她认真地坐下来,深深地吸了一口气,然后,一笔一画签上自己的名字。

李肇甫看着完全不同的两个人,不由得摇了摇头。显然,他觉得董竹君庄重得多,严肃得多。

随着董竹君签完最后一个字,这段曾经轰动一时的英雄配美人的佳话在人们的种种猜测中彻底、明确地解体。

没了丈夫,没了完整的家庭,董竹君开始塑造属于自己的棱角人生。

夏之时匆匆离开李肇甫的房间后,他来到附近的复兴公园。

五年前,他和董竹君长谈的地方。

四个女儿在这里等候妈妈。

五年了,四个女儿已是亭亭玉立,个个都是美人坯子。

她们没有看到爸爸,远远地,还在俏皮地玩耍。

夏之时看着她们,眼睛有些湿润。一段感情的结束,远远不像签字那样简单了事。他内心的痛只有自己清楚,他内心的苦只有自己品尝,他内心的沉重也只有自己承受。

他知道,女儿们想念她们的爸爸,尽管爸爸没有太多关注过她们的成长,甚至她们在异常窘迫的时候,都没有给过她们任何的生活费和学费。可终究是亲生父女,有着深深的血缘亲情,她们姓着他的姓。

但是,事实上,妈妈的光环太过耀眼,完全遮挡了爸爸的光辉。纵然她们见不到爸爸,没有圆满的家庭;只要妈妈的爱足够丰富,足够深厚,这样的生活也已经是完整的了。

所以，她们依然很快乐地追逐，很开心地跳跃。

看着孩子们，夏之时有一种走上去说说话的冲动。可是，能够说什么呢？连自己的妻子都不理解他的苦楚，不理解他的悲痛，孩子们又能够说什么，做什么呢？他犹疑着，以他惯有的风格。但这种犹疑就像他曾经有过的一次又一次，因犹疑而失去机会，因犹疑而颓废、自暴自弃。这一次依然如此。他看了孩子们一眼，终于默默地离开。

他的脚步已经有些蹒跚。

就在他回头的时候，他看见了同样从李肇甫房门走出来的董竹君，他本能地怔了一下，但瞬间转过头去，明显加快了脚步，离开了。

看着前夫日渐远去的背影，董竹君有些心酸：这个人居然老了！这么快就开始老了！他最辉煌的日子已经过去，现在，他只能一天天地在回忆里生活，在生活中痛苦，在痛苦中等待死神的到来。他能想象出自己的最后时光，这是多么可怕的光景啊。

董竹君转过头去看孩子们。

连最后的一次会面，他都没有勇气冲孩子们打个招呼。那个叱咤风云、令人崇拜、风流潇洒的英雄死了！

"真正的英雄哪能死得如此之快啊。"董竹君喃喃着，以手抚胸。

这时，不远处响起了幽幽的箫声。熟悉的旋律，爱尔兰民歌，《夏日里最后一朵玫瑰》。

那时候，他们徜徉在日本的樱花公园里。动听的箫声感动着她，他像一个谦谦君子一样温柔地告诉她，那是爱尔兰民歌，《夏日里最后一朵玫瑰》。在她脑海里，这首歌跟他们相爱的光阴连在一起。

将近二十年的时间过去了。这十几年的时间里，他从四川到上海，然后到日本、到四川、到上海，之后又回到四川。她从上海到日本，然后到四川，最后到上海。两个人的人生轨迹有一段短暂的交集，交集之后，便又被甩在不同向的人流里，直到越走越远。

那首歌虽然依然是那首歌，可她再也不是那朵玫瑰，而他，再也不是樱花下的谦谦君子。

董竹君泪流满面。她原想，不能用泪水纪念这段永远逝去的感情。可终究忍不住，还是"哇"地一声哭了。她害怕被孩子们看到，便死死地咬着唇，任不争气的泪水从红肿的眼眶奔涌而出……

第六章　锦　江

二、崛起的希望

夏之时一个人回到四川，很狼狈、很尴尬、很沮丧。

当他还在途中的时候，女子抛弃男人的舆论已是烽烟四起。那个时候，只有男人抛弃女人的，哪有女人抛弃男人的？何况，这个被女人抛弃的男人还曾经威风八面、权倾一时。这样的男人还有什么用，这样没面子地活着还有什么意思？报纸上劈头盖脸的尽是对夏之时的冷嘲热讽。

夏之时一气之下，把报纸狠狠地撕碎，粗鲁地咒骂着。

董竹君迅速调整心情，重整旗鼓。她必须面对现实：往前是悬崖，往后是死路。从悬崖跳下去，还有可能生还，还有可能打开另一片天空。

她咬了咬牙，勇敢地往前走去。

虽然正式逃脱了第二个火坑，但董竹君已经被生活抽打得遍体鳞伤。

常常是，还没到家门口，前来讨债、讨租的人已把她逼得进不了屋。终于好说歹说，好不容易把讨钱的人送走，回到屋里，看到的是重病在床的父亲董同庆，听到的是他那痛不欲生的呻吟。

为了生计，每个人想到的救助办法是找个职业。然而，一个女性在二十世纪三四十年代的中国是没有什么职业可言；董竹君的能力已经远远超越于同时代许多女工的能力。

她又开始思考下一步的路。该做什么，怎么做？

董竹君一直热衷于开办工厂或公司，这与夏之时其实是有很大关系的。董竹君的第一个工厂是富祥女子织袜厂，公司是飞鹰黄包车公司，那会儿她还是风光四射的都督夫人，正值实业救国热潮。夏之时有足够的资本让妻子开办一个工厂或公司，尽管妻子告诉他不需要很大的投资。有着这样的便利条件，董竹君大胆地尝试了。结果，工厂和公司都很顺利地开业了，而且她也在工厂即将破产或者濒临被吞并之前明智地结束了厂子。之后，董竹君的职业便一直是自主创业，因为成功地尝试给她带来了丰富的经验、浓厚的兴致和高贵的自信。

但今非昔比，那个坚实的肩膀不在了。不仅没有依靠的可能，它还随时可能成为你的绊脚石。如今她单枪匹马，虽然走出了一条血泪之路，可是，路的前方，她还是没有看见什么希望。

不久，1934年冬，由于长期得不到有效的治疗，被病痛折磨了一年的董同庆病逝了。

临走前，董同庆含糊不清地对董竹君说道："阿媛，我还想多活几年，看到你重新成家，这样我才能放心地走啊……"

父母的舐犊情深让董竹君泪流不止。父母穷困一生，只有自己一个女儿，可是自己又是一个单身母亲，拉扯着四个女儿在上海滩流浪，经济的窘迫使她连双亲的安葬费都拿不出。

董竹君对双亲的愧疚之情难以言表，悲痛的心快要滴出血来。

简单料理完董同庆的丧事，董竹君疲倦地坐在座位上，头发凌乱，面容憔悴，像个雕塑一般。

门，随意地开着。

窗户，也随意地开着。

阳光，透过这些随意的空隙透射进来。

就在此时，一个穿军装的男人笔直地站在门口。

恍惚之间，董竹君看到了二十年前的夏之时。

门口的阳光充足，逆光强劲，使得董竹君睁不开眼，但是她还是看清了眼前这个二十年前的夏之时的轮廓。

她很自然地起身，温柔、腼腆地喊道："之时！"

"董先生！"

这个陌生的声音把董竹君从幻觉中拉回到现实，伸开的手也僵在了空气中。

"噢，对不起，我看错了……您是？"董竹君尴尬地请来客坐下。

"董先生，您好！我先做下自我介绍吧：我叫李嵩高，四川来的。我去年从法国留学回来后，就一直在四川地方军队做事，所谓的'投笔从戎'吧！我这次是途经上海去日本购买枪支的。"

董竹君点点头，示意他继续说下去；她还是没有弄懂他来是做什么的。

"董先生在四川的名声很大，我看过很多关于董先生的报道，很受感动！所以，这次中途来上海，是专诚拜访先生的！"

"噢……"董竹君讪讪地笑笑，摆摆手，"不说那些舆论，不说。"

"嗯，那就不说。"这个可爱的年轻人很认真地停止关于舆论的话题，"我也了解到董先生最近在经济上有一些困难，我想从我购买枪支的款子里抽出两千元来资助董先生……"

天下掉下来一块金子？顿时，问号在董竹君的脸上写了一脸。一瞬间，她想起了同样在自己身处危机中"雪中送炭"的"翻戏党"张云卿。吃过一堑，下次的无缘无故的"雪中送炭"不可不小心。"我虽然经济上确有困难，但无功不受禄。"董竹君冷静地说道，"李先生的钱还是留着做正经事儿用吧。"

"哦。董先生，也许您对我意外的来访很惊讶。但是，我是真心实意想要帮您的。我在法国留学这三年，学到了一些新鲜的自由、民主、平等的学说，这些思想想必董先生肯定是已经学过了的，要不，您也不会做出这样明智的决断。我很欣赏您，真的。所以，我想能尽我所能，帮您一点什么。"

"我能为你做什么呢？"董竹君试探性地问道。

"我并不希望你为我个人做什么。"李嵩高大手一挥，说道，"你为大家已经做了很多，也为国家、为民族做了很多。"

董竹君若有所思地点点头，但是还是没有表态接受李嵩高的义举。现在，她对突如其来的帮助谨慎了许多。

"这样吧，董先生，这两千元就当是我先借给您的，等您的经济有了起色之后，再还我也不迟！"李嵩高的真诚只是为了打动心存芥蒂的董竹君。

"那……那好吧，"董竹君似乎松了一口气，缓缓地说道，"那就这样吧，多谢您了，李先生。我就先写个借条吧！"

如果董竹君恍惚中看到的夏之时可以作为一个词汇，一个预兆救助或者拯救意义的角色，那么，李嵩高就是第二个夏之时。

三、"锦江小餐"一炮而红

拿着李嵩高意外送来的两千元钱，董竹君几天睡不着觉。这是她最后的机会。现在的她，要么束手被擒，回四川，要么义无反顾地踏上另一条绝路。这两个选择，她都不想要。所以，这次，只能成功，不许失败。

当时，上海的饮食业在全国颇有名气，以粤菜和福建菜为首，四川菜次之。通过市场调查与分析，董竹君发现了优秀而珍贵的机会和现实存在的几大问题。

粤菜饭馆虽然独树一帜，但是大多经营保守，装潢普通，卫生一般。川菜馆虽然被四川人所拥护，但是只注重保留川菜原味，麻辣过度，因此，四川以外的外地人和外国人很少光顾，致使生意清淡。

董竹君认为，川菜花色品种繁多，味道丰富，大可登筵席之桌，小可做特色小吃。可惜，在上海，识者不多，没有占据酒菜业应有的地位。

这笔钱用来办什么比较好呢？思来想去，董竹君最后决定，开一家四川菜馆，把川菜介绍到上海，等菜馆做大之后，进而把川菜介绍到国外，开设分店，最好在远洋轮船上设立水上川菜馆，每个码头停靠两周，使中国的川菜美名远扬，使国人和越来越多的国际友人都能知晓川菜、接受川菜、爱上川菜。

发展规划和战略适时地跑进董竹君的大脑。想到这些，她很兴奋。

然而，董竹君认识的朋友们中许多人却并不看好一个无依无靠的女子在上海滩开一个饭店。在他们眼里，她没有官府的靠山，没有帮会的靠山，上上下下只有自己的一双手和一个头脑。上海滩是一个大染缸，她能出淤泥而不染吗？

可董竹君觉得，一个人要有梦想，要有为梦想而奋斗的决心。当年，她逃出长三堂子就是为了梦想；她到日本求学，就是为了梦想；她后来办学办厂等都是为了梦想。有了这些，就够了。

关键是：事在人为。

这个为梦想而活的女人不动声色地开始着手调查、选址、设计店名店徽等等前期工作。

1935年3月15日，锦江小餐在上海法租界华格臬路三十一号成立了。熙熙攘攘的人群围在门口，看锦江小餐的开门红。

用"锦江"的名字来推销川菜是个很聪明的选择。

当时，闻名全国的锦城——成都出产的锦缎在锦江洗涤后流光溢彩，锦江因锦缎而得名，也因此成了四川的一个重要象征之一。

另外，董竹君很欣赏一个唐朝女校书，薛涛，字洪度，唐朝长安（今陕西省西安市）人，生于大历五年，卒于大和六年。薛涛幼年随父郧流寓成都，八九岁能诗，父死家贫，十六岁遂堕入乐籍，脱乐籍后终身未嫁。后定居浣花溪。知音律，工诗词。创"薛涛笺"。薛涛正式集子叫《锦江集》，共五卷，诗五百余首。薛涛曾经栖身的地方是四川一大风景名胜：望江楼。

后人曾为董竹君写过一首诗，其中的江便是锦江。

诗云：

> 望江楼上望江流，
> 人自望江江自留。
> 人影不随江水去，
> 江声不断古今愁。

此外，董竹君以宏伟而长远的眼光期望，"锦江"，流动着的江水，预示着川菜像长江一样滚滚东流，红遍东方，走向世界。

起这个名字时，董竹君也想到了"锦江公学"，想到了夏之时。他对名字极为讲究。锦江这个名字实在是意义丰富。锦江是夏之时老家附近的一条河流，这条河流与夏之时的交情使得夏之时自然地联想到了这个简单的名字。开办锦江小餐，董竹君是在间接地向大家透露，自己曾经是四川的儿媳，以此来纪念和夏之时的感情。如果夏之时真是董竹君生命中的过客而已的话,"夏之时"这三个字也完全可以内化成一个词汇,表达很多意义的词汇,这个词汇可以替代爱情,替代前夫,替代救赎,甚至可以替代"锦江"。

锦江小餐的店徽是青青的竹叶,竹叶的外形是董竹君自己设计的。

锦江小餐的兴旺是出人意料,也是情理之中的。

一个没有任何社会关系、拉扯着四个女儿过活的单身母亲创办了一个小型的饭店。在当时的上海滩上,很多人听起来都觉得不可思议。

然而,正宗的四川厨师做出来的正宗川菜很对每个顾客的口味。经理董竹君女士的谦虚、细腻、微笑、周到,使得每个顾客都很难想象出这个老板娘的背后有能人撑腰、宣传;他们更愿意相信是餐馆特色菜肴的色、香、味、形吸引着众顾客。

渐渐地,锦江小餐的兴隆带来了华格臬路上一连串的经济效应。原本冷冷清清的路开始摩肩接踵,人群、汽车、说话声、笑声使这条路繁华而热闹。锦江小餐对面的空着的房地产大涨价,锦江小餐旁边本来死气沉沉的房地产也都"旧貌换新颜",换上了各地特色菜馆的新店铺:上海本地菜馆、扬州菜馆、福建菜馆等等。

整条街像是突然复活了一般。

而在众多菜馆中,锦江小餐的生意最为红火。人多的时候,过道走廊都得摆上桌子。客人一批一批地进进出出,连上海的头面人物黄金荣、近代上海青红帮中最著名的人物杜月笙、张啸林甚至南京政府的工作人员吃个饭也要等上一些时候。其中,杜月笙是常客,几乎天天都来。

有一天,这个上海滩上的"大人物"终于排队排得不耐烦,忍不住发火了。他冲店员嚷嚷道:"叫你们老板娘赶紧扩充店面!这点店面够几个人吃的!扩充店面的事情若有困难,就直接找我!"

店员立即报告董竹君。

董竹君颇感意外,这真是送上门来的礼物啊。前思后量,她觉得接受杜月笙的帮助有百利而无一害,于是就答应了。

杜月笙没有食言,亲自出面张罗。他拿出一笔钱,让"锦江小餐"的房东给董竹君腾出更多的空房,用以扩大店面。

为了使餐馆的结构显的曲径通幽,董竹君在扩充店面的时候,想要向后弄发展。于是,她先把餐馆后面的房子租下来,准备在原有的锦江小餐和后弄之间搭建天桥。但是，搭建天桥是违反法国工部局的章程的，这下怎么办才好呢？她想到了杜月笙。既然他资助扩充店面，肯定会帮人帮到底的，否则，他提出的扩充店面一事受阻也会影响到他的面子。

  终于，在杜月笙的"运作"下，法国工部局不仅同意这个超出范围的建筑的建设，还特地给锦江小餐颁发了临时特许营业执照。

  社会舆论一片哗然。

  大家感慨这个女子真是有通天的本领。人们纷纷猜测着这个单身母亲背后到底有着怎样过硬的后台，议论她到底还有多少招数。

  董竹君听了这些舆论，哭笑不得，只能随便大家议论纷纷。

  锦江小餐的店面很快扩充，增加了大、小雅座几十间，店内的硬件设施也上了档次，员工也增加了几十人，总共能容纳三百多人就餐。这样，杜月笙吃饭终于不用等了。生意火爆，门前车水马龙，好不热闹。

  作为对雪中送炭的回报，董竹君免费赠送给杜家酒席两桌。

  杜月笙倒也没嫌弃，反而欣然笑纳。

  之后，"锦江小餐"更名为"锦江川菜馆"。

  董竹君是一个很讲究的逐梦女子，她把锦江菜馆装扮的同样讲究。"锦江"

站在亲手创办的上海锦江川菜馆门前，董竹君春风拂面。

锦江主人使用的砚台、文具，许多来锦江的知名人士都使用过，当时唯独锦江具有这种雅士风格，甚被客人喜爱。

的格调、氛围，以及各种装饰、用具，天花板、地板、墙壁，总体的效果是这个不平凡的女子在综合中国、日本、菲律宾和西方的风格后细心雅致地营造出来的。

店面的二楼口悬挂着"锦江"的招牌，长方形乳白色的霓虹灯，"锦江"二字之上是"锦江"的英文"King Kong"。

屋内有一个很有创意的装饰。收款人的背墙上写着董竹君提出的两句话："君若满意，请告诉朋友；君若不满，请告诉我们。"

这句话一直被广泛引用到现在。

除此之外，锦江菜馆对当今饭店的另一个重要影响是首创使用一次性筷子。筷子以松木制成，一掰为二，外套纸套，里面还夹着各种彩纸诗条，供顾客娱乐消遣。

董竹君还特意设立了一个所谓的"特别间"，用于文人雅士或者其他各界人士聚餐，或者革命者密谈。而每次特别间若有"特殊客人"用餐时，女老板董竹君都要派出几位店内伙计在过道上严加巡视，加以关照，高度警惕着前来行刺或暗杀的敌人。这种周到入微的考虑，曾经救过不少国共抗日的地下工作者。

锦江川菜馆凭着可口的菜肴、装饰的高雅和体贴周到的服务赢得了中外众宾客。

从夏之时的一再追杀，到李嵩高的真情相助，再到杜月笙的雪中送炭，像是被谁导演了似地，所有人都在演戏，包括自己办餐馆，包括店里的员工，怎么一

（左）1936年摄于锦江川菜馆内装饰部一角。上挂红木雕刻管灯，下面是鸟笼。
（右）1940年，在锦江川菜馆办公室内办公。

切突然都发生在自己身上了呢？而自己不过是一个单薄的弱女子呀。

　　董竹君感觉自己的人生之路有些不真实，像是在梦中一样。不管怎么说，梦也好，戏也罢，董竹君在上海滩找到了属于自己的位置。她倚窗而立，望着上海的繁华和苍凉，不禁轻轻地舒了一口气。

四、"贵客"光临

这一天，一位奇特的客人也来了。他是大名鼎鼎的杨虎司令官。杨虎任过陆军少将，后任淞沪警备司令。早些年，杨虎的儿子杨安国认夏之时为干爸爸，因此，董竹君算是杨家的亲家母。

杨虎携着太太田淑君，挤在人群中，踏进锦江川菜馆的门槛。

"哎呀，什么风把您给吹来了？"董竹君闻讯，立即迎了上来。

"亲家母真能干啊。"杨虎笑笑，说道，"一个人把个菜馆弄得满上海人都知道了。佩服，真佩服啊。"

相互寒暄过后，董竹君引杨虎夫妇坐进包厢，并亲自为之点菜，推荐了香酥鸭子、棒棒鸡等几个特色菜肴。

杨虎邀董竹君同席，一边吃，一边认真地建议董竹君加入国民党。

"你看，要是你加入了国民党，咱们就是一屋子里人，亲上加亲了。到时，我要关照你，都好办得多呀。"杨虎打着哈哈，胸有成竹地说道。

刚刚还在说笑的董竹君马上意识到了杨虎此次来"锦江"的目的。为了避免加入国民党，而且还不能让两位看出自己有加入共产党的想法，董竹君便让自己假装成一个只会开饭店的，对政治没有什么兴趣也没有什么天分的女子。"哎呀，还加入国民党呢，真是高看我了。我们这些人要是觉悟高到参与政治，就是跟自己过不去了。我现在只想办法赚钱养家！这不，眼下，我还在发愁我们职工这个月的工资发不发得出去呢！罢了，罢了，不说了，想必你们对这些也不感兴趣！就像我对待政治一样！"

听了董竹君这番话，杨虎夫妇默然了，看了看认真的对方，也不好再说什么。

实际上，董竹君说的倒也不是全假。饭店初期，资金的确周转不灵，原本这个月的十七号要给职工们发的工资还没有凑齐，董竹君正考虑着怎么解决这个问题呢。

后来，没有别的办法，她当掉了唯一的一块名贵的手表。

锦江川菜馆员工的工资终于得以如数发放。

送走了杨虎的第二天，又有稀客光临。董竹君迎来了许久不见的陈清泉。

刚刚迈进"锦江"，陈清泉就开始歆歆不已。这气派、这装饰、这氛围，只有董竹君能够做到。因此，见到董竹君的时候，他毫不吝啬地赞叹面前的这个女人。

"这真是士别三日，当刮目相看啊！"陈清泉笑着说道，"我也见过许多饭店，但像你这么费心费力，搞得这么有品位、有情调的实属罕见。"

"过奖了。"董竹君优雅地笑笑，请他到楼上的雅座坐下。

"我说的是内心话。你把饭店弄得像景点一样，不来这里吃一顿，看一眼，仿佛没来过上海似的。真了不起啊。"陈清泉诚恳地说道。

"哪有你说得这么夸张呀。"董竹君说道，"我不过是尽力而为罢了。"

尽力而为能成事，当然就不错。许多人尽力了，可是没有办成事。更何况，你尽的力可不是一般的力，而是心力、智力，是全部的心血。陈清泉这么想着，一直认真地看着董竹君。对这个恋恋不舍的梦中人，他的眼睛里真有千言万语一般，却竟然讲不出一丝一毫。

董竹君刚要说什么，忽听得楼下的声音混乱不堪，还夹杂着砸碎的声音和女人的尖叫。

"对不起，失陪一会儿。"董竹君赶紧向陈清泉告辞，匆匆下楼查看情况。

陈清泉看着董竹君华丽地转身，他告诉自己，这个自强的女人不会是自己的。他低下头，取下白色燕窝中心的红色蜜饯。楼下的吵闹声越来越大，陈清泉有些不安：这么一个优雅的女人能够镇得住上海滩上的恶势力吗？

董竹君异常沉着地走到闹事现场，了解情况。

原来，闹事的带头人是当今上海滩上某强势帮会头子的干儿子，一个从小横行霸道惯了的小流氓。他点名要在今天的十九岁生日上吃到香酥鸭子。可是，店员告诉他，鸭子已经卖完了，因为这些天生意一直很好，原料的供应就显得捉襟见肘。

"老子今天十九岁了,你知道不知道!这么重要的日子,老子想吃一只鸭子,你都没有,这样的鸟店子还开它干什么?"小混混狠命地一拍桌子,把全屋子的人狠狠地惊了一下。

"少爷,真对不起。今天的这道菜已经卖完了。您明天再来好不好?我们明天会为您留着两只的!"店员低声下气地说道。

小混混眼角一横,又是狠狠地一拍桌子:"明天?明天就不是我黄某人十九岁生日了!你这笨鸟,知道生日有几天吗?爷爷我告诉你,一个人每年的生日就只有一天,一天!懂吗?!"

董竹君正待开腔,却听到门口传来一个熟悉的声音,替她打着圆场。"哎呀,这么帅气的小兄弟,在这里生气干嘛?人家店里的香酥鸭子的确是卖完了。凡事有顺序,客人有先后,先来的吃完了,后来的可以吃别的美味呀。"

"老子今天就吃定香酥鸭子了!"小混混搞不清来者是谁,不买账。

"哈哈哈!"戴季陶随着爽朗的笑声走进店内,"小兄弟,过生日主要不讲吃喝,讲究什么呢,快乐呀!只要快乐,吃啥都甜嘛!"

大家的眼光顿时聚焦在戴季陶身上,董竹君也有些吃惊,真是来得早不如来得巧啊。

此时的戴季陶乃是国民党政府的高官,蒋委员长的大红人,来头自然不小。

有人在小混混面前嘀咕几句,小混混瞪大眼睛,感觉有些不相信,内心却已经是惧怕了三分。

"快乐,好……快……乐……咱今天不吃了,不吃了……今天不吃了……"小混混尴尬地摆摆手,又冲戴季陶拱拱手,然后叫着几个弟兄,灰溜溜地离开。

"小兄弟,今天对不起了。明天再来,一定保你满意!"董竹君趁机好语相送,态度十分诚恳。她并不希望借戴季陶的威风,把人家吓唬一顿。不管什么人,董竹君的原则是,冤家宜解不宜结。开饭店,搞服务,尤其这样。

送走闹事者后,董竹君客气地把戴季陶一行人请进里面屋子。

"戴先生今天光临'锦江',真让竹君感到格外的惊喜。"董竹君这么说道,算是道出了刚才戴季陶为她解围的感激之情。

"原本早该来的,因为诸事缠身啊。"戴季陶说完,话锋一转,道,"你跟之时的事我知道了。你们分开后,他还找过我。唉,之时这个人……不说了,不说了。看到你现在这样子,真替你高兴。"戴季陶当然不会当面说出夏之时曾经希望他逮捕她，置她于死地。

"谢谢戴先生理解。"董竹君对夏之时企图迫害她一事是略知一二的，见对方不愿意提到夏之时，她立即转移话题，"戴先生日理万机，从南京来上海，不是为了来看看我这个落魄之人吧？"

"哪里的话啊。你现在可是光彩照人，风光得很啦。"戴季陶停了一下，认真地说道，"这次来上海，是参加一个会议，顺便抽空来看看你。"

"谢谢戴先生。"董竹君一面为戴季陶添茶，一面暗想这样的"大人物"登门绝对不是真的只是来看看。

"有什么困难吗？"戴季陶面带善意地问道。

"哦。还算好。"董竹君说道，"刚才你也看到了，类似的闹事也经常出现。上海滩上太混乱了，你们要是能出面管一管，我们小老百姓就会开心得多。"

"哈哈！"戴季陶干笑了一下，说道，"你这不是批评我们管理不力吗？"这时，他忽然摇摇头，说道，"这么大的地方，什么人都有。特别有一些组织从中操控、作乱，政府想管都管不过来呢。"

董竹君听出话里有一些泥沙，不想再纠缠，便说道："随便说说而已。我太忙，戴先生先用茶，楼上还有人在等我，失陪一会儿。"

"你就不想找个政治上的后台吗？"戴季陶突然说道。

董竹君一惊：难道上回杨虎向自己提出加入国民党遭拒，他去跟戴季陶说过，所以今天戴季陶也来当"说客"了？董竹君想到这里，重新坐回座位，回答道："一个小老百姓，又不想升官发财，只要图个平安，活得自在就行了。没有政治上的后台，难道就做不到这一点？"

戴季陶没想到董竹君会反将一军。他尴尬地笑笑，道："当然不是。好吧，你去忙吧，我用完餐就走。"

有人说，董竹君很有远见，硬是不愿加入国民党。否则，她的后半生就一定不是现在这个样子。其实，董竹君也不是什么神仙，能妙算日后如何如何。她当时只有一个信念：自己一家受苦受难都是当时政府无力造成的，她的骨子里是一个反对旧制度的人，她的新思想支撑着她朝着火热的梦想进发。

在董竹君的用心打理下，锦江川菜馆的生意十分红火，不少达官贵人都前来用餐。有一天，默片时代的头号明星查尔斯·卓别林访问上海，他点名要吃锦江川菜馆的香酥鸭子。吃完后，回味无穷，他竟当众表演了自己的拿手哑戏，令董竹君和她的员工喜不自胜，掌声如雷。

生意好，赚钱就容易。有了经济基础的董竹君不忘穷苦百姓。为了救济他们，董竹君特地在菜馆后门开了个赈济通道，让那些流浪汉和乞丐们来此免费用餐。

半个月后的一天，当董竹君为流浪汉和乞丐们打饭时，竟意外发现了当年在长三堂子关照过她的孟阿姨。此刻，她已双目失明，骨瘦如柴。孟阿姨颤巍巍地伸出手。

"这不是孟阿姨吗？大娘，我是阿媛啊！"

老人一听，手中的碗掉在地上，双手激动地在空中乱舞。

董竹君像被电击了一般，浑身一颤，差点栽倒。她赶紧叫人将孟阿姨扶到店里，"我到处找您。可谁也不知道您去了哪里。"

孟阿姨老泪纵横，半天才平缓下来，轻轻地说道："阿媛，我以为这一辈子再也见不到你了。"然后，孟阿姨断断续续地告诉董竹君，打从她逃出长三堂子，她和三宝都被痛打一阵，被驱逐出了堂子。三宝更惨，被赶出前，还惨遭到两个大兵的轮奸。三天后，痛不欲生的三宝跳进了黄浦江。这些年来，孟阿姨听人说过，阿媛到日本去了，发达了，后来又到四川去了。孟阿姨天天为她祈愿，眼睛早就哭瞎了，天天上街乞讨。前一阵，听人家说，锦江川菜馆有一个免费吃饭的地方，她就摸索着过来了。

"阿媛，菩萨显灵了。让我摸摸你。"老人说着，抓住董竹君的手，往身上摸去。

一名男员工试图拉住脏兮兮的老人。但被董竹君制止了。

往事如烟。终于，董竹君忍不住，一把搂住孟阿姨，泪流满面。

"大娘，从今天起，您再也不用出去了。我要供养您，为您养老送终！"董竹君坚定地说道。

一颗颗无声的泪水从孟阿姨深深的纹槽里潸然滑下……

五、"锦江"拓展

这些日子，陈清泉一直待在锦江川菜馆里。他不想离开这个地方，只因为董竹君在这里。他看见董竹君处理事情有条不紊，干脆而果断。这样一位漂亮、能干和贤惠的人怎不让他魂牵梦绕？

一个有妇之夫爱上一个单身女人，他是新潮的，但是他被传统和宗教狠狠地束缚着，他只能力所能及地帮助她一些，竭尽所能地多跟她交流一些，做个最好的朋友，其他的，他什么也做不了。

而她，即便知道他的感情，也是不会做出违背道德的事情的。她只会尽力地减少或减弱他的感情，如果她可以驾驭他的感情的话。

除此，便是聪明如她的人，也无济于事。

1936年1月28日，在自己36岁生日的这一天，董竹君在上海复兴公园附近的华龙路上开办了当时颇具小资情调的锦江茶室。选择这个日子，一是这个日子本身很吉利，二是为了对自己本命年做有意义的纪念。

除了供雅士休憩、谈天，锦江茶室对于从事地下革命工作的人来说，也是一块福地。

对于共产党的工作，董竹君从旁帮助是不容忽视的，这种帮助包括经济上的资助和空间上的支持，甚至还包括人力上的，如革命者在独室商议重大事项时，董竹君会派可靠的员工守望四周，一旦发现情况异常，立即通报当事人。

1936年摄于锦江茶室门前。

当不能直接奔赴战场，当不能直接上街游行，董竹君便以这种方式接近革命义士，接近心中的梦想。

为了提供优良的服务，锦江茶室开门前，登报招聘女服务员。

当时的上海，能够让女性工作的职业很少，女服务员也不多，即使有，也已被老板逼良为娼，从事的是暗无天日的"有色"服务。

因此，董竹君一方面考虑到为女子谋职业，另一方面，将招聘进来的女子定期培训，除了教育她们独立自主和以新思想来武装头脑以外，还教她们珍惜自己的身体和人格。

董竹君招来锦江茶室的女服务员，不仅人长得漂亮，而且作风正派、知书达理，常常被人津津乐道。《大公报》女记者蒋逸宵在《职业女子访问》写专栏，专门表扬锦江茶室的女招待员。

不久，锦江菜馆和锦江茶室的清洁卫生博得了法租界工部局的认可。法工部局颁发给"锦江"一张A字执照。这也是法国工部局为上海滩上的中国企业颁发

（上）锦江茶室大厅。
（下）锦江茶室每日满座的盛况。

的数目极少的此类执照。"锦江"是第三家。这类执照的颁发，实际上是法租界工部局向西侨保证该店清洁可靠的标志。

A字执照的颁发为锦江菜馆和锦江茶室增加了很大、很雄厚的资本，董竹君的家人和好友都为董竹君感到由衷的高兴。

然而，这个思想新潮的女子却颇不以为然。

她情绪有些激动地反驳大家说："在自己国家的土地上开店，为什么还要拿别人颁发的证件，并引以为荣？"

此言一出，闻者动容。

董竹君的倔强和爱国使她不去信仰这个法国人颁发的证件，而是以更高的要求管理"锦江"两店，让法国人见证中国人自己创办的饭店清洁可靠，甚至优于外国人开办的饭店。

董竹君是个要强的女子。在外人看来，她把锦江川菜馆和锦江茶室经营得井井有条，红得发紫，而且人缘和运气都那么好，似乎一切都简单得很。然而，董竹君在内部经营的心酸、艰难，鲜有人知，无人可以理解。

生意的红火，遭人嫉妒。领头的厨师因嫌老板不给他这个大功臣加钱而闷闷不乐。后来，他开始在做菜时偷工减料，并顺手打起了厨房里原料的主意，从中渔利。

董竹君检查厨房时，几次都发现原料的订货数量与实际用过的数量、剩余的数量不相吻合。经过询问、调查，她发现是领头的厨师从中捣鬼，每次下班，他都要偷走一些昂贵的原料。

这个问题很棘手。

工资不是随便就可以更改的，毕竟这样的私有饭店，运营效果不一定一直不变，必须有结余资金以备以后的不时之需。而他的行为已经在全"锦江"人中传遍，若不采取相应的措施，"锦江"便成了没有任何规章制度的饭店，毫无纪律可言，日后的发展必定会因此而受到阻碍。可是，作案的这个领头师傅是董竹君托人从四川聘任过来的，烧出的四川菜很地道，赢得了很多顾客的喜爱。这也是这个厨师有恃无恐的原因所在。他本能地认为，董竹君拿他没办法。

可是，流动的水不会因某个人的去留而改变流向。董竹君思考了三天，最后决定，开除领头的厨师以及他带来的所有与之相关的人。

此举一出，全店哗然。有人鼓掌，有人歔欷，而更多的人则在徘徊观望。

"锦江"是个刚出生的婴儿，不能存留任何的蛀虫、蛔虫，这是董竹君的真实想法。与其让身体长出肿瘤，甚至癌变后再去治疗，不如趁早下定决心，长痛不如短痛。这是董竹君的风格。

领头的厨师未曾想过有如此之大的处罚，他气恼地扔下工作服就走。走时，还对"锦江"以及"锦江"的主人咒骂几句。最后一句是："咱们走着瞧！"

董竹君面不改色，心里的话却是："好！我董竹君不相信，走了你，'锦江'就运转不了！"

这时，不明事理的员工在董竹君的背后议论纷纷。

"领头的走了，我们这里的菜还能那么好吃吗？"

"师傅已经成功地套住很多顾客的嘴了，这一走……还有顾客吗？"

"咳，到底是女人家，感情用事！罚几个小钱不就完事了吗？"

"明天的'锦江'，将关门大吉！……"

这些议论，董竹君都听到了。她微笑着，泰然处之，"你们去议论吧。有我在，'锦江'就不会塌下来！"

第二天，新一轮厨师全部上阵。董竹君亲临现场督阵，她还做了几道拿手菜，顾客品尝后，连声叫好。须知，董竹君曾经在成都生活多年，当时家里的烹饪全由她一手操持。她不仅能做地道的四川菜，对于从小生活在上海的她而言，做上海菜也颇有心得。

就这样，接连三天，董竹君与厨师同灶献技，她综合四川菜和上海菜之所长，创新出几道新菜，顾客普遍反映："你请了什么地方的新的厨师吧，这菜真好吃啊！"

干练、新鲜、强力的新队伍在董竹君的亲自带领下，用实际行动，堵住了所有消极者的嘴巴。

董竹君的智慧让所有人见识到了什么是智慧，什么是精明和干练。

1936年在"锦江"茶室内,由著名摄影家郎静山所摄。

锦江川菜馆开业后第一次去照相馆摄影留念。（1936年）

六、郭沫若献诗

1937年7月7日夜,日本侵略军在北平西南的卢沟桥附近,以军事演习为名,突然向当地中国驻军第二十九军发动进攻,第二十九军奋起抵抗。8月13日,日军又进攻上海,同样遭到中国守军的顽强抵抗。

至此,中国结束了对日本侵略者步步退让的不正常状况,开始了有组织的全面抗战。

中国共产党面对民族危亡的严重形势,率先捐弃前嫌,主张国共停止内战,一致对外,共同挽救中华民族。

1937年8月,中共中央在陕北洛川召开政治局扩大会议,通过了《抗日救国十大纲领》,作为领导全国人民争取抗战胜利的根本方针。

在中国共产党的倡议和督促下,1937年9月,国共两党抗日民族统一战线正式宣告成立。

董竹君在抗日洪流中,积极捐献财物支援前线,资助共产党人渡过生活难关,掩护共产党员进行革命活动,为抗日积极贡献着自己的力量。其中,特别值得一提的是,董竹君对郭沫若的帮助。

郭沫若是四川乐山县人,粗算起来,郭沫若与董竹君是半个老乡。

抗日前夕，郭沫若从日本回国，一直居住在上海捷克人开的公寓里，深居简出，生活起居诸多不便。

担心有人暗害郭沫若，为老乡的安全考虑，董竹君特别派人给郭沫若一日三次地送餐，这情状持续了将近一个半月。

以当时的紧张情势，很难想象，没有董竹君的这份支持，郭沫若该如何在上海熬下去。

为此，郭沫若十分感动，称赞董竹君为一饭救韩信的"漂母"，还写诗填词，以表谢意。

患难一饭值千金，而今四海正陆沉。

今有英雄起巾帼，娜拉行踪素所钦。

新中国成立后，董竹君将全部家产——锦江川菜馆和锦江茶室捐献给国家时，但她留下了郭沫若为她填写的这首《沁园春》：

国步艰难，寒暑相催，风雨所飘。叹九夷入寇，神州鼎沸，八年抗战，白浪天滔。遍野哀鸿，排空鸣鹏，海洋仇深日样高。和平到，望肃清敌伪，除解苛娆。西方彼美多娇。振千仞，金衣裹细腰。把残铜废铁，前输外寇，飞机大炮，后引中骚。一手遮天，神圣付托，欲把生命力尽雕。堪笑甚，学狙公芋赋，四暮三朝。

此诗一直悬挂于董竹君北京家中的客厅里。从中，可见两人友情之深厚……

1937 年 8 月 13 日，沪战发动，上海的刊物如雨后春笋，蓬勃发展。然而，11 月 12 日，中国军队退出上海以后，原先风行的日刊、周刊、旬刊、半月刊等纷繁多样的杂志渐渐地销声匿迹了。

这时，平素喜欢阅读杂志的董竹君很是苦闷、孤寂。她没有办法从杂志中获取当前的时事新闻，没有办法汲取先进的思想文化。走过了一个又一个的书报摊，她没有找到自己想要购买的杂志。

怨人不如自怨，求诸人不如求之己。根据这样的市场现状，董竹君决定自己创办一份杂志，一份能代表妇女的声音的杂志。

于是，董竹君和《大公报》女记者蒋逸宵创办了《上海妇女》杂志。董竹君负经济全责和对外事务，蒋逸宵任总编辑。这本杂志办得有模有样，令人对董竹君刮目相看。

值得高兴的是，董竹君力邀许广平参与该杂志的撰稿。这本杂志出版三十六期，共十八个月，后来虽然遭到当局封杀，但董竹君与许广平的友谊却为风雨苍黄的乱世岁月留下了一段佳话。

七、感恩的心

"锦江"的成功终于使得董竹君从经济上完全取得独立,但董竹君却没有像一般暴发户那样染上满身铜臭气。她的人格魅力和经济基础并不是成反比例发展的,相反,她的经济状况越好,她越是坚守一颗平淡的心,一颗善良的心。

一日早晨,董竹君来到好友郑素因女医师的家做客。

郑素因原来不是董竹君的朋友,她是董竹君的债权人,曾经对董竹君有过激烈和过分的索债行为。

早在董竹君和夏之时分居的日子里,她曾向郑素因借了三百元,用作母亲的安葬费和平日里的债款。由于经济好长一段时间没有起色,这三百元一拖再拖,连利息都还不清。于是,郑素因在屋子里指着董竹君的鼻子破口大骂,还找了一个不知天高地厚的商人帮腔。当时实在无法,董竹君只有唯唯诺诺地表示,过些日子,一定全部还清。

"锦江"开办半年后,董竹君总算连本带利地把这笔钱还清。

还清债款后,董竹君和郑素因一直都是好朋友。

刚在院子里的亭子里坐下不久,董竹君就听见门被猛烈撞击的声音。

保姆、管家纷纷上前,狠命地顶住门。

董竹君猜出是捕房来查大烟了。

她赶紧跑到郑素因睡觉的卧室里,帮助睡眼惺忪的郑素因将烟具藏在零乱不堪的床底下,然后,急匆匆地协助郑素因音从一楼的阳台跳出去,逃到别处避难。

这时,门正好被捕房的人撞开。

"人呢?烟呢?"这伙人没命地叫嚣道。

董竹君和蔼地招待他们坐下,喝茶。她其实很清楚,他们也只是以查大烟为由敲竹杠赚钱的,并不是真的来替上面查禁大烟。

捕房的人并不认识董竹君,不吃她这一套软的。随即,他们闯入屋内搜捕。

一会儿,一人兴冲冲地拿着一根烟枪跑出来:"物证在此!"

这伙人气焰更加高涨,为首的乖戾地走到郑素因妈妈的面前,厉声问道:"人呢?都有物证了,人跑哪儿去都是白跑!"

"对!"同伙们大声帮腔,"让你们的郑医生拿出四根金条,我们就毁掉这根烟枪!否则……"

郑妈妈吓得连连摆手,什么也讲不出。

董竹君从旁解围,说道:"各位兄弟,若是为了几个小钱为难了老太太,自己还要受良心谴责不是?这样吧,郑素因现在有事不在,钱由我来出吧。"

"好!你这个女人口气够大的!你是谁?"领头的嚣张地问道。

"我先自我介绍一下吧。我是董竹君,'锦江'的主人,早上来看望好友郑素因。欢迎各位有空到'锦江'做客……"

刚说到此,捕房的人一惊,忙不迭地向"董先生"问好。

结果,三两银子就把烟枪给毁掉了。

郑素因为此对董竹君感激不已。

日后,郑素因去日本留学,董竹君免息借给她五百元,并每月给郑妈妈汇送生活费二十银圆。

董竹君对女儿们讲起这些事情,懵懂而单纯的心灵还不是很懂得妈妈为什么要如此"仁至义尽"。

董竹君淡然地说道:"孩子啊,人要懂得感恩。当年,她借钱给我的时候,我们刚认识,彼此互不了解,没有感情基础。她肯一下子就借给我那么多钱,解决我们的燃眉之急,说明她是个有情有义之人。后来人家逼债,也是情有可原,欠债还钱,天经地义,她肯定也有她的难处。想想看,如果没有她当年的三百块,我能够有今天吗?她帮我,我帮她,然后我们联手帮助更多的人。我记得有一次,做点心的李师傅的妻子刚刚生完孩子,子宫出血,又发着高烧。李师傅又急,又没有办法。我立刻找到郑素因,请她为李师傅的妻子手术。那天,郑素因是主刀大夫,我做'护士',我们一直在病床前并肩作战,从半夜直到天明。"她抬起头,似乎是回忆起当时的情形。她笑了,由衷地笑了。"慢慢地,我们交往多了,逐渐明白对方是什么样的人,也逐渐明白,其实对方就是值得自己交往的朋友。友谊、爱情都可以这样解释!"

讲到这里,她又想到了已经从她身边离世的孟阿姨。没有这个善良的人,当年,她在长三堂子能够避免一次次险情吗?董竹君总是愿意记住人家的恩德。"投之以木瓜,报之以琼瑶。"她以恩报恩,她释放的能量更多,影响也就更大。

女儿国琇终于明白了妈妈的做法。她抱着董竹君,轻轻地发自肺腑地说道:"妈妈,你是我的骄傲。在这个世界上,有你这样的好妈妈,好幸福啊!"说完,国琇的泪水打湿了俊俏的脸蛋。

经济基础雄厚以后,董竹君时刻记得修养身心。除了教育孩子们如何理智地处理友谊和爱情以外,董竹君更是不忘教导孩子们饮水思源、忆苦思甜。她很警惕生活日益富足的孩子们的花钱方式。

有一次,她有意要求小女儿国璋乘火车从上海到南京去救济一位穷困的亲戚:"你一个人去,路上要小心。"

国璋临走时,董竹君给了她很多钱,有一定数目的救济款,也有一些路上的费用。

十几岁的国璋一个人坐上了去南京的火车。

董竹君忍着对孩子的疼惜,冒险让最小的女儿体验一次异样的生活。

国璋到达南京时,下关城门已经关闭。看着妈妈给的费用,她没有花钱去附近找个旅店睡觉,而是在城门脚草草地歇了一夜。

天亮,城门打开后,小国璋进城,把钱如数交给了需要的亲戚。

回到上海的家里后,董竹君对女儿的行为表示赞许。

而国璋对董竹君说道:"其实,城门脚有很多睡着的人,我认为我也可以和他们一样睡在那里,而不用花钱住在舒服的旅店里。因为妈妈教育过我和姐姐们,要有坚强的意志和勇敢的精神!"

听完女儿的话,董竹君激动地把女儿紧紧地搂在怀里。

除此之外,董竹君从不允许孩子们随便出入"锦江"两店。因为进进出出的人们不仅仅只有进步人士,更是有不计其数的三教九流的陌生人,她不希望孩子们看到任何不属于她们的稚嫩而单纯的世界的人和事,沾染十里洋场的一丁点恶习。

董竹君的心血没有白费,那些受苦受累的日子没有白过。她用心播下的爱的种子发芽、开花了。她的心像蓝天一样空旷、悠远。

八、爱情与阴谋

"锦江"两店常有国民党要员甚至中外的一些重要政客、领导人物出入。人们摸不清董竹君这个奇女子背后到底有多少鲜为人知的社会关系。有了这一层特殊关系的笼罩,上海滩上各种帮会的流氓阿飞再也不敢来争斗闹事了。

"锦江",这个初生婴儿终于可以相安无事地健康成长。

全面抗战开始后的一天,锦江川菜馆来了一个重量级人物:张翼枢。此人是法国工部局董事,法国哈瓦斯通讯社上海分社负责人。他直通法国政府,连蒋介石都要联系他,并敬畏他三分。

张翼枢到了预定的雅座坐下,吩咐招待员叫经理过来。

董竹君闻讯,不敢怠慢,立即身穿一袭白色 sharkskin 绸料的连衣裙,白色高跟鞋,袅袅婷婷地站在张翼枢的面前。

真是百闻不如一见啊。张翼枢被眼前的女子那优雅而高贵的气质所折服。他站起来,彬彬有礼地打了个招呼,然后示意董竹君坐下来,眼睛却不敢看她。

"杜先生已经回到香港了,以后你有什么事情需要帮忙的话,可以找我。"张翼枢十分客气地说道。

"多谢张先生的好意。"董竹君矜持地笑笑。张翼枢所讲的"杜先生"当然是指大名鼎鼎的杜月笙。董竹君心想:我在上海滩上立足,可不是仰仗他的帮会势力。虽说在起步阶段,他帮过我的忙,但我的心里记着了。一事不掺和二事。

张翼枢居然久久地望着什么地方出神。

董竹君心想：这样的大人物难得一来，不会只来说说"杜先生"的事吧。她期待着，看他究竟要说什么。

张翼枢终于憋不住了。他将目光收回来，突然灼灼地盯着董竹君，脸上的表情有些怪异。

"董先生，"张翼枢喝了一口茶，像下了好大的决心似地，终于开口道，"对于你的过去，我很清楚。其实，我一直都很欣赏你，欣赏你的才干、美丽、智慧和勇气。想必这些话你也不是第一次听到了，但我还是想说出我的想法。"

董竹君还是没摸清这个人要说什么，便轻轻地笑了一下，说道："张先生过奖了。"

"董竹君，你听我说。"张翼枢忽地红着脸，将"董先生"换成了"董竹君"，并提高声音说道，"我已经爱慕你很久了。这一次来，我就是要向你说出我的心里话！"

董竹君一惊，看着张翼枢吐出的烟圈氤氲在空气中，她悄然一笑："张先生应该是个很率真的人，第一次见面就要把自己所有想的全部都说出来。"

张翼枢擦了擦额头上的汗，笑了笑，他听不懂董竹君是在褒奖还是贬低。

沉默了一会儿，张翼枢说道："一个女子在大上海经营事业，没有强大的后盾是很艰难的。我是个实用主义者，我们联合，将会是珠联璧合，完美的搭配。你的商业之路会走得更顺利、更长远，我的仕途也会走得更平坦、更开阔。董竹君，你认为怎么样？"

"啊？"董竹君没想到张翼枢说得这么赤裸裸，她一时反应不过来，心里有些乱，"张先生想得真是周到。可是我……张先生的心意我领了……但是，这个问题很复杂……"

"很简单。一点儿不复杂！"张翼枢摆手，示意董竹君不要继续说下去，"你应当清楚，我不是情场高手，我只有一个太太。我对董先生的欣赏和爱慕是由衷的，只希望董先生给我一个明确的答复，不要跟我说没用的套话。"

"这是一件大事。我毫无准备。"追求董竹君的人很多，用各种方式暗示或求婚的人也很多，可她还从来没有见过如此直截了当的人。

"那当然。"张翼枢表示同意，但他又说道，"不过，这么些年来，你一直一个人生活，想必心中也有一个期望，我希望自己就是你期望的那个人。"

这倒也是真话。一个人生活，虽说简单、洒脱，可夜深人静的时候，那份孤独、寂寞并不好受。

"我是真心为你好。"张翼枢见董竹君似乎被说动，又趁机加上一句，"当然，也是为了我自己好。"

董竹君从张翼枢的话里听得出这个人的直爽、精干和多谋。以张翼枢的身份和社会地位，他想找什么样的女人都不是难事。因此，她认真地想了一下，叹了一口气，说道："我可以答应跟张先生在一起。但前提是：你必须和太太离婚。"

"你……"张翼枢很惊诧董竹君提出这样的要求，"可是……"

可是，如果他真正了解董竹君的过去的话，他应该听说过董竹君当初跟夏之时成婚时，董竹君提出的三个要求，其中有一个即是：董竹君要求做正太太，而且只能是一夫一妻。

如出一辙。

一个女子很需要对男人提出这样强势的要求，为了自己，更为了使那个男人懂得珍惜。

但是，根据身份、地位、家庭、感情等等各方面的考虑，张翼枢是不会跟结发妻子离婚的，董竹君只能做小。

这个尖锐的要求让张翼枢有些挫折，他改了一种口气，说道："董先生，您还是再好好想想吧，没有政治和经济后盾，一个女子在当今的上海滩做成一番事业是有很多难题的。"

将"董竹君"的称呼再一次换回成"董先生"，这是一种退缩，一种自保。董竹君明白，如果真的做他的"小老婆"，两人联手，她会立即成就"大事"。然而，她不会为这样的"大事"而放弃自己的原则。

"张先生，你不离婚的前提构不成我们在一起的结果。"董竹君清楚地说道。

张翼枢尴尬地点点头："那……那让我回去想想吧。"

"但愿你能想清楚。"董竹君不卑不亢地说道。这句话的潜台词是：你要清楚，能不能跟太太离婚；你要想清楚，能不能跟我结婚；你更要想清楚，无论是前进一步，还是原地踏步，你是值，还是不值。

张翼枢说了一声"我明白"，便抱拳离开了。

第二天，张翼枢再次来到店里，找到董竹君，话也不说，只从西服里面的口袋里掏出一个精致的细长的盒子，里面是一块精致的女表。"我把这个送给你吧。"他将女表递给董竹君。

董竹君疑惑地看着这个表情有些沮丧的男人："这……"她想婉拒。

"请董先生收下，给我一个面子。"张翼枢看着董竹君，说道，"我想清楚了。虽然我们不能走到一起，但希望我的这个礼物能使董先生记得我，一个真心爱过你的男人。"

董竹君脸上飞起一朵红云，只好礼貌地收下女表，说了一句："谢谢您，张先生。"她真不明白：眼前这个身份"高贵"的人是如何爱上自己的。难道这是一个人的爱情？

张翼枢没再做任何表示，喝下一口茉莉花茶，然后，把茶杯轻轻地放在桌上，十分绅士地看了董竹君一眼，走出雅座，走出"锦江"，将高高的背影留在忧伤的时间里。

董竹君一直送张翼枢出门。

他坐在车里。

她看到他在哭。

她一阵战栗，被这个男人的柔情所感动，只是她的感动还没有升华到感情。

"这是个顾家，又懂得尊重女性的男人。"董竹君喃喃自语。正因为两全相较，难得其美，所以他才没有运气和她在一起。

突然之间，她想到了夏之时。这才发现，原以为自己在心中已将这个人赶得远远的，可是，丰富的情感里竟然还为他留下了足够的位置。此刻，他在哪里，他在做什么？

这正是：抽刀断水水更流，举杯消愁愁更愁。

成功的女人在灯红酒绿中，不仅只有感情上的诱惑，更有经济和政治上的干扰。在董竹君那个年代，这种诱惑和干扰尤其司空见惯。

抗日战争中，上海沦陷以后，当时被称为"敌伪杜月笙"的潘三省在上海的声名鹊起。这个懂英文、日文的上海十里洋场的头号人物在抗日中失了节，投靠了日本帝国主义。

1940年冬季的一天，潘三省带着几个日本人几次来到锦江川菜馆，要求见主人董竹君。

董竹君知道潘三省的政治倾向的错误性和危险性，但是为了"锦江"在上海的生存，她只能出面接见几位"特殊顾客"。

没有什么客套，见面后，潘三省直接提出，要董竹君在北四川路日本军部开办的虹口旅馆内开设"锦江"分店，以这样的方式和日本人搞好关系，他们便可在日本政府的许可下做内河运输生意。

"这可是你发财的好机会！更是日本皇军对你的信任！"潘三省居高临下地说道。

的确，如果撇开政治，这是一个发财的机会。但对方一句"日本皇军"令人感到肉麻，浑身的不舒服。

事实上，董竹君早就猜到来者不善。只是没想到潘三省会提出这样一个出其不意的要求来刁难她。显然，这是一个阴谋。只要入了日本人的"道"，要摆脱它，便不那么容易了。董竹君暗暗告诫自己：一定要想方设法，逃脱日本人和潘三省共同营造的可怕的樊笼。

"谢谢潘先生给我这个机会。"董竹君轻轻一笑，接着以"需要时间寻找正宗的高级四川厨师"为由，躲过了潘三省的初次提议。

"我们给你时间，好好考虑。"潘三省离开前，不阴不阳地说道。

董竹君知道，这一伙人不会善罢甘休。

果然，第三天，潘三省再次来到"锦江"，而且是一个人来，内容跟上次一样，只是放出的诱惑更大一些，包括日本方面的经济支持，等等。

但董竹君仍然以正宗厨师难找为由，再一次推脱。

往后，潘三省来的次数更加频繁，每次来都直截了当：催促着董竹君去虹口旅馆那边开设"锦江"分店。

董竹君一次又一次以"正在面向各地努力物色高级厨师"为由，搪塞了过去。

"你不要敬酒不吃吃罚酒！"潘三省由悻悻然到愤愤然。

乌云压境。董竹君预感到灾难随时可能到来。

几次三番，潘三省和日方渐渐认清了董竹君每次声东击西的本意，那就是：她不会在虹口宾馆开设"锦江"分店的。其实，开不开分店无所谓，有所谓的是愿不愿意跟日方合作，这是一个立场问题。既然立场摸清楚了，与日方不在一个道上，那么，它就只能是反日的。每天店里来来去去的人，就都有可能成为反日的可怕的力量。潘三省这么想，并且向日方献计：杀掉这个不识好歹的女子。

于是，日方针对董竹君的暗杀和行刺也就开始了。

不久后的一天上午，阳光很好。十点左右，一个全身黑色的人闯进了董竹君的家里。他带着帽檐遮住了大半个脸的黑帽，衣领也翻得很高，刚好基本和帽檐相接，只露出两只贼溜溜的小眼睛。

董竹君正在二楼的卧房内休息，听得女儿国琇大声嚷嚷："谁让你不敲门就直接闯进来的！送钢笔有这么送的吗！"

黑衣人竟然装成是送笔来的。

"先生，您到底是来干什么的啊？"保姆感觉不对，也提高声音，问道。

"少废话。告诉我，董竹君在哪里？"黑衣人凶相毕露。

"原来是一个刺客！"一个大厨正好经过，看到黑衣人发飙，迅速举起手中的刀，将黑衣人右腋下硬硬的家伙掏了出来，"你还带着枪！"

国璋、国瑛也闻讯出来，几个人一起抓住了黑衣人。

很快，黑衣人交代了自己行刺董竹君的阴谋。

董竹君将黑衣人交给了捕房。

就这样，日方安排的这个所谓的送钢笔的黑衣人，行刺未遂，暴露了其阴险的政治目的。

虽然此后，董竹君彻底地提高了警惕，但俗话说，明枪易躲，暗箭难防。躲过了初一，未必躲得过十五。因为，不是每一次，都有同样好的运气。

箫声瑟瑟声声急。

鉴于大女儿国琼正在菲律宾学习和表演，董竹君决定先去菲律宾避避风头。

这一走，不知道又有多少的生死关卡等在前面。

但董竹君别无选择，只有前进，再前进。

第七章

颠 簸

　　国内局势不稳，于是，她到菲律宾避难。将门无犬子，大女儿没有辜负她的教育和培养，精湛的钢琴演奏享誉国内外。蓝颜知己再次重逢。一切都看上去美好而顺利。只是，天将降大任于斯人也，必先苦其心志，劳其筋骨，饿其体肤，空乏其身，行拂乱其所为。原计划在菲停留一年，却因为第二次世界大战的时局，她滞留在菲律宾，长达四五年。经历战乱、饥荒、流亡，人生仿佛从另一个新的角度又走了一遍，再一次经历从无到有。每一步，无不为动心忍性，增益其所不能。

一、轰动一时的演出

1937年1月23日上午,阳光很好。董竹君手里拿着一张《大公报》,正在聚精会神地阅读。她仔细咀嚼着报道上的每一个文字,脸上流露出欣慰的微笑。

原来,当天的《大公报》上有一则新闻特写,内容如下。

工部局乐队邀夏国琼女士演奏名曲
夏对钢琴有很深的修养,她希望音乐能够大众化

[本报特写] 青年钢琴家夏国琼(曼蒂)女士,她是从十岁起就学琴的。现在她有二十一岁,她弹琴的成绩也跟着年龄在增长。最近几年间,她完全是在俄国教授查哈罗夫那里学习的,进步得特别快。去年4月到7月,她在日本会见东京帝国高等音乐院的教授大木正夫,新交响乐团的理事长小森宗大郎,音乐评论社长山根银二,他们都对她表示着热烈的希望和赞扬;并又邀她在今年的樱花时节赴日演奏。

明天(24日),本市公共租界工部局乐队邀她在兰心大戏院参加演奏。她答应演奏的曲子,名叫《匈牙利幻想曲》,是十九世纪匈牙利名作家李斯德的作品,曲子的优点是气魄雄伟,须一气弹三十分钟,工部局乐队全体给她伴奏。前两天,她和乐队已经练习过一次,结果很为圆满,因此乐队临时发起公宴，庆祝她的成功。

她对记者说："我对音乐抱着一种志愿；这也许要成为我致力音乐的唯一目标。我感觉到现在中国一般人对于音乐能够理解得很少，原因是音乐界的本身忒不注重教育上的价值。所以，我很希望音乐能够大众化，使一般人都能够欣赏，以达成音乐的使命，获得它在教育上的功效。"

反复阅读完这则新闻，董竹君长长地舒了一口气。当年，夏之时坚决不让国琼学钢琴，而今，女儿学有所成，能够为大众献艺，也算是对她的辛苦的一种回报。她庆幸女儿不仅懂事，而且争气。

而就国琼而言，她把这次演出，当成是社会对她的考试，她希望发挥正常，为妈妈争光。

翌日晚上的这场演出，是由上海法租界工部局乐队组织的，在上海兰心大戏院举行，国琼作为钢琴独奏，盛情演出，该乐队倾力为之伴奏。

董竹君打扮得华丽高贵，坐在优雅的包厢里，观赏了这一场演出。

音乐会上，工部局乐队指挥者是苏联著名的阿费拉先生。国琼弹奏的是匈牙利著名音乐家李斯特（Liszt）的名作《匈牙利幻想曲》。这支钢琴协奏曲具有浓厚的浪漫主义的色彩，在蓝天、白云和海水的背景下，个人自由的感情在高山流水的寻觅中奔涌而出。这支曲子很有力量，气魄也异常雄伟；而它的形式，也与别的作曲家的表现技巧不同。换句话说，这部作品的演奏难度很大，一般地说，没有很深的音乐功底，没有很好的理解，是弹不好的。但是，十岁就开始学习钢琴的国琼，她弹奏得十分投入、流畅，如痴如醉。

演奏完毕时，观众异常兴奋，连声叫喊："再来一曲！再来一曲！"

国琼的台风极好，她一边退步，一边鞠躬，接连出谢三次，最后又加演一曲，并深深地向听众鞠躬、谢幕。但"再来一曲"的喊叫声、欢呼声和掌声依然高涨。

董竹君热泪盈眶，也情不自禁地加入到鼓掌的行列中。

就在这时，最令人感动的一幕发生了：一位热情的男士，手捧一束火红的鲜花，来到台上，单膝跪地，敬献给国琼。掌声和尖叫声四起。国琼优雅地接过鲜花，并轻轻地闻了一下，呼出一口气，然后，径直往前台包厢走来，一直走到董竹君面前，将这一束鲜花，献给了她最尊敬的人。

国琼轻轻地说道："妈妈，这荣耀应该属于您。"

董竹君搂着女儿，泪流满面，说道："孩子，我为你骄傲。"

接过盛开着的美好的鲜花，董竹君擦拭眼泪，思绪万千。

在对国琼的音乐素养的培养过程中，董竹君不仅仅为她聘请优秀而有名的钢琴老师，她也在潜移默化中教育国琼追求音乐的社会功效，通过传播悦耳的音乐而为民众服务。她又想起国琼面对记者的采访时，镇定、从容地讲出希望音乐能够大众化，完成它的使命，达到教育的功效，她宽慰地点点头。她倾注于女儿们身上的心血从来不会白费。

国琼对音乐的社会意义的愿景是从自己的亲身经历中得到的。有一次，董竹君与她一同观看一部苏联电影，电影中有首歌曲《伏尔加河船夫曲》深深地打动了董竹君和她。

衣衫褴褛的伏尔加河的船夫们弓着背、弯着腰、低着头，每个人用肩膀和手臂卖力地拉着一根笨重而粗壮的绳子。他们迈着蹒跚而缓慢的脚步，拼命地拖着硕大的船只沿着河边徐徐移动。生活是煎熬而沉重的，但是他们用坚韧的意志和力量对抗着痛苦和难过，他们哼着悲壮、凄婉的船夫曲，使现场的董竹君和国琼母女俩泪如雨下，深受感动。回家的路上，母女俩情不自禁地哼唱起来，自此，国琼意识到，音乐具有教育和影响的效果，对音乐，对大众，她盼望着自己能够发挥一己之力。她渐渐地做到了。

那是一个不眠之夜。

那是一个美好的，带着音乐余韵的难忘之夜。

那一夜，是属于夏国琼的。

那一夜，更属于董竹君的。

国琼在上海兰心大戏院的钢琴演奏取得重大成功后，全国各大报纸都相继在醒目位置作了报道，国琼名声大震。

之后，国琼应日本音乐界主持人的邀请，原定在1937年樱花节时去日本进行演出。当时，日本的媒体如《每日新闻》、日本国际广播电台等，都以《中国丽人来朝》为题纷纷作了报道。可惜，此次活动因全国抗日情绪的日趋高涨而最终搁置下来。

半年后，福建省主席为支援抗日前线，策划组织南洋侨胞慰问团去菲律宾募捐。他们因赏识国琼的才华，便邀请国琼参加此慰问团的音乐指导工作。

国琼因爱国而欣然前往。

可是不久，刚直不阿的国琼发现许多不对劲的地方。说是募捐，说是义演，各场演出收取的款项都不少，但作为团长的蔡先明并不如实上交钱财，大搞不正之风，令人看不下去。国琼立即当众指出，并呼吁蔡先生践行此行的宗旨。

团长蔡先明恼羞成怒，竟然反咬一口，对马尼拉当局提出国琼是汉奸，要求当局对其驱逐出境。

国琼看穿了事情真相。她在完成慰问团的演出工作以后，立马辞职。可是，辞职后并不能回家，她只能在人生地不熟的当地艰难地捱下来。

那段日子，国琼感觉很暗淡。除了日常在菲律宾音乐学院进修外，国琼在不同的地方做钢琴教师，挣点生活费用，生活穷困潦倒。

菲律宾当时的社会很盛行拜金主义，国琼的衣衫朴素，住房破旧，常常被讥笑、蔑视。国琼默默地坚持下来。

这一切，在国内的董竹君并不知道。

1940年冬，董竹君为避难日本人和敌伪分子的暗杀，坐船从上海出发，历经数次惊险，终于到达了菲律宾。

当时作为菲律宾知名华侨、同时也是"锦江"的老主顾的桂华山迎接董竹君，国琼的菲律宾同学菲列浦闻讯后立即赶来。

他们都向董竹君告知了国琼的实际情况。

母女俩终于见面了。

拥抱。泪水。伤痛。

异国他乡，国琼的音乐梦在咸咸的海水里几近窒息。

为了给女儿洗冤，使女儿在菲律宾社会抬起头，董竹君找到了相关人士来陈述女儿国琼的日常行踪，证明国琼没有任何做汉奸的企图和行为。

一批正义人士怜爱国琼的无辜，在蔡先明苦心经营的"驱逐国琼出境"的妇女大会上，他们纷纷发言，正义凛然地要求，若无充足的证据，绝对不能将国琼驱逐出境。

一场驱逐会变成了昭雪会，蔡先明等人感觉不妙，顿时灰溜溜地逃走了。

为女儿洗却罪名，并恢复了国琼"年轻的钢琴家"的名声后，董竹君很高兴，特意租赁一幢很新式的木板楼房，并配备了适当的家具；此外，她又在菲律宾的大型百货商场为女儿添购了些时髦的衣装。住着体面的公寓，美丽的女儿穿着得体的衣服，这些外在的变化彻底使当地人对国琼另眼相看。

有妈妈在身边支持，国琼踏实了。她认真地进修音乐课程，跟母亲一样，追求革命真理。在学习和生活中，她的音乐天赋得到了较好的体现。渐渐地，国琼的才华被当地人认识，并很快征服、震撼着菲律宾的观众。

1941年，董竹君在菲律宾马尼拉旅行时留影。

  1941年春，为支援抗日前线，马尼拉侨胞举行盛大的募捐音乐会，国琼再度被热情地邀请。

  和国琼同时被邀请的是当时知名侨胞黄一鸣的女儿黄一娇。黄一鸣的先祖在几百年前曾搭船从福建来到菲律宾做苦工，早先是白手起家，靠做一些小生意，勉强过活。后来，经过几代顽强地积累，到二十世纪四十年代时，黄家的家业如日中天，摇身变成腰缠万贯的商业大户。因其财势的强大，黄一鸣的权势、地位随之上升。

  根据观众要求，国琼演奏的是李斯特的《匈牙利幻想曲》，这是她的拿手曲目。国琼所在的菲律宾音乐学院院长要求总统府的乐队为其伴奏。

  显然，这是十分奢华和风光的伴奏。

  这一要求引起黄一鸣及其女儿黄一娇的大大不悦和否决。黄氏家庭在菲律宾经营几百年，声名如此显赫，黄一娇的演奏也是顶级水平的，可哪里得到过这样的待遇？内行人都知道，伴奏乐队的名号往往体现着演奏者的演奏实力和水平。黄一鸣为当地社会做了多少实事，可自己的女儿演奏时，却从来没有人提出请总统府的乐队来伴奏啊。

音乐会举办方不敢得罪黄一鸣的权势,便提出由音乐学院的教授来为国琼伴奏。国琼理解举办方的苦衷,并欣然接纳了。

结果,国琼的钢琴演奏还是取得了空前的成功。

一曲终了,全场掌声雷动。

黄氏父女十分震惊,不得不折服于国琼的演出水平,也不由自主地鼓掌欢呼。

国琼优雅地微笑,频频向台下鞠躬致谢。

正所谓:是金子,在哪里都能发光。

这时,一位激动含泪的华侨对坐在观众席里的董竹君说道:"夏女士的钢琴表演是这次音乐会中最精彩的节目!华侨在菲律宾几百年,都遭人轻视,夏女士总算为我们出了一口气!谢谢你培养出这么优秀的女儿!"

董竹君无语凝噎,千言万语只表达在感谢、爱护的郑重表情中。眼前的一幕,让她想起了国琼在上海兰心大戏院的那次演出,不禁心潮起伏,泪流满面。

董竹君与国琼在菲律宾。

二、"你是我的信仰"

恰在此时,国琇为了报考菲律宾大学音乐学院声乐系,在经得母亲同意的情况下,从上海辗转来到马尼拉,母女三人住在一起。

中国的动荡局势构成了对董竹君的威胁,她深知一年半载回不了国。而两个年轻的女儿在菲律宾的生活也使董竹君放心不下。她开始筹划着在菲律宾开办一个"锦江"分店,以贴补家用。

董竹君向总统府的秘书长询问菲律宾的局势和战事的相关情况,得到的答复是,局势比较乐观,现在很适合开"锦江"分店。另外,以前到过"锦江"的总统府中的工作人员和当地华侨都很赞成董竹君在马尼拉开设一个分店,而且,总统府许诺向"锦江"的一部分中国工作人员发放入境执照。

1941年10月,当董竹君正在家里,高兴地向两个女儿陈述着这些顺利的过程的时候,突然,门外响起了有秩序的、礼貌的敲门声。

国琇去开门。

"陈叔叔!——"

董竹君听到国琇兴奋的喊叫,连忙站起身来,竟是老朋友陈清泉。

许久不见,相顾无言。

更确切地说,此时无声胜有声。

陈清泉穿着黑色西装,里面是打着领结的白衬衣,梳着偏分,油光可鉴。看得出，这一身打扮，很庄重。像要出席什么重大的活动，或者举行什么严肃的仪式。

菲律宾地处热带，一年四季没有严格的季节区分，一年只穿单衣单衫即可度日。因此，陈清泉的打扮显得有些突兀。

董竹君穿着一条及脚踝的白色柔丝质长裙，上身是外翻的西服领的水红色短袖衬衣，脚上是白色高跟凉鞋。

两个的穿着似乎暗示着一种关系，一种可能。他们谁也没有通知谁，却有着莫名的协调。

国琼和国琇已慢慢变成了大姑娘，她们像是看出了什么，不愿干扰母亲和陈叔叔的谈话，便打了一声招呼，一前一后去上学。

剩下两个人站着，有些意外，有些僵硬，甚至，有些尴尬。

回过神来，作为主人的董竹君邀请陈清泉落座。

陈清泉此时是菲律宾 Davao 华侨抗日战争后援会主席，正积极从事着抗日救国的工作。

话题当然是从时局谈起，两个人聊了些许抗日救国的事情，随后又陷入沉默。

越是沉默，董竹君越是觉得有些发慌。她依稀猜到，陈清泉此来必有大事相报。

果然，陈清泉打破沉默，认真地、一字一句地说道："竹君，我已经决定：三个月后，我就要和我的天主教徒妻子离婚，离开我的家庭。到时，我要跟你永远在一起！"

陈清泉口气坚决得不容分说。这种坚决，在董竹君与之交往中，是头一回见到。

"你怎么能……"董竹君异常吃惊，不由得抬起头，不安、也不解地看着陈清泉。

"我决定了。请你接受我的决定！"陈清泉声音有些嘶哑地说道。他给了董竹君确定的答案。

董竹君什么都没有说。对于这段感情，她并没有奢望。她尊重他的妻子，尊重他的家庭。

"我是一个有信仰的人。现在，你是我的信仰。"陈清泉像是解脱了，变了一个人似的。

难道，这就是爱情的力量?

爱情的力量足以改变一个人的信仰?

送走陈清泉后，董竹君陷入了情感的纷繁中。实话说，她需要情感，她需要有血有肉的情感。打从与夏之时离婚之时，甚至早在他们的夫妻关系名存实亡之前,她的情感世界就出现了空洞,不是暂时的空洞,而是长长的寂寞的空洞。这种长时间的寂寞对一个女人而言,并不是好事。然而,对这段感情,她没有态度。虽然,她知道陈清泉不错,多年来总是默默地关爱她,真心想着她,他是认真的,执着的。但是,同为女人,她不想为难另一个无辜的女人。

看着青色欲滴的草地,她轻轻地抚弄着柔软的小草。它们都是一大片、一大片地集中生存,像是一个和谐的大家庭,谁也离不开谁。董竹君突然有些羡慕她们。她的家庭,她的前夫,她的儿子大明,都离她越来越远了,可是,她并不是不想念,想念是因为现实的缺失,因此,想念又沾了一些悲情。从自己的角度考虑,她是真的不想让那个女人失去深爱的丈夫和美好的家庭的。那个女人必定曾经是她的丈夫的信仰,丈夫也更是那个女人的信仰。当丈夫的信仰改变时,那个痴情的女人未必有丝毫的改变。

这就是生活的遗憾,或者缺失。

这是一种无奈,更是一种宿定。

瞧,在两块坚硬的岩石的夹缝中生长出来的突兀的小草,脱离了组织,脱离了集体,不会被人同情悲苦,却会被人歌颂生命力的顽强。

董竹君感觉自己现在就是那略显突兀的小草。它就是要喘口气,才拼命从缝隙里挤出来的。她不需要同情,更不需要以同情的名义陷入新的悲苦的境遇。哪怕有这种趋势或者可能,她都不要。

她要单纯得彻底,固执得透明。她就像一块顽石,风暴也罢,雨水也罢,她高高地挺立着。

与董竹君的迷乱不同,陈清泉回家后,立即采取行动。他希望拜托老友桂华山出面,试图说服自己的妻子,跟自己离婚。

可是,很意外,桂华山拒绝这个请求。"离婚?你疯啦?"桂华山大声嚷道。

陈清泉没有疯,他清楚自己在干什么。正因为清楚,所以,解铃还须系铃人。他不再找别人,求别人,而是自己去跟妻子说。

然而,面对诚诚恳恳、连脸都没有红过、平安相处了十几年的妻子,陈清泉委实没有足够的勇气也没有足够的残忍讲出他为什么会爱上董竹君,他只是,或者故意轻描淡写地说:总之,我爱她,我想离婚。

陈清泉很盼望妻子闻讯后能够大吵大闹,甚至质问他为什么变心,诸如此类。然而,他很失望。这个美丽贤淑的女子定定地看着丈夫,她很难相信有着信仰的丈夫能对自己说出这样的话。她没有说什么,只是点点头,轻轻地,甚至带着宽恕的意味。

他们没有感情裂痕，没有丧失原则的争端，没有不能言语的矛盾。相反，有的是十几年细腻的感情基础。

想到这些，这个笃信天主教的理智的女子没有怪罪丈夫什么。她认识董竹君，也欣赏她的美丽和坚强。她不相信这么一个优雅、有气质的女性会把自己从丈夫身边推开。

如果有一个结，就必须打开。于是，在一个下着倾盆大雨的下午，陈太太按照桂华山的指点，顺利地找到了董竹君的公寓。

董竹君见到这个女人先是一惊，随即招呼她进屋。

"瞧，外面的雨下得这么大，真不好意思。"这是董竹君说的第一句话。

有了这句话，陈太太就放心了一半。她轻轻地叹了一口气，也是意味深长地回了一句："这样的天气，原本是不应该打扰您的。"

两个人的碰撞没有火花，只有理解和歉意。

那天，董竹君身穿一条挺直的黑色西裤，上身是有着蓬松袖口和莲花领子的白色衬衣，头发是烫过的波浪大卷。

"真好看。"陈太太在心里说道，对董竹君微微一笑。

很显然，董竹君知道她此番来访的缘由，她便以特有的优雅回以微微一笑。

"请！"董竹君手一抬，陈太太便跟着董竹君进屋，黑色高跟皮鞋踩在地上，有节奏地响着。

陈太太的脸上没有任何哀怨和闲愁，更多的是微笑和温柔。

董竹君想：这才是真正的爱的信仰。

"我不知道我的丈夫陈清泉是怎么对你讲起过我们的婚姻的，我也没有必要知道你们的谈话内容。我只是想说，我们在一起已经十几年了，儿子已经满十岁，一路走来，虽然平静，却也满足。"陈太太坐下来后，便开始了自己的诉说，"你知道，婚姻的经营需要两个人真诚地付出，相安无事便是两个人用心的结果。自从我嫁到陈家第一天起，我从来都没有碰到'离婚'这个词，做梦都没有，也没有人让我碰到过。"

董竹君轻轻地点头：没有谁愿意碰这个词。

"昨天，我的丈夫对我提出来，让我感到惊讶。当然，这不是他的错，更不是你的错。"陈太太沉浸在自己的情感里，有些喃喃地说道，"我到这里来，不是要揪出谁对谁错。我的目的很清楚，我的立场很坚决。'离婚'二字，我是万万不会答应的。"

董竹君试图说明什么，但陈太太用微笑制止了，继续说道："一方面，我是天主教徒，教义上是不允许离婚的。另一方面，在这个束缚世人的清规戒律之外，是我和丈夫苦心经营过十几年的婚姻，没有一个人忍心白白地亵渎自己的努力和付出。你说呢？"

"放心，我不会做出对不起你的事。"不知怎的，面对这样一个虔诚、本分的女人，一向思维灵敏、反应迅速的董竹君居然感到脑袋缺氧，说不出什么话来。

"我再三强调一句：我并不怪罪我的丈夫和董先生您。"陈太太始终用一种不疾不徐的语调说话，让人看不出她内心情感的波动。她很有分寸地看着董竹君，轻轻地说道，"爱与不爱本来就没有对与错可言。况且，董先生一个人抚养四个女儿成人，并取得现今的一番成就，实在是我钦佩不已的。但是，请董先生尊重我，尊重我的信仰，尊重我对我的婚姻和丈夫占有的权利，爱护我的家庭和儿子。谢谢您！"

说罢，陈太太起身，立毕，恭恭敬敬地给董竹君鞠了一躬。

董竹君立即回以鞠躬。

两个女子谦卑地为对方鞠躬。然后相拥在一起，泪水如注。

她们让信仰尊贵，让美德发光。

不知不觉，外面的大雨已经停了。阳光从云层中射出来，十分清晰，有力。

三、危机四伏

1938 年,日本侵略中国的战争进入相持阶段,与此同时,日本与美国争夺亚洲及太平洋的斗争日趋明朗化。为了独霸东亚、争霸世界,日本统治集团早就确定了南北并进的国策方针。1940 年,德国侵占西欧。在远东,英、法、荷的力量相对薄弱。美国又忙于支援抗德战争,无力东顾。日本军国主义认为,这是南进的好机会。

同年,近卫内阁抛出大东亚共荣圈计划,妄图建立一个包括中国、朝鲜以及东亚全区,进而包括大洋洲在内的日本殖民大帝国。是年 9 月,《德、意、日三国同盟条约》在柏林签字。

1941 年 4 月,日本陆续占领整个印度支那,使之成为战略物资供应基地和南进跳板,这进一步加剧了美日间的矛盾。

就在这一年的 10 月 18 日,日本政府主战派东条英机内阁成立。12 月 1 日,御前会议决定向美、英、荷开战。一周后的凌晨,日军在联合舰队司令山本五十六指挥下,出动飞机约 360 架、军舰 55 艘,由南云忠一率领,偷袭美国在太平洋最大的海空军基地——夏威夷群岛的珍珠港。这就是震惊世界的"珍珠港事件"。在这次偷袭中,日军击沉、击伤美国军舰 19 艘,其中有战列舰 8 艘,击毁、击伤飞机 260 余架。

同日,美、英对日宣战,太平洋战争全面爆发。

珍珠港事件后，日军侵占马尼拉。无数的重磅炸弹不停地从盘旋在空中的飞机上呼呼落下，一个个无辜的百姓在硝烟和战火中瞬间丧失生命。

在那段地狱般的日子里，每天的警报声、呼喊声、求救声不绝于耳，闹的全市鸡犬不宁，恐怖丛生。

别无他法，董竹君母女三人随着洪水般避难的人群，试图逃离这座城市。

董竹君决定南逃，南方有个"锦江"的老主顾油松先生曾关照过董竹君，不久前还叮嘱，如果避难，可去他家。

临走前，董竹君嘱咐自己的女儿穿着干净体面的衣服，并化些淡淡的妆。这是一个资本主义气氛浓厚的美国殖民地国家里，人们过分地以貌取人，爱慕富人。同时，西方社会对待妇女的尊重、平等、民主的思想对这个殖民地国家影响也很大，因此，在她看来，穿戴讲究的妇女尤其是容貌清丽的女人，将会受到特别的注意和尊敬。

收拾完毕，董竹君母女三人，提上些简单的行李，加上国琼的菲律宾同学菲列浦和董家的菲佣，一行五人向南出发了。

大约走了两个多小时，突然，有人从背后大声喝令董竹君一行人："站住！"

"怎么？他们在找我们的麻烦？"董竹君听不懂人家说的话，依稀感觉有人叫她们站住。她回头一望，只见三个持枪的男子急匆匆地追赶过来。人流如潮，董竹君本能地跟着人流朝前冲去。其他几个女子见状，也惊恐万分地逃命。

"站住！再不站住就开枪了！"追赶者大声吼道。

随董竹君同行的菲佣连忙说道："太太，我们停下来吧。再跑，他们真会开枪的！"

董竹君一行只好停下来，紧张地等待着追赶者问话。

原来，她们上路不久，一方面，她们穿戴过于整齐和讲究，在逃难的人群中格外显眼；另一方面，董竹君和女儿们无意中用汉语讲话，结果被巡视的菲律宾宪兵误以为是日本人，已经盯梢好一阵子了。

"你们是干什么的，要去哪里？"三个持枪者追上后，为首的一个胖子用枪口对准董竹君母女三人，凶极极地问道。

由于董竹君讲的中文，他们听不懂。无奈之下，菲佣和菲列浦用菲语向几个宪兵解释了很久，说她们都是中国人，不是日本人。

问讯了半天，警惕性甚高的宪兵终于相信了，然后打了一个响指，恭恭敬敬地放行。

董竹君母女三人揪紧的心终于舒了长长的一口气，随后继续前行。

一行人好不容易抵达油松先生所居住的小村，还没来得及坐下来歇一口气，喝一口水，就听见当地无线电广播中美国宣布马尼拉已经是不设防城市。日军已从南方进城，先头部队离此地只有三四十里路了。

大家又惊又疲，这意味着油松先生自身难保，都得逃命。

"别慌。董先生。"热心的油松先生安慰道，"这样吧。你们再回到城里去吧，我有一处住房在那里，可以暂时避一避。"

这是无奈的选择，却也是最好的选择。

董竹君打心眼里感激油松先生的善良、慷慨。

那真是生与死的考验啊。人人自危，处处受惊。国琼和国琇混在盲目逃窜的人群里，又急又怕，不停地向董竹君投去无助的眼光。

菲律宾人民特别坚毅，他们受着强烈的太阳灼烤，皮肤黑糙，韧性十足。菲佣和菲列浦在前面开路，两个个子娇小的女孩异常勇敢地拨开人流，不断奋力往前挤去。看着这些像没头的苍蝇一样混乱的人潮，董竹君很心疼他们，心疼菲佣和菲列浦，也很心疼自己的孩子们。

战争给多少无辜的人带来灾难啊！

董竹君决定先逃回城里再说。可是，要回到城里，还有一段不短的路程。眼下大伙都没有方向和目标，道路泥泞，人困马乏。如果靠步行，不说两个女儿吃不消，自己的体能恐怕也成问题。最可怕的是，还在半途中，人就倒下了。即便不倒下，要是病了，或者出现任何其他问题，都将是致命的。

董竹君的脚像灌了铅一样，越走越沉重。她在紧张地思考，应该如何有效地躲过这场空前的灾难。

就在这时，有人突然在背后轻轻地敲了她两下。

董竹君转过头，看见一个西装革履的年轻男人。

"您要回城里吗？坐我的车吧。"年轻男人彬彬有礼地说道，并指了指旁边的一辆甲壳虫式的黑色汽车。

董竹君很惊讶。难道这个年轻男人曾经到过上海，到过她的"锦江"，从而认识她？虽然她听不懂年轻男人的话，但直觉告诉她，这个人是善意的。她正要说些什么，但见同行的菲佣和菲列浦不停地朝她呶嘴，催她赶快上车。这是特殊的战争时期，没有时间让她多想。董竹君跟着年轻男人，快速上了车。

同行的几个人也一起上了车。

难民们看见董竹君一行人轻松地上车，叫苦连天，要求载他们一阵。

似乎看在董竹君的面子上，年轻男人没有拒绝。于是，这辆小车挤进了尽可能多的人，每个人都紧缩着身子，女人们香汗直流，也顾不上擦了。

"坐好了！"年轻男人说了一声，便发动了车子。路上，车子以很快的速度行驶着，像是每个在战争时期逃难者的心理一样，他们不仅要把烟尘丢在脑后，而且似乎要把敌军远远地甩在脑后。

车子开动不久，刺耳的空袭警报响起。

年轻男人遵守命令，遂刹车停车等候。

董竹君看看后面，再看看前面，着急而紧张地用英语对年轻司机说道："不要停车，不要停车！停车反而使我们这个目标很明显，对我们极其不利。他们只不过是扫射而已，不一定能精确地对准我们。加足马力，开车吧，我代表车上这么多人先谢过你了！"

年轻男人没有作声，表情严肃地继续加油开车。汽车以最快速度地在路上奔驰。

不一会儿，董竹君只听见车后机关枪的扫射声。不知道又有多少无辜而可怜的难民死去……她痛苦地闭上眼睛。

董竹君一行人算是又逃过一劫。董竹君紧紧地握着两个女儿的手，有了这种紧握，再大的困境，两个女儿都和妈妈一样，能坦然面对。

年轻男人开着车，急急地穿过几条泥泞的马路后，车子被迫停下来。

因为，进城还需要穿过一条长长的河流。而横跨在河流上的拱桥被炸断了。

"谢谢！"拖儿带女的难民们用当地话道谢，纷纷下车，急忙寻求新的逃跑路线或者新的归宿。

董竹君向这个给人意外惊喜的年轻男人致谢。

年轻男人说出了他的来历。原来，他是一个银行的经理，是前来接他的家人的。但是秩序混乱、狼藉、嘈杂、人山人海，他没有找到家人。很出人意料的是，他看到了董竹君一行人。她们体面的打扮看起来她们不像是穷苦人家的避难，出于对富人和美人的怜爱之心，他为一行人连同几个受惠者提供了一趟顺风车。

"祝你们好运！"年轻的银行经理匆匆地说了一句，立即返回，继续寻找自己的家人。

"后会有期！"菲佣和菲列浦异口同声地说道。

董竹君眼里发热。这一身打扮，遭到一次危险的误解，差点丢了性命；现在又得到一次意外的帮助，似乎算是扯平了。

国琼和国琇忘记了遭误解的伤痛，只一味地对妈妈提出女人们略施脂粉、穿着体面这一"先见之明"大加赞赏。

董竹君没有吱声，一副心事重重的样子。的确，一个女人，带着另外几个年轻的女子，要在战火纷飞的异国他乡，闯出一条生路来，这事搁在谁身上，都轻松不起来。

过河的人越来越多。河里只剩一条小舟来回摆渡。早先挤上小船的人舒一口气，就快要进入城里；而更多的没抢到的人就只能在原地等着，叹气，心慌。

董竹君一行人等在原地。太阳很热，毒毒地照着人的头顶。人们身上的行李已经越来越少，能吃的吃掉，能丢的丢掉，最终只剩下身边站着"赤裸裸"的人了。粮食、行李等等"身外之物"满满地散在地上，没人去捡。因为每个人都要忙着"捡命"。

慌乱中，董竹君看见日军侦察机在上空盘旋，且越来越接近地面。

此时，正好她的身边有一个菲律宾士兵，他不知深浅，就拿枪准备朝日军的飞机开枪射去。

"住手！"董竹君大声喊道。

由于听不懂汉语，那个士兵将子弹推上了枪膛。

董竹君见状，立即改用英语跟他解释，说道："这是日军的侦察机，如果开枪，敌人认为这里有埋伏，就会立即采取相应的轰炸行动，那么，这里所有的人都将葬身火海！"

"董先生说的是对的！"这时，国琼的菲律宾同学菲列浦也用当地话大声告诉士兵，"不要暴露目标！"

菲律宾士兵朝穿戴体面的董竹君看了看，又看了一眼说话的菲列浦，然后僵硬地笑了笑，顺从地将枪收起来，继续巡视。

大约等了一个多小时，董竹君一行人最终渡过河流，来到油松先生说好的城里的住所。那是城郊的一个竹林遮掩的地方，三间低矮的房子，整齐地挺立在竹林中。从高空看，根据不知道里面会有人居住。

战火中的马尼拉像一座孤岛，生活在这里的人们恐慌，寂寞，单调，无聊。有时夜半三更，会突然听到警报拉响。而阴森森的白天，有时也会听到精神病患者的绝望而放浪的尖笑……

四、归心似箭

当战争的恐怖一而再地打击人们的心灵之后,人们对战争的态度变得麻木,由此变得淡漠或平静。

董竹君一行在马尼拉的朋友油松先生家住下不到一个星期,就发现当地的人们对头顶上的轰炸机不再理会。也许,他们觉得生不如死,要炸就炸吧。董竹君出门不多,她这里不在市中心,相对更加平淡。母女三人待日子有了一点眉目之后,便开始找出路,谋生计。

很快,董竹君做起了掮客生意,倒买倒卖,辛苦是辛苦,却容易来钱。董竹君天生就对市场敏感,她能在纷繁的信息中捕捉最有用的商机,并及时将商机转化成行动。忙了一个多月,她们就有了一些积蓄,除还清战争时的欠款外,还另租了新房子。这样,生活似乎有了转机。

可是,毕竟是身在异乡,每个夕阳西下的黄昏,观望着浩瀚的大海,汩汩前行的浪花承载着游子对故乡饱满的无休止的眷恋,汹涌的波涛和董竹君想家的心境一样澎湃。近处不规整的岩礁,白色的沙滩,低飞的海鸥,灿烂的霞光……可这些都是别人的,仿佛与自己无关。

归心似箭。董竹君常常独自一人站在海边,遥望着祖国的方向,急切地盼望着回家的时候。

这一遥望,就是漫长的四年。

被阻于菲律宾马尼拉市，董竹君天天去海边远望七月码头，盼早日有船可归祖国。

1945年1月1日，德军出动1000架飞机，轰炸盟军阵地和机场，炸毁盟军飞机260架，对斯特拉斯堡盟军发动攻击。德军的新进攻，使战局再度紧张。是年1月12日，苏军从北起波罗的海，南至喀尔巴阡山长达1200公里的正面，对德军发起强大攻势。希特勒被迫东援对付苏军，英美盟军乘机迅速推进，将德军全部赶回原出发地，德军在阿登地区的反击被彻底粉碎。

阿登战役后，德军士气更加低落，彻底丧失了反攻能力，盟军从此牢牢掌握了西欧战场主动权。希特勒计划在西欧取得决定性军事胜利，迫使盟军妥协的企图彻底破产。不久,东、西对进的美、苏军队在易北河会师。苏军攻克柏林,希特勒自杀。

第二次世界大战接近尾声。

回家的契机来了。一天,董竹君从华侨协会处得知日本红十字会难民船要开往中国台湾,之后转到上海,董竹君一行人可以乘坐这条船回国。

董竹君听此消息喜出望外,赶紧联系购票。

所有困菲的中国人无不想借这艘船回国。经过艰难地交涉,董竹君最终只买到一张船票。可是,她还有两个女儿啊。

然而,一方面,能够弄到一张船票,已经是十分难得了;另一方面,她考虑到这条在战争中的大海上逃难的船的安全性,董竹君说服孩子们,决定一个人冒险,先行回国。

而乘坐这条船的难民们谁也不知道,这条船实际上是以红十字会的名号做掩护,装载着大量的军火和重要人物。

1945年1月初,董竹君终于乘上了日本红十字会的难民船。

船上拥挤不堪,闷热异常,臭气熏天,人挤人,人踩人,但是没有人怨声载道。因为大家都在归途中,都在向希望迈进,这就足以成为大家于沉默中相互理解的理由。董竹君踮着脚尖从人与人之间狭小的空隙里进进出出。从菲律宾离开时穿上的夏季白绸西装,此时已经不再是纯正的白色。但谁也顾不上自己身上的衣履,先回到家再说。

船渐渐地驶出了菲律宾,却绕道苏门答腊岛,并在苏门答腊岛停下来。这个地方是中国著名作家郁达夫惨遭日本人杀害的地方,可惜当时的人们并不知道。

大家很惊奇为什么会是这样的路线,但碍于是日本人的船只,没有人敢问。天气的闷热,船上的空气不流通,使得船上的传染病肆虐。得病死去的人全部被投进大海,还没有完全病故的也被无情地扔进大海,以腾出一些空间,让身体稍好的人能够坚持到最后。每次看到一具尸体葬身鱼腹,才几岁的小孩子就吓得大声哭闹,紧紧地钻进面无表情的爸爸妈妈的怀里。没有人嫌这些孩子闹腾,也没有埋怨的神色,这些已懂得忍受苦难的平民百姓只是静静地等候着船的重新开通。

董竹君这时的身体已经有些不适,上吐下泻,肚子痛得要命。为了保全生命,她鼓起勇气,捂着肚子找到船上的日本医务室。因为,如果再熬下去,一旦病情加重,下一个被人扔进大海喂鱼的可能是她。

医务室里的日本人一见是一个逃难的人,便不屑地用日语呵斥董竹君快快离开这里，免得把传染病带到这里来。

董竹君忍着疼痛用日语对日本医生说，请你们帮帮忙，自己这些天一直上吐下泻，肚子很痛，请你们给我医治。

日本医生一听董竹君会日语，态度顿时大变。他给董竹君仔细检查过之后，给她打了一针，并嘱托她回去好好养病，注意待在通风的地方。

董竹君谢过医生，连连点头。

日语成了董竹君在这条难耐的难民船上救身的工具，这让她感觉很微妙。

在苏门答腊岛停留七天后，难民船终于开始缓缓地往前行驶。

难民们没有欢呼雀跃，只是动了动坐久了有些僵硬的身子。因为他们谁也不知道船要开往何处，到底是不是开往台湾和上海。他们只能被动地坐着或者躺着，能呼吸着闷臭的空气，能占据着这艘船的一丁点地盘，能在被别人踩过时有一些痛的知觉，能在某些尸体又被抛进大海时听到小孩子尖锐的哭声，能在某些时候感觉到船在剧烈地晃荡，能在某些时候感觉到胃里不舒服或者肚子不舒服，能在阳光猛烈的海面上感觉到一种海腥味……这些迹象都是船上的难民知晓自己还活着的具体征兆。

有了这些，大家就平静了，日子还有些盼头，不再奢求别的了。

月底，受难船只到达日本九州，日方称，乘客们需要换船后才能回到上海。

一行人在九州滞留着。

时值一月底，日本的九州天气寒冷，董竹君把御寒衣服拿出来，自己套上一件，还为同行的张女士、黄女士及她的三岁的孩子各添些衣裳。

在日本人安排好的旅馆安顿好后，董竹君迫切需要出去找个地方洗个热水澡，使身子干净一些，也使身体舒服一些。张、黄女士一直跟着董竹君。

来到人流稀稀落落的澡堂，门前服务员满脸凶相地收了三个人的钱，交给董竹君三张票，冷冷地说道："进去吧！"

十几岁时，来到日本的董竹君当时看到的日本服务业不是现在这种局面的。她很怀疑地拿着票进到里面房间里的澡堂。那里，有个同样冷若冰霜的服务员对董竹君说道："衣服、洗澡用品之类的自己收好、看好，本店概不负责！"

在九州无所事事地待了好些日子，董竹君觉得不是办法。她主动找到所住旅馆的主人攀谈。

旅馆的主人是一个和蔼、慈善的老太太，董竹君尊敬地对待老太太，相互交流久了，老太太开始为董竹君讲，她应该做些打算，争取早日回国，因为日方船只都已作为军用，根本没有多余的船只送她们回到中国。

但是，董竹君等从难民船上下来的人都是被当地的巡警二十四小时监督的，他们根本不是自由人。于是，董竹君便托旅馆主人向看守的巡警说些好话，找找上级，给这三个可怜的、沿途还可为日本做些事情的女人放行，早日回国。

巡警向上级转达老太太的意思后，第二天，日本警察厅便把董竹君传去。

"既然想回去，穿这点衣服是不够的。"一个面貌丑陋的警察说道。

董竹君很疑惑地听完这句话，便向日本人诚挚地表示："这没关系，我们一行三人，可以相互扶持，只要不冻坏了三岁的小婴孩就好；留在贵国，徒增麻烦罢了。"

这个警察见董竹君讲得似乎有理，便认真地看了看她，脸上的肌肉松弛下来。

"不可以！"突然，另一个沉默不语的警察使劲拍了一下桌子，惊到了身边的这个警察，更惊到了董竹君。

"你们没有足够的钱回到上海！"他义正词严地说道。

董竹君马上深吸一口气，连忙解释说道："谢谢你们为我考虑。不过，这个更加没有关系，我们可以绕道东三省，在那里停靠，因为那边有亲戚可以接济，然后，我们便可安然回上海……"

经过一系列的解释、求情和违心的表白，巧妙绕过日本警察厅层层形式化的盘问，最终，董竹君等三人获得了日军武官府签署的出关许可证。

五、冷与暖

人们常说，战争中人与人之间的关系变得脆弱。

可是，实际上，每个人内心的善良却在被深深地挖掘着、表现着。没有人喜欢战争，可是为了某个集团或最高统治者的利益和命令，没有人能够违抗。能做的，只有对别人隐晦地表达自己的良心和对战争的愤恨。

跟董竹君交涉的警察们这样表达着自己的内心。另外，他们觉得跟一个会讲日语的中国富贵太太过不去，并不是一个明智的选择。

旅馆太太对董竹君获得签证感到高兴，善良的她再次托巡警为董竹君三人买到了去天津的火车票。

就这样，董竹君三个人加上三岁的小孩一起，朝中国的方向出发了。

照例，火车上也是拥挤不堪。每个人都在艰难中生存，痛楚地逃难。

天气湿冷，随身带的食物少得可怜，黄女士三岁的孩子哭闹不止，年轻母亲实在没有东西给孩子吃，没有衣服给孩子替换，只是暗自落泪。张女士看到她这番模样，感叹自己的遭遇之苦，也落下泪来。

董竹君看到两个女人的眼泪，唯一的办法便是使自己振作起来，拉着两个柔弱的同伴继续前进。她并不是天生强者，可是，生活打磨她，到了别无选择的境地，要活下去，就必须让自己变成强者。

不远处的座位上，董竹君看到两个中年男人在用日语和一个矮瘦的日本老头交谈。想必是可以开口寻求帮助的对象，董竹君自然、得体地向前打招呼："你们好！"

其中一个男人转过头盯着董竹君，看了一会儿，脸上表情有些惊讶，随后脱口而出："你就是锦江川菜馆的老板董竹君吧！"

"啊，先生你是……"董竹君很意外此时有人能够认出自己，同时也觉得前面又有了些新的亮光。

认出董竹君的人是上海震旦（即现在的复旦）大学的学生李同学，另外的人是一个汤姓商人。三人似乎一见如故，两个陌生人欣喜地见到传说中的女娜拉，董竹君欣喜地看见前面的亮光。

正所谓：同是天涯沦落人，相逢何必曾相识。两个人立即借给董竹君日币一万元，以用于她买南京到上海的火车票。

"太谢谢你们了！"董竹君噙着热泪，轻轻地说道。

战乱中的借款，谁都知道意味着什么。但两个男子汉无怨无悔，十分真诚，这让备尝冷漠的董竹君感觉很温暖。

董竹君一行的队伍又加进了两个壮丁，显得更强大了些。黄、张两位女士更是泪流满面。她们不但感激两位男子汉，更感激董竹君一路上的不离不弃，悉心关照。

火车到达天津后，几个人在天津稍作停留，便急忙赶上南下的火车。

张、黄两位女士轮流着抱着黄女士的孩子，两个人的行李全由董竹君来拎。因为去上海做生意的汤姓商人和学生李的行李已是好几个箱子，爱莫能助。

在进站照例要检查行李的时候，董竹君用日语对按章办事的日本检查员说，箱子里装的都是些平常东西。

听到日语，日本检查员马马虎虎地让视线在箱子上扫了一遍，便放行了。

董竹君正要提起几个箱子向前走，突然，一个莫名其妙的女人从后面疯子般地跑过来，叫嚣着："你有什么特权？谁让你不检查行李的！谁让你不检查行李的！"

"这是谁？"董竹君疑惑着，一看这个肥大短小的女人的疯狂劲儿，很快明白了，原来这是想借此敲竹杠的庸俗的小人。她曾听人说过，车站旁有一些想发国难财的小人，不顾人格、国格，肆意敲诈旅客，真可怜。董竹君鄙夷地看了敲诈者，只是简单说了一句，"我的行李已经被这个检查员检查过了，我是急着赶火车的。"

肥大的女人不听董竹君的解释，把箱子狠命地拖过来，努力做出对工作认真负责的样子。

董竹君见她不依不饶，便使出全身的力气，用两只脚把两个箱子朝人流前进的方向踢出很远，然后，快速跑进去，拉起箱子就混在了人群里。

好不容易挤上火车，张、黄两女士很感激又抱歉地对董竹君说道："唉，都是我们的箱子拖累你……"

董竹君摆摆手，顺便看到车窗外拼命从窗户向里挤进的人们，叹了口气。

"给她塞几个钱就没事了，不用跟她一般见识。"李学生说道。

"不，她还不知道用这招招摇撞骗了多少人呢，我才不上她的当！国难当头，国家遭受凌辱，百姓遭受祸乱，她倒好，发这种国难财！"

"董先生的正义感果然是名不虚传的！"李学生竖起大拇指，"董先生，您知道国内的新闻是怎么说您的吗？"

董竹君的眼睛里打着一个问号。

"说您在菲律宾被炸弹炸死了！"汤姓商人接着说道。

张、黄二女士惊愕地看着董竹君，董竹君惊愕地看着他们，面面相觑。

"咳，董先生福大命大，做了那么多的好事、善事，怎么会在菲律宾发生意外事情呢！"张女士连忙打马虎眼。

董竹君淡然地笑笑，没说什么。兵荒马乱的世道，什么事不会发生？遭殃的那么多人难道没做过好事、善事？难道炸弹掉下来会长眼睛，让那些人挨炸，让另一些平安？不可能。董竹君感到有些凄凉，心里惦念更多的是自己的"锦江"。若新闻真如李学生那么说，"锦江"人心里还有"首"吗？没了"首"，有没什么变化呢？若有变化，会是什么变化呢？董竹君心里担忧着这个没人管的"孩子"。正因为此，她对于回上海更是迫不及待。

一路疲惫，无需多言。到达南京时，已是深夜将近零点，李、汤二人急匆匆地赶去排队，希望能买到去上海的火车票。

尽管是凌晨，人流却不逊于白昼。人们在点点灯光下，消耗、疾走或是等待，没有欲望，甚至有种听天由命的消极。拿到票的也没有过多的兴奋，没有拿到票的也没有太多的失落，等待买票的也没有很多的憧憬。一切都是那样麻木而颓废，是不该有的"无所谓"。

董竹君陪着两个买票的人一起候车。

这时，一阵尖利的哭声由远及近地传到她的身边，她睁开疲倦的眼睛。

原来，一个妇女抱着五六岁的女儿，小家伙哭个不停，妇女自己也嚎哭不已。

"这个妹妹，怎么了？发生什么事了吗？"董竹君走上前去，关切地问道。

这个妇女在断断续续地抽泣中向董竹君叙说了自己的经历。

她的丈夫在这里排队买到上海的票，足足排了五天，终于拿到两张票。

可是这五天里，她把随身带着的旅费、路资都用得差不多了，又把随身携带的一些粮食换成了钱。但是这些都不足为道，因为拿到回家的车票足以使这个一穷二白的家庭欢呼雀跃了。

她抱着孩子，丈夫拿着已剩不多的行李急匆匆地赶火车。沸腾的人流把一家人挤散了，她突然发现自己的丈夫一下子就看不到了，看到的是黑压压混乱的人头。她抱着女儿，在人群里大声呼喊丈夫。这时，一个好心人告诉她们别再喊了，乘上火车要紧。

想想也对，上了火车后可以再找。于是，抱着孩子的她开始飞快地在人群里奔跑、急走，拼命地往月台赶。但强大的人流不停地使单薄的她倒退，前进的步数比倒退得都要多，尽管如此，她还是顽强地追赶、推搡着、摩擦着、冲撞着，终于，她挤到了已经开动的火车面前。

月台上还有不少人，火车不停地拉着汽笛。她跟所有赶车的人一样，坚持着要往火车里钻。然而，几个工作人员大声骂着，硬是不让再上车。"火车已经开动了，你不要命啦！"

望着越来越远的火车，她的眼睛黑了下来，然后，又像浮萍一样，被推回候车室。此刻，她既无钱，无粮，又与丈夫离散。她无助地哭着，心酸着，还担心着孩子和他的爸爸，担心着她们娘俩能不能回到那个破败的家……

董竹君轻拍着妇女的肩膀，把她搂在自己的肩膀上。然后，她把身上所剩无几的钱全部拿了出来，这是她能够给予的全部。

妇女接过钱，"扑通"一声跪下来，这也是她能够回报的全部。

董竹君忍着痛，离开了妇女。

国内的形势比想象的还要混乱和严峻。

这不，李、汤二人整整排了三天的长队，居然一张票都没有买到。

董竹君见状，只好另想办法。她拿着日本人给自己开具的出关签证，以此为"护身符"，径直走到火车站站长室，经过一番努力，最终拿到了六张回上海的火车票。

拿到车票，如获至宝。

"朝思暮想的上海，我就要回来了！"跟一般人的截然不同，董竹君的情绪很激动、很渴盼。

检票处的人很多，而且日本工作人员用各种不同的方式不停地刁难中国乘客，例如，拿着手里的剪子不剪票，一味地讲废话，讲的全是日语，声音特别刺耳。显然，这是一种炫耀，一种征服者的狂妄。可惜，很多中国人看不出来，只是费劲地向日本工作人员做着无谓的解释。

看出来的人也没有办法。人在屋檐下。在自己的国土上，忍受着入侵者的刁难，心情之痛真是锥心刺骨。心痛至极的董竹君也别无选择，只能不顾脸面地挤到等待检票队伍的前面，把六张叠好的票一起送进检票口。

检票的工作人员慵懒地抬头看看董竹君，随即垂下眼皮，一副高高在上、爱理不理的样子。

董竹君恨恨地用日语说道："对不起！"说罢，她抓住检票人手里的剪子使劲一扎，六张车票瞬间检票完毕。

"好，你的大大的好！"很意外，日本剪票者居然没有阻拦董竹君，反而还竖起大拇指，并很快将六人一起放行。

"你能讲日语帮了大忙。"同行者坐上火车后，几乎是异口同声地对董竹君说道，"啊，终于要到家了。"

然而，董竹君却怎么也高兴不起来。一方面，刚才的一幕也出乎她自己的意外，她不认为仅仅靠日语就能赢得入侵者的尊敬，日本人最看不起的是奴性十足的人，而当时，很大一部分国人恰恰就是奴性十足的"软骨头"；另一方面，对于"锦江"的状况，她太没有底了。也许，一切都变了，包括她苦心经营的"锦江"。而最可怕的还是，"锦江"落进日本人手里。如果真是那样，她宁愿与"锦江"同归于尽。

火车隆隆地在黑夜中前行，董竹君的心在"突突"直跳。

六、义士悲歌

上海火车站。清晨七点。人流匆匆，如潮如歌。

"妈——妈——"

一声熟悉的喊叫将董竹君把疲惫的倦意一扫而光。她抬头一看，居然是女儿国瑛！董竹君心头一热：她怎么知道我今天回来？

国瑛像疯子一般逆着人流往里冲，不停地高声哭喊着："妈！"那声音，像绝望者看到了曙光一样，欣喜，悲痛，痛快淋漓。

"国瑛！你站着别动！"董竹君大声回应着，她担心女儿像一粒沙子，被无情的海水冲走，她大声喊道，"我这就过来了！"

然而，国瑛根本不听。她像一个溺水者，奋力挣扎，披头散发，不顾一切地往里面挤。同行的两个男子汉见状，努力冲过去，一把抱着国瑛，连声说道："别往前撞了，你妈妈就在后边！"

国瑛居然一把推开两个男人，继续奋力往前冲，脸上带着视死如归的表情，令人恐惧，令人心疼。

终于，母女俩无声地拥抱在一起！

泪水，原以为流尽的泪水，此刻慷慨地奔涌而出。

"妈，妈！——"国瑛浑身发颤，声音很小，说道，"我、我不是做梦吧？"

董竹君抱住女儿，一句话说不出来。

旁边的同行连忙说道:"这不是梦,我们都回来了!我们都还活着!"

原来,打从一个月前,上海报纸刊登出董竹君被炸死的消息后,国瑛便每天守在上海火车站。她不相信母亲死了,她对规劝者说:"我不信。我妈不跟我说一句话就死了?我坚决不信!"

往后,上海火车站便经常出现国瑛神情有些恍惚的背影。连火车站卖票的工作人员都可怜她,给她送点吃喝,也不去驱赶她。

当董竹君了解到这些情况后,她为女儿的真情所打动,紧紧地搂着国瑛,泪流满面,喃喃地说道:"孩子,妈妈再也不离开你了。"

当天上午,董竹君和女儿一起回到了"锦江",回到了自己的家。看到"锦江"还在运转,看到自己的家还没有荒芜,董竹君感慨万千。她拿出一笔钱分发给店里的每一位员工,并宴请了全部员工,发表了感人肺腑的讲话。

她在讲话中特地激励大家,说道:"我已经死过无数回了,可我还站在这里。我这条小命不会死,我们的'锦江'不会倒,我们的国家也不会亡。为什么,因为,我们坚忍,我们坚持,我们坚信!"

第二天,上海一家报纸对此作了报道,称:"奇迹降临'锦江',女强人死里逃生。董竹君激励员工奋发图为,希望在前。"

这消息在上海滩引起不小的震动。人们对这个大难不死的女人投去敬意,尽管这敬意中也杂合着一丝神秘和不解。

处于风口浪尖的董竹君像往常一样,没有理会别人的议论,她励精图治,用智慧、胆略和勇气周旋于国民党特务、汉奸和日本侵略者之间,她的"锦江"如她所说,不仅没有倒下,反而弄得红红火火。

1945年8月15日,日本向同盟国无条件投降,第二次世界大战在人们的期盼中终于结束。

历史从此掀开了崭新的一页。

第二次世界大战结束后,在董竹君和朋友们的精心安排下,国琼和国瑛也由菲律宾顺利地回到国内。

董竹君迫不及待地问起女儿们战乱时在异国他乡的情况。

国琼和国瑛都没有过多地讲述自己的生活如何艰难、恐怖和战战兢兢,更多的是对几位音乐老师的深切缅怀。

国琼说:有一天,日军的一个炸弹被丢在了国琼老师家里的餐桌上,正在吃中饭的老师及其家人顿时毙命。而在此前,国琼的老师多次在极其危险的情况下,救助过国琼两姐妹。国琼的师长中有一位是音乐学院的院长，这个对国琼的才华极其欣赏的老头，当年曾希望菲律宾总统府乐队为国琼伴奏。日本鬼子的炸弹在菲律宾上空投下以后，他对日本的仇恨十分强烈。日本走狗曾试图让他带着国琼去慰问日军，被坚决拒绝。未几，老头被一伙不明身份的人打断了腿。国琼回国前还去看望过他，老头没有悲伤，反而安慰国琼说："没什么。你看，正义战胜了邪恶。你不就要回到你那优秀的母亲身边了吗？孩子，请记住：无论你在哪里，我都是爱你的！"

说到动情处，国琼和国瑛泣不成声，董竹君也感动不已——为着那些可歌可泣的老师们。

看着好不容易脱离虎口的女儿们，董竹君自然想到了儿子，大明。虽然大明过继给了夏之时的弟弟，但儿子是母亲身上的肉，这一点，是任何形式上的隔离都无法真正割舍母子连心这份血脉亲情的。董竹君想念儿子，不是女儿们无法替代大明，而是这场战争，这场突如其来的战争，及其延续的灾难，让董竹君意识到生命的不可预测性，她很想知道大明到底怎么样了。

经四处打听，董竹君终于得知，儿子早在1944年读高二的时候，就报名参加了中国青年远征军，直至抗日战争结束，似乎没有性命之忧。但现在身处何方，她不清楚。

正在这时，即1945年年底的某天，就在董竹君日甚一日地思念儿子的时候，儿子居然托战友带给董竹君一封信，他告诉妈妈：部队即将开往东北，进行战事防御。

早在1945年6月召开的中国共产党第七次全国代表大会上，毛泽东就富有远见地告诫全党说：从中国革命的最近与将来的前途看，东北是特别重要的。如果把现在的一切根据地都丢了，只要我们有了东北，那么中国革命就有了基础。当然，其他根据地不丢，而又有了东北，中国革命的基础就更加巩固了。

东北，在中国革命中的地位由此可见一斑。

显然，国民党蒋介石对这块宝地也是觊觎已久。他的战略是进占华北，抢占东北。在美军的帮助下，拥有"飞机加坦克"优势兵力的蒋介石先后在北平、天津、唐山等地建立了战略基地。

两党争夺东北的战幕于此时拉开。

战争一触即发。

董竹君很快意识到大明随行的国民党军队去东北的目的，此行是为内战。她立刻电话告知杨虎，请杨虎尽快告知大明队伍的顶头上司孙立人将军，希望他能够为大明准假两周，以便回沪看望母亲。

孙立人，这位清华大学、美国弗吉尼亚军校毕业的高才生，曾是宋子文精心打造的税警团第四任团长，他很佩服该团第二任团长王赓。王赓系美国西点军校的高才生。

想想这些渊源，我们容易理解孙立人对于王赓的惺惺相惜了。然而，最让孙立人感动的不是王赓的英勇善战，而是他在与陆小曼婚事上的气度和气节。陆小曼是名门闺秀（父亲是外交官），受过良好教育。王赓1920年娶陆小曼为妻，由于情圣徐志摩的出现，1925年，夫妇俩正式离婚。1926年，陆小曼改嫁徐志摩，当时报纸曾有醒目的大标题。

> 王赓让妻，气度非凡；
> 志摩娶媳，文德安在？

然而，陆小曼与徐志摩轰轰烈烈的恋情，就像一团熊熊大火，很快就因为徐志摩的飞机失事而熄灭。徐志摩去世后，悲痛欲绝的陆小曼面对社会上的种种流言和非议，她写下一副对联以寄内心哀恸。

> 多少前尘成噩梦，五载哀欢，匆匆永诀，天道复奚论，欲死未能因母老
> 万千别恨向谁言，一身愁病，渺渺离魂，人间应不久，遗文编就答君心

说真的，看到这样情真意切、悲痛无限的对联，人们还会过多地苛责陆小曼吗？

独居后的陆小曼曾到过"锦江"，与董竹君有过交谈。

有感于董竹君不知疲倦地奋斗，陆小曼曾感叹道："从今以后，我也应该如你一样，奋起而活。"果然，陆小曼在积极整理徐志摩文集的同时，沉浸于绘画艺术中，并最终学有所成。

杨虎对于董竹君与陆小曼以及孙立人、王赓等的复杂渊源十分清楚，在他的周旋下，孙立人对董竹君也很敬佩，遂特事特办，批准夏大明回乡探亲。

就这样，儿子大明顺利回到董竹君身边。

此时，大明已是一个帅小伙，有些清瘦，眉宇间还隐见夏之时当年意气风发

1946年初，摄于上海凡尔登公园31号家院内。琼、琇由马尼拉返沪、瑛由苏北返，璋由成都返，大明由广东返。唯一的一张团圆照。（老友张蓬舟摄）。

的影子。

母子十几年不曾见面，董竹君不顾旁人，心疼地把儿子揽在怀里，这里捏捏，那里瞧瞧。

"妈，你看我像不像当年的爸爸？"大明轻轻地问了一句。

这一句话，像一颗子弹，击中了董竹君的胸口。真是五味俱全啊，她猛地感到一种钻心的痛。"大明，你已经长大了。"

董竹君放开儿子，叹了一口气，寂寂地回到屋里。

就在董竹君等六口人住进上海凡尔登花园三十一号院内后不久，国璋提出为这来之不易的团圆合影，得到母亲的首肯。

这一张珍贵的黑白照片成为一个时代的经典：五位女士都穿着昂贵的皮草大衣，喜乐的尽开颜。年轻男子还有些许的腼腆，羞涩中透露出英俊。六个人中最引人注目的便是母亲，雍容华贵，更带了些许深沉的淡定。

晚餐后，董竹君突然问了一句："国琼，你从来没有跟我说说陈清泉叔叔，他现在怎么样了？"

没想到，这一问，国琼的脸色顿时惨白下来。董竹君一惊，感觉有些不妙，连忙问国瑛："你陈叔叔怎么啦？"

姐妹俩十分清楚母亲对于陈叔叔的一番深情。她们一直没有讲述他的故事，不是不想说，而是不敢说。母亲已经忍受得够多了，她的心早已千疮百孔了，她们不愿给她的心灵增添新的伤疤。

然而，董竹君毕竟挂牵着这个陈清泉。既然挂牵着这个人，如果不让她了解他的现状，她的内心会更因种种猜测而更加痛苦。

国琼见妹妹国瑛没有说话，她只好镇定下来，理了理头发，然后，轻轻地说了陈清泉先生的遭遇。

原来，太平洋战争爆发后，日本占领菲律宾的 Davao 省，日本走狗在主子的指使下，勒令陈先生停止做抗日协会主席的工作，投靠日本去当汉奸。

友人华侨陈清泉先生（中立者），在"二战"中坚贞不屈，壮烈牺牲于日军枪口下，时为 1942 年。

陈清泉大义凛然，坚决不从，最终被残暴的日本鬼子割去舌头，英勇就义在日军的枪口下。

董竹君怔怔地听完，捂住胸口，"哇"的一声，竟吐出一口血来。

"妈！——"儿女们吓坏了，赶紧递上湿脸帕。

董竹君很少失态，即便面对的是儿女们。她淡然地擦了擦嘴角上的血，然后对儿女们说道："没事。你们回房去吧。让我一个人待一会儿。"

国琼等人都知道母亲与陈叔叔有深厚的感情，便尊重母亲的意见，各自回到自己的房里。

董竹君一个人静静地坐在阳台上。清冷的月光幽幽地照进来，打湿了董竹君的全身。

人生如梦啊。董竹君回忆起过去与陈清泉的一个个画面，从相识到相知，从相知到他热烈的追求，又到与他的备受尊敬的妻子艰难的面谈，她从来不曾对他表示过自己的感情，更没有伤害他的妻子。之所以这样做，是因为一来开办"锦江"、教育子女之外，她没有过多的精力涉及新的爱情和婚姻；二来，她在用情上的谨慎小心是她立足上海滩的根本。

但是，一个志同道合的老友被敌人杀害，是绝对不可能不心痛的。

抚摸着陈清泉送给她的照片，董竹君的心里是一大片的空洞。

怅然。落寞。

这张照片是上次陈太太走后，陈清泉约董竹君见最后一次面时送的。他向她要她的照片，她摇头说没有。她认为不应该给他照片，因为他理应好好地过属于他和他的妻子的日子，完完全全地把她排除在外的日子。为了他的安分，为了他们婚姻的和谐和稳固，为了他们友谊性质的不变色，她拒绝送他照片。

当时，她看见他遗憾地点点头，表示理解和尊重。

董竹君知道，他的内心还是有一股割舍不断的痴情。可是现实这个残忍的无形的导演逼迫着很多人割舍掉许多剪不断、理还乱的情丝。看着他失魂落魄的样子，她想到了张翼枢，那个无法满足她的要求而注定得不到这个女人的男人，离开她后，他在车里深深地痛哭。她很少见到男人哭，夏之时也的确很少哭，至少在她的印象中是这样。可张翼枢这个浮居高位的男人，放下架子，主动跑来向自己爱着的女人告白，碰了钉子后，他仍然天真地问：我注定得不到你了吗？其实他已经知道这是一个陈述句。所以，他在车里呜呜呜地哭泣。

陈清泉没有哭，而他的沮丧和清瘦的背影也在董竹君心里打下了深深的烙印，深深的,见不到底。

董竹君怎么也想不到,这么一个看起来清瘦的,甚至是软弱的人,在民族大义面前,表现得如此英勇,如此决绝,如此大义凛然。

陈清泉走了,永远地走了。这个一辈子在情感上漂移的人,最后的时刻,他找到了人生的信仰。

董竹君再也不能设想,在某个不经意的早晨,他会突然出现在她面前。

因为,他真正走了,带着颤动的灵魂和不灭的情缘。

这正是——

　　　　义士悲歌,一去不返;
　　　　知音抚琴,山高水长。

第八章

风 口

　　古往今来，女性是一个卑微的性别和角色。她是一个女性。她被轻视了。在菲律宾的四五年，关于她已经被炸死的谣言甚嚣尘上。基于此，"锦江"两店代理人大肆敛财。每个被上帝眷顾的人的脚步都是被上帝命定的，每一步都不会出错。在"锦江"被售卖之前，她适时地抵达上海，惊异了无数人。她一边把自己的"孩子"重新拉回正轨，一边实现自己的理想和政治抱负。就在这时，一封突如其来的信件打破了她平静的生活和平静的心情。

一、巧救新四军

杨虎来凡尔登花园三十一号探望的时候，董竹君正在卧室浏览"锦江"内部资料。闻报后，她立即起身到大门口迎接。对于这个"亲家"，董竹君是心存感激的。上回，如果没有他出面，孙立人将军肯定不会轻易答应让大明休假的。尽管在政治上，她与杨虎的选择不同，但是，这并不妨碍两人的交往。她理解杨虎，后者也尊重董竹君——这是他们交往的基础。

望着偌大而空旷的花园，杨虎只见到女主人和保姆，便忍不住问道："董竹君，孩子们呢？"

董竹君如实相告：国琼、国琇、国瑛和国璋都已经被送往美国留学。

"了不起！你真了不起！一下子送出四个孩子到美国留学，这在国内都是破天荒的头一回吧。"杨虎十分惊讶，连连说道，"到国外学本领，长见识，等国家安稳时，效力国家，一定就是栋梁之材！"

"哎，亲家，别给我戴高帽子。我哪里想得那么远？"董竹君笑笑，说道，"我一个女流之辈，想得更多的是生活本身。既然孩子有出国深造的愿望，而她们又有能力申请奖学金，还有什么不可以的呢？"

董竹君的潜台词是：想当年，我逃出长三堂子，不顾一切去日本留学。正因为有了这些经历，在后来的生活中，我才一次次逢凶化吉，直到今天。如今，她们的条件，跟当年的我比起来，当然不可同日而语啦。

显然，杨虎听出了董竹君的潜台词，他表示赞赏地点点头："离开夏家，不仅没有耽误孩子们和你的路，反而是越走越远啊！"

董竹君依旧笑了笑，随即简单问了一下杨虎的工作和家庭近况，杨虎一一回答。两人谈笑风生。

忽然，董竹君由衷地说道："上一回，为大明的事，真是麻烦你了。"

"看你说哪里的话嘛。"杨虎瞪大眼睛，说道，"我是你的亲家，我不帮你，谁帮你呀。况且，你对陆小曼不错，还邀她来你这里作画。孙（立人）将军看不起徐志摩，却很敬佩王（庚）将军。陆小曼投进徐志摩怀里，孙将军原本是反感的，但徐死后，陆小曼像变了一个人似的。你看她写给徐志摩的挽联，真是催人泪下啊！"

"孙将军是一个重情重义的人。"董竹君及时地插上一句。

杨虎点点头，说道："你不也是一个重情重义的人？我一说到你，孙将军立即说，董先生非一般女流之辈可比，还说有机会一定要拜访你呢。"

"那真是过奖了。"闻讯孙立人的评价，董竹君有些不安，谦逊地说道，"如果时机成熟，我盼望亲家引荐，我要当面感谢孙将军。"

"引荐倒是可以，感谢倒也不必。"杨虎说道，"事情都过去了。作为军人，保家卫国，原本就是天职。大明要回家探亲，也是天伦啊。我们打仗的目的不就是为了大家尽享天伦之乐嘛！"

董竹君本想调侃一句：真是士别三日，当刮目相看啊。但她没有说出，只是猜想，杨虎这么早来看我，总不是仅仅为了看望吧，更不是仅仅为了闲聊吧？

果然，杨虎喝了一口茶后，面露愁容，淡淡地说道："眼下，日军终于放下皇军的架子投降，这是可喜的一面。但是，抗日战争结束后的中国国内局势，看样子……依蒋委员长的野心，他是不会跟共产党合作很久的。"

看来杨虎处于一种混沌或者矛盾状态。作为一个职业军人，他只有下达命令或执行命令的权力；但是，作为一个公民，他有选择怎样生活的权利。也许处于风口浪尖，他看不清真实的状况，因此需要一个旁观者为他提醒；也许他信任董竹君，很想听听对方的看法。

"其实，战争结束后，不论执政的是哪一党派，它肯定是顺应历史潮流的，正所谓'大势所趋，人心所向'，逆流是行不久的。我觉得，亲家，不管抗战结束后，国内到底会是什么形势，给自己一个明确的定位最好，多做些有利于国家和人民的事是永远都不会错的！像你这样有资历、有名望，借着你的名声，你就可以成就很多积极的事业！"董竹君是何等的聪明，她适时地引导杨虎追求真理。当然，在这个老资格的国民党人面前，她不是生硬地说教，更不能轻易暴露自己的政治倾向，而是择其爱听者而诉之。

杨虎抬起眼睛，看着董竹君，说道："我原以为，亲家母只是一个热衷于开办实业的女强人，不问政治……"

董竹君连忙打断杨虎的话，恰到好处地把自己的锋芒遮掩："我是不问政治的。当初，亲家劝我加入国民党，我说过我对政治是丝毫不感兴趣的；只不过现在战时，爱国心还是有的，看着自己的国家在战争中饱受磨难，心里很不是滋味。所以就简单了解一些时事，做些力所能及的捐助工作。哪像你，可以做些大事。"

"唉，尽力吧。"杨虎叹了一口气，点点头，道，"时局诡异，前途堪虞啊。"

这时，董竹君想到了一事。那是她刚回来不久，在地下组织处听说新四军城工部要送一批男女青年去苏北淮阴解放区，但是路经扬州时需要通行证。而这张通行证，没有军方出面，是办不到的。

"哎呀，亲家，你看，只顾跟你闲聊，倒忘了一件正事。"董竹君盯着杨虎，认真地说道。

"什么事？说吧。我能办到的，绝不推诿！"杨虎手一扬，很豪气地说道。

"有你这句话，我就放心了。"董竹君笑了一下，采用了移花接木的方式，说道，"是这样子的，亲家。有十几个参加过抗日战争的男女青年，现在战争胜利了准备回家，可是途经扬州的时候，那边偏偏要通行证。亲家，您为这些孩子们帮个忙吧！他们在扬州困了好长一段时间了呢。"

"有这事？"杨虎觉得困惑，眉头皱了起来。

"可不。里面还有我的一个远房亲戚呢。"董竹君一本正经地说道，"昨天，我还收到这个亲戚的一封信，向我求救呢。你看，我哪有这个能力？"

董竹君一边说，一边故意让保姆阿金去拿那封信："阿金，快去将我房间桌上的一封信拿来给杨司令看看……"

"哎呀，看什么信嘛。"杨虎有些生气地说道，"难道我还不相信你吗？"

"倒也是。"董竹君顺水推舟，其实哪里有什么信……她镇定自若地说道，"不过，老是麻烦亲家，真不好意思。"

"这样说就见外了，亲家！你说的这个事，我回去就办！"杨虎说完，站起来，说道，"对了，总共有多少人？"

"十四人。"董竹君回答。

"好。这个事情包在我身上。"杨虎拍了拍胸脯，说道，"我得走了。"

"别忘了你还要带我去见孙将军！"望着杨虎的背影，董竹君开心地追上一句。

"放心！忘不了！"杨虎回头，说了声，"再见！亲家！"

二、整治"锦江"

"太太,我找遍了您的房子,也没找到什么信。您是不是记错了?"杨虎刚走,保姆阿金便走进来,小声说道。

"没关系,没找到就算了。"董竹君摆摆手,微笑道,"一会儿,我自己去找找看吧。"

"哦,那样最好。"这时,阿金又说道,"太太,有几个'锦江'的人来探望您,已经等了一个小时了。"

"请他们进来吧。"董竹君一边说,一边亲自出门,把"锦江"的人迎进屋。

"董先生,您可回来了,急死我们了!""锦江"的几个老职工看到董竹君比看到自己的亲人还亲,紧紧握住董竹君的手不放。

董竹君也很感动,让他们一一坐下,并叫阿金倒上茶水。

问候过四年多没有见面的老板,五六个人哭哭啼啼地对董竹君讲述了"锦江"在代理人张某某手中的情状。

应当说,张某某是"锦江"的老职工,圆脸、小眼睛,身材不高,年龄不算大却有些驼背,一副老实忠厚的会计人的样子。他一直主管财务,工作一丝不苟,没有出现大的差错,深得董竹君信任。

董竹君临走时,安排了这个张某某做"锦江"两店的代理人,全部工作暂时从董竹君转移到他手里;后又安排刘伯吾作他的副手,主管经营。刘伯吾是"锦江"

开店元老,是由义士李嵩高先生介绍进来的,因此,也深得董竹君的信任。

三个多月前,董竹君在马尼拉被炸死的传闻传到上海,张某某不仅不悲痛,反而喜形于色,小人的嘴脸顿时显露无遗。他开始不像以前那样细致地过问两店的具体情况,而是每天睡饱了之后,来到店里的柜台上,拿上一大笔钱就走人。银行的存款所剩无几,"锦江"每天的开支一般是现卖现买来维系。渐渐地,洋房、汽车、地皮、德国老婆、金刚钻等等全部握于贪婪的张某某双手中。

店中一些正直的老员工看不过去,仗义执言,但谁不满,谁发牢骚,张某某就报复谁,开除谁。

"锦江"两店俨然成了张某某的"盘中餐""嘴边肉"了。

"如果董先生您再不回来,他就要把我们的'锦江'给转卖了!"一个老职工心疼地拍着膝盖说道。

"刘伯吾呢?他怎么不制止张某人呢?"董竹君很震惊,疑惑地问道。

"哎呀,这个刘先生是个无能之辈,只知道明哲保身那一套,兴许他还惦记着张手里那几个钱能分他一份呢!"

"这种局面让我们看着急得要命,我们却没有资格说些什么,只能盼着董先生尽早从菲律宾平安回来……"

董竹君听后脸色发白,捂着胃部,说不出话来。看错人,用错人,又一次伤及她的事业。

"太太,您别急。"阿金急忙过来搀扶,"先喝口水吧。"

董竹君在逃难的这些日子里,由于奔波、紧张、疲劳,累积了一身的病,如气管炎、胃病等。刚回家的这些日子里,她除了陆续给女儿们办好出国手续,送往国外以外,就是在家养病了。所以,"锦江"两店的具体情况,她并不真正了解。而张某某方面的一些人则在她耳边描绘"锦江"两店的欣欣向荣。因为信任他们,所以她也就轻信了。她万万没有想到,事情会是如此严重!人心竟是如此不古!

看见董竹君气病了,"锦江"来的几名老职工赶紧闭上嘴巴,还不停地用手打嘴,称不该说这些不该说的话,让董先生生气。

董竹君摆摆手,无力地摇摇头。

阿金递给她几粒药,她服下。过了一会儿,她开始慢慢说话了:"不怪你们,这些事是我迟早要知道的。我知道,你们是对'锦江'负责任和感情深,才来这么对我说的,我还要谢谢你们呢。放心吧,我会尽早回去处理的。"

待老职工们走后,董竹君斜靠在椅子上,喃喃地说道:"阿金啊,我居然找了这么两个代理人……"

"太太，这不是您的错。人嘛，看到那么多款子，总免不了贪心……"阿金是个淳朴的老实人，没有多少文化。"是头猪，看到身边多了个肉馍馍，还想独自吃掉呢。"

董竹君无力地笑笑，回过头来看着旁边的阿金，突然问道："阿金，你想自己的闺女吗？这一去倒是很远，第一次离开你这么远吧？"

"咳，太太的女儿们都去大洋那边了，不是更远吗！这次，我的闺女能被派往苏北解放区培养，还要谢谢太太您呢！要是没有您，唉，她可能就会跟我一样，做一辈子的保姆了……"

阿金感激得很，她看着门外说道。原来，她的女儿一直跟着阿金，董竹君在菲律宾期间，她就做国瑛和国璋她们的保姆，她的女儿跟董竹君的这两个女儿年龄相差不大，混得烂熟。当国瑛、国璋被送到美国留学后，阿金的女儿十分羡慕。董竹君知道她爱好学习，有闯劲，征得阿金的同意后，就托人将她送到解放区去了。

听阿金这么感激自己，董竹君有些不好意思。比起张某某他们，对阿金的这点帮助算得了什么？可阿金还是念念不忘。人啊，为什么会有这么大的差别？

"你女儿将来肯定会有大出息的。"董竹君怜惜地把手搁在阿金的肩膀上，"到时候，你就有享不完的福气了！"

一夜难眠。

第二天一早，董竹君便穿上干练的深蓝色工作装，干净利落地走进锦江川菜馆。

尽管"锦江"内部蛀虫不断吞噬着这个庞大的整体，但外部的客流每天还是把两店装饰得生意兴隆。

阳光洒在董竹君的身上，她像是周身笼罩着一层透明的光圈的天使。

顾客们看见气质不凡的"锦江"女老板微笑着站在面前，既惊讶，又欣喜，不约而同地纷纷起身鼓掌。

董竹君向大家点头致意，祝大家用餐愉快。

穿过饭厅，董竹君来到柜台上，认真核对过账单，仔细盘问过会计后，她明白张某某的所作所为绝非老职工们无中生有。

董竹君转身来到董事长办公室，没有关门。虽然这房间打从她去了菲律宾之后，就一直空闲，但每天照例有人打扫，里面的花草和绿色植物也清新如昔。

轻轻地，有人敲了敲门。原来，身后竟无声地跟着一个人。

董竹君转头，看见一个西装革履的男子。她笑着说道："哦，是张先生。"

　　"好久不见啊，董先生。"四五年不见，张某某的背竟然挺得直直的，并努力装作很镇定。

　　"有什么事情吗？"董竹君从宽大的皮椅上坐下来，抬起头问。主人的自信和威严写在脸上。

　　张某某一惊。打从董竹君离开这里后，这样的话，常常只有从他的嘴里发出。听见别人这么问，他还有些不习惯。

　　董竹君并没有请他坐下来。这暗示着，她可能掌握一些情况。张某某有些不踏实，尽管他作了一系列手脚，尽管他自以为安排得天衣无缝，但是，在精明的董竹君面前，他明白自己并不是对手。

　　"你想找我谈谈？"董竹君又一次发问。

　　话中有些针刺，张某某开始不安。他想，自己要想再待在这里，可能性不大了。既然如此，还怕什么呢？想到这里，张某某点着头，顺手拖了个椅子过来，大大方方地坐在董竹君面前，阴阴地说道："你在'锦江'安排了不少眼线啊，真没想到，董先生！"

　　"是吗？"董竹君话中透露出戏谑的成分。

　　张某某忍不住了，火气十足地说道："你既然信任我，把两店交给我打理，就不应该安插这些眼线！"

　　"如果没有这些好心人，可能'锦江'两店就不再是我的了。"董竹君心里这么想，但她当然不会说出来，只是微微一笑，冲张某某摇摇头，说道："我临走时，只是安排张先生和刘先生主管'锦江'两店的，并没有什么所谓的眼线。张先生不要无中生有，随意栽赃。"

　　张某某不耐烦地摆摆手，有些激愤地说道："你收买了每个'锦江'人的心，实际上，他们才是暗中监视我们的主管，而我和刘先生不过是在台上演戏的可笑的猴子！"

　　"张先生，话不能这么说。老职工们都对'锦江'有感情，若不是一部分人不做实事，喜欢做暗事，他们也不会贸然行事的。每个人究竟做了什么，都心知肚明。你想说什么，就痛痛快快地说，为什么还要遮遮掩掩？"董先生突然严肃地问道。

　　"好了，不说这些了！"张某某自知理亏，他岔开话题，说道，"董先生能从菲律宾的熊熊战火中逃命出来，真是福大命大啊！"

"也托你的福气啊。"董竹君笑笑道。

"董先生您刚回来，想必还有很多工作要做，我就不打扰了！告辞！"话不投机，张某某起身走到门口，停住，转过身来，莫名其妙地对董竹君说道，"我这人也许是聪明一世糊涂一时，怎么就忽视一个女人了呢？"说罢，他直直地瞪着董竹君。

"再无能的女流之辈，毕竟还是'锦江'两店的主人。"董竹君自信地回敬，然后淡淡地说道，"张先生好走。"

张某某走后，董竹君立即叫人将四年多来的账目全部找来，并请来几个得力的助手，经过几天不间断的清理，发现的问题令人吃惊：首先是账目明细表残缺太多；二是签字人字迹不一，名称不对；三是账单的数据有涂改现象；四是账面数字与实际收入对不上；五是资金流失或挪用明显。所有这些，责任当然都应算到代理人张某某的头上。

对张某某的处置，董竹君考虑了很久。按章办事是必须的，可是四五年战乱中的账目很难真正算得清，此外，她不知道这些年里，张某某到底结交到了什么朋友，是什么人、什么事怂恿他改变到如此贪婪地步。若有流氓、混混和社会恶势力纠缠一起，为了"锦江"两店的明天，她认为，还是小心为是。

但是，小心归小心，该整治的还得要整治。

一周后的一天上午，张某某被"请"到董竹君的办公室。

"这四年多的账目，你心中有数吗？"董竹君若有所思地问道。

"那当然，我每天都对了账，亏多少，赢多少，清清楚楚。"张某某毫无惧色，说道，"我是学会计出身的。想必这一点你是知道的。"

"那好。"董竹君意味深长地看着张某某，说道，"你告诉我，这四年多的时间里，'锦江'两店究竟赚了多少钱，现在账面上还有多少钱？"

"哎呀，这个，这个嘛……"张某某没想到董竹君会问得如此具体，四年多时间赢利的多少，他心里当然有一本账；可是，那是不能说出来的数字啊。见董竹君在紧紧地盯着自己，张某某只好说道，"是这样。这四年多的时间，物价上涨得厉害，加之不停有上海滩上的流氓地痞来吃'开心餐'，一些惹不起的人如日本鬼子也经常光顾，'锦江'两店没赚什么钱，但也没有亏多少。说实在话，能够维持到今天，我已经是感觉很意外了。"

"可不嘛，如果我再晚回来几天，恐怕'锦江'两店就要易名易主了。"董竹君冷冷地说道。

"你这是什么意思？"张某某听后，心里发毛。

"张先生，"董竹君叹了一口气，盯着对方，淡然地说道，"以前，我真的是很信任你。可是，真没想到，你会如此对待我。"说完，她拿出两份合同书复印件，递给张某某，说道，"你自己看看吧。这样的事情，你也做得出来！"

张某某一见那两份合同书复印件，立即像泄了气的皮球，顿时跪在地上，连连磕头："董先生，我什么都瞒不住你，我该死……"

"你明明知道我安插了许多眼线，可你仍然胆大妄为！"董竹君冷冷地说道，"你中饱私囊不说，还吃里扒外，联合别人来整治我。你的良心在哪里？"

"我该死！该死！"张某某打了自己两个嘴巴子，说道，"这两份合同书我也是上了别人的当。可是，最后时刻，我还是发现了，没有将'锦江'两店转让给别人啊。"

"哼！"董竹君说道，"如果我迟回来一点时间，恐怕你就不会这么说了！"

"好吧。董先生，你如何处置我，悉听尊便。"张某某突然一副死猪不怕开水烫的样子，生硬地说道，"告辞！"

钱真是害人精啊。一个善良人，在短短的几年里，居然被害得成了黑心人。董竹君替张某某感到可怜和惋惜。

最终，董竹君要求张某某以他在上海虹桥路购得的四亩地皮做赔偿，并且开除了他。

张某某深感对不住董竹君。临走，他悄悄留下两万元现金和一块精致的怀表。一切尽在不言中。

董竹君看着怀表，脸上露出复杂的表情。

整治了这个关键性的人物之后，董竹君顺势清除了张某某的残余势力，同时对"锦江"两店大刀阔斧地整顿了一番，上到人事关系，下到菜肴质量，包括两店的卫生、员工的服装和精神面貌，并重新开通了"赈灾通道"。

"女强人"重新披挂上任，店内店外的各种秩序日益改善，"锦江"两店的发展态势良好，顾客逐日增多。

董竹君长长地舒了一口气。

三、邓颖超来访

董竹君一面善管着"锦江"两店,一面积极与共产党联系。从菲律宾回来后,董竹君便和上海党组织取得了联系,不久,她投身到振奋却危险的革命地下工作中。

在此期间,董竹君先后投资创办了永业印刷所、协森印务局、美文印刷厂和美化纸品厂,参与投资中国文化投资公司和美化服装公司。她出版《中国妇女》等杂志,印刷毛泽东、朱德等人的代表著作,印刷反内战、迎接解放的革命宣传资料,揭露国民党政权搜刮人民、残害人民真相的秘密文件以及后来的革命文学作品、中外名著,暴露社会黑暗面的画刊,还积极为党组织供应纸品、纸张等等。

董竹君独资创办的这些文化实业团体,极大地促进了革命思想在中国、特别是在上海的传播和萌芽,为日后中国共产党领导全国获得解放做出了积极的贡献。

虽然"锦江"两店的经济危机一直未能彻底解除,经历着一波又一波的威胁,董竹君还是大胆地不断从"锦江"抽取资金,来保证共产党宣传工作的正常进行。

同时,凭借着自己的经济资本、社会影响和人脉关系,董竹君为共产党营救了不少身陷虎口的革命工作者。

例如,几位为革命做地下情报工作的革命者被特务严加看管,特务试图将其逮捕、暗杀。上海党组织立刻指示董竹君想方设法救助这些人暂时离开上海避风头。董竹君找到人际关系网络甚广的律师刘良,以帮助"亲友"为名,让刘良带领他的弟兄，保护着这几个革命者顺利乘坐轮船离开上海，奔赴香港。

刘良是上海滩上的年轻律师，有些玩世不恭，平日里跟上海滩各种道上的混混打交道久了，看上去倒像是个流里流气的小痞子。

他跟董竹君的结缘与主动送钱给董竹君助其创办"锦江"的李嵩高先生一样，源于他们对董竹君的敬仰。结识之后，刘良一直和董家有很密切的来往。

这样，刘良常年担任"锦江"两店的法律顾问，董竹君没有亏待过他。

依此方法，董竹君和刘良救助了十几位革命工作者。

辛苦的操劳、不停地奔走，尽管可以排遣内心因不完整而带来的寂寞与空虚，也使董竹君的身体出现了更多的不适，并增添了新的疾病。但她没有放弃努力，更没有停止自己的追求。

有追求，就有回报。

有一天，董竹君好不容易有了自己的空闲时间，躺在花园的藤椅上按医生关照晒晒太阳。

这时，阿金凑在董竹君耳朵旁边，小声地说道："太太，您看谁来了！"

董竹君缓缓地睁开眼睛，只见门口站着一个圆脸、微胖的中年女子。黑色皮鞋，全身是一套黑色的正装，里面是有型的白色衬衣。这样的颜色对比显得整个人精神很抖擞。这个女子梳着整齐的齐耳短发，头发稍稍有些花白。她站在原地，冲她和蔼而亲切地笑着："董竹君，我没有打扰你吧？"

"啊？邓大姐！"董竹君惊喜得大叫一声，连忙从藤椅上爬起来。"什么风将您给吹来了？"

"我就不能来看看你吗？"邓颖超快步走到董竹君面前，轻轻扶住她，不让她起来。

董竹君很意外，欣喜的眼神停留在邓颖超身上，激动得有些说不出话来。

阿金忙搬来一把椅子："请坐。"

"不要让外人进来。"董竹君对阿金说道，然后赶紧让邓颖超坐下，"邓大姐，您怎么来这里了？应该我去拜访您才是！"

"早就想来看看你了。"邓颖超谦虚地摇摇头，温和地说道，"这回正好来上海开个小会议，顺道。你的身体还好吗？听同志们说，你从菲律宾回来后，身体就一直不好……"

邓颖超为了追求真理、参加革命，不惜牺牲掉自己的孩子，董竹君为了追求真理、参加革命，离开了自己的丈夫和家庭。两个表面看来同样不完整的女人看到彼此的追求和坚持，千言万语不言而喻。了解彼此的艰难，了解彼此的信心，所以，互相尊重，互相支持。

"我一切还好，谢谢邓大姐挂念。"董竹君真诚地说道。

"我给你带来一点蜂蜜，每天清晨兑水喝一点，对胃有好处的。"邓颖超让随后的秘书将礼品送上。"礼品不重，情义重。请收下吧。"

"看您，还给我送东西来。"董竹君眼睛潮湿了，"我怎么敢当嘛？"

看着眼前的邓大姐，没有兄弟姐妹的董竹君像是看着自己的亲姐姐。董竹君是家里的独女，最大的也是最小的；离婚后，一个人闯荡，除了应付着一些男士的逢场作戏外，极少听见自己的同胞真切地问候自己。

"你的今天不容易。"邓颖超说道，"恩来也惦记着你呢。"

听到邓颖超温柔的声音，独立自主惯了和好强的名声在外的董竹君感动得哭了。在邓颖超面前，她没有掩饰，真实地留下了真实的泪水。

其实，两个女人都是准备好了时刻以一种战士的姿势前进，但对方还是相互怜惜着对方，担忧着对方的坚持和毅力，或者心疼着对方的坚持和毅力。她们是同一类型的人，因为同类，所以相惜，因为同类，所以相敬。

邓颖超轻轻地为董竹君抹去眼泪，轻拍着董竹君的肩膀。似乎，她真的把这个女子当成了自己的妹妹。

董竹君问了一些问题，诸如解放区的情况怎么样了，毛泽东和周恩来等共产党领袖的身体还好吗？北京和上海的地下共产党网络扩展得好不好？组织上需要她做什么等等。

邓颖超尽己所能，一一作答。

过了一会儿，邓颖超用一如既往的温柔的语调鼓舞着她。她甚至鼓励她追求属于自己的爱情。"人的一生是短暂的。但如何让这短暂的一生过得充实而有意义，这是一门深刻的学问。"邓颖超认真地说道，"你的经历很丰富，体验的痛苦也很多，但你一直在追求自己的理想，敢于向命运挑战，这是了不起的事情。现在许多妇女就没有你的勇敢和坚强，更没有你的执着和努力。"

"大姐过奖了。"董竹君幸福地看着眼前的邓大姐，一会儿点头称是，一会儿谦逊地摇头。

"你为我们的地下党做了很多工作！你是咱们党的大功臣！革命重要，身体一样重要！一个人更要学会照顾自己，疼惜自己！"邓颖超起身，笑着说道，"不要老是一个人过日子。有合适的同志，不妨试试嘛。"

"谢谢邓大姐惦念着我！"董竹君也起身，笑着回应。

这时，同行的秘书在邓颖超耳边轻轻耳语了一会儿。邓颖超轻轻地点了点头，然后对董竹君说道："你多保重吧。我得告辞了。"

"您忙，我不留您。"董竹君连忙从室内拿出一条金丝围巾，轻轻塞在邓颖超手里，说道，"这条围巾是我女儿从美国寄回来的，我一直舍不得系上它。今天送给您，也算是我对您的牵念吧。"

"好，好，我收下。"邓颖超示意董竹君不要送了，说道，"周围形势复杂，你就留步吧。"

"请代我向周先生问好。"董竹君说完，送邓颖超到后门口，然后指给邓颖超一条从后门走出去的小路，又派阿金陪着邓大姐走了一段，以防被潜藏在哪个角落的特务看到。

邓颖超小心翼翼地走远。

董竹君依然站立在门口遥望，眼里激动的泪水再次流出来。

四、虎口救人

1945年8月，蒋介石在日本投降前后，三次发电邀请毛泽东到重庆谈判。中国共产党为避免内战再起，与国民党代表曾先后签订了《政府与中共代表会谈纪要》（即《双十协定》）和《停战协定》。

然而，国民党政府派出军队进入东北地区及其他原日军侵占区后，不承认前期已经进入该地的中共军队及其所建立政权的合法性，双方发生大规模武装冲突。

国共两党短暂的合作宣告破裂。

1946年6月26日，国民党不顾全国人民的强烈反对，以围攻鄂豫边宣化店为中心的中原解放区为起点，向解放区展开大规模的进攻。

全面内战就此爆发。

1946年12月25日，"国民大会"在南京闭幕。国民党占领张家口后，违背重庆政治协商会议的规定，单方面召开了这次"国民大会"。经过四十一天的讨论，大会通过了《中华民国宪法》，以根本法的形式确认了蒋介石的个人统治。中共及民盟等民主党派强烈反对和抵制，国共关系全面破裂。

1947年7月，中共军队开始战略反攻，将战争引向广大国民党统治区。

为了迎接新的革命形势，中共上海局决定以上海为总站，开辟上海—台湾—南洋交通线，便于分散在这些地区的党组织联系。这条交通线以经营商业的形式来掩护联络点和相关工作人员。

基于董竹君在上海商业圈中良好的名誉及其在南洋华侨中的人脉，和党组织对董竹君政治倾向的绝对信任，中共上海局把这个光荣而艰巨的任务交给董竹君一手来操作。

董竹君毫不犹豫地接受了这个任务。

很快，她通过投资、集资，在上海南京路东大陆商场楼上，建立了锦华进出口公司。她亲任董事长，由任百尊任监察。

之后不久，董竹君便根据党组织要求，考虑在台湾设立分厂。拥有足够的资本，台湾锦华分公司不费吹灰之力地顺利完成。

董竹君正在权衡由谁来担任该分公司的经理时，任百尊向董竹君推荐了自己的朋友林亚农。

"林亚农是什么人？"董竹君问道。

"和我过去跑单帮做生意的，一个精明的生意人。"任百尊轻描淡写地回答。

"与政治完全没有关系的一个人？"董竹君需要知道这个。

"生意人就是生意人，他那种头脑的人怎么会与政治扯上关系呢？顶多是他做生意的时候在哪里犯下了事，被警察给逮着。不过我还是很相信他的品质的，不会轻易给局子抓住把柄的！"

"你们认识多久了？"董竹君进一步问道。

"三年，"任百尊厌烦这种做笔录似的询问，反问道，"三年够不够来认识和了解一个人？"

"为什么你从那么多朋友中单单推荐他呢？只是因为他现在人在台湾，比较便利吗？"

"因为他能胜任！"任百尊站起来，脸上明显流露出不悦的情绪。

董竹君看出了任百尊的抵触和反感，但是，在用人问题上，她必须这么问。

"任监察，我这么问你是为了我们锦华的发展，而不是对你的不信任，请你理解这一点。我最后问一句：他足够可靠吗？"董竹君作出了让步。

"我介绍的，错不了。"任百尊自信地说道。

董竹君看出对话难以持续下去，即使持续下去，也已没有多大意义，便说道："任监察，这个人是你推荐的，他足够可靠也是你说的。因为我们大家相互信任，所以，我会马上任命他来做台湾分公司的经理。"

任百尊不耐烦地点点头，脸上重现喜悦之情。

就这样，林亚农出任台湾锦华分公司经理一职。

初始，台湾分公司在林亚农的打理下还算有声有色，工作上的资金需要，也正是出于对林亚农的信任而尽力满足。1948年初，上海总公司把大部分资金交给台湾分公司，要分公司运输大批樟脑到香港某销售公司。

结果，香港销售公司等了很久，都没有等到台湾的樟脑，过了合同上的法定日期后，香港公司打电话给上海总公司，说明实情，并表示要状告锦华公司。

上海总部立刻派人前往台湾找林亚农了解情况，同行的还有对林盲目信任的任百尊。

林亚农欢天喜地、敲锣打鼓地迎接总部同事的到来。在台湾一家高级酒店的饭桌上抹干净了嘴以后，狡猾的林亚农带总部的人来到码头，指着别家要起运的樟脑给他们看，谎称这是锦华公司即将运往香港的货物，总部的人大可放心，货物一周之内绝对运到。

总部的人轻率地听信了林亚农的话，便赶往香港，向香港销售公司的相关人士解释，并请他们再等几天。

没想到，香港销售公司又是白白等了两周，台湾公司的樟脑还不见到货。忍无可忍之际，香港销售公司状告上海锦华公司违约。

而这时，人际复杂的林亚农利用他与台湾当局的关系，联络特务对付中共党员任百尊，并将他关入狱中，残酷地陷害他。

"农夫与蛇"的寓言在生活中上演了。直到此时，任百尊才如梦初醒，但已经有些晚了。他在狱中写了一封长长的信，并托可靠的人将信交到了董竹君手里。信里有一句话特别让人难受："千错万错，怪我瞎了眼睛，认错了人，将毒蛇当成朋友……"信的最后，委婉地请求董竹君设法救救他。

读完信，董竹君长叹一声，仰头倒在沙发上。但很快，她就挣扎着坐起来，喝了一口水，让自己的情绪稳定下来。现在不是追究责任的时候，现在关键的问题是立即设法筹得欠款，偿还香港销售公司，然后再想办法营救被关押在台湾的任百尊。

此时，董竹君眼前首先晃动的人影是杨虎。她知道，杨虎有一个太太叫陈华，是台湾国民党军统方面的人。如果陈华能够帮忙，事情应当不难解决。虽然一而再地麻烦杨虎，但是，这件事还非他出面不可，这是董竹君的唯一选择。

恰巧，董竹君听说杨虎病了，正在上海惠民医院诊治。她立即买了一个花篮，一些补品和水果等，前去探访。

"哟，亲家，你怎么如此客气呢？"杨虎一见董竹君提着大包小袋地走进病房，便大声叫起来，"你还给我送来鲜花，哎呀呀，受不起，受不起呢！"

"原来亲家没什么病呀。"董竹君也笑起来，走到床边，说道，"老太婆给你送花，你就不喜欢了？"

"哪里呀！我欢喜得不得了呢。"杨虎让董竹君坐下来，看得出，他的心情不错。其实，杨虎哪有什么病？思想病！他想借在医院里疗养，为自己想一条更好的出路。"不过，亲家，你如此隆重地来医院里看我，一定又有什么事需要我出面关照了吧？"

"亲家，看来我是逃不过你的法眼。"董竹君点点头，笑着说道，"的确，多次麻烦你，我都有些过意不去。但是，这件事还只有请你出面才行。"

"别绕圈子，直说吧。"杨虎摆摆手，说道，"谁让我是你的亲家呢！"

董竹君便把事情的前因后果讲了，完了，加重语气说："任百尊在'锦华'是我的得力助手，他这一被关押，我气得差点大病一场不说，董事长和监察都不在公司，'锦华'一下子受到了很大影响……请亲家无论如何把人给救出来！"

杨虎听后，盯着天花板，想了一想，说道："亲家母总是开公司办工厂的，老给自己找麻烦。说真的，这次万一是你亲自去台湾，兴许被抓起来的就不是任百尊了。"

"是，老给亲家添麻烦，但是这次真得劳烦亲家再出一次面……"董竹君恰到好处的对自己政治倾向的隐藏，在杨虎眼里，董竹君就是一直办实业而已，这个女人从来都与政治无关。

"出面是必定的。"杨虎点点头，"这样吧，我写封信给陈华，让我的秘书带去，到时候你派人随我的秘书一起到那边。你自己就别去了。"

"大恩不言谢。但我还是要说一声，谢谢亲家。"董竹君喜得连连致谢。

"事情最终是什么结果我也不知道，但我会一直关注的，这一点你就放心好了。"杨虎这样承诺。

一股热流涌了上来，董竹君眼角有些潮湿之感。如果夏之时不颓废，不自甘沦落，到今天，这样的事情，兴许他一个电话就能摆平。可惜啊，还好，这么些年来，夏之时可能抛弃了所有的朋友，但他的朋友却并没有抛弃董竹君。当然，不是因为夏之时的沉沦，而恰恰是因为董竹君本人的坚持和努力。

从医院回来的第二天，董竹君得知，杨虎的秘书和"锦华"的人一起去了台湾，并很快找到陈华，交给她杨虎的信件，并叮嘱了一句话："杨虎与'锦华'有很大关系。"

陈华立即出面，亲自为任百尊找到担保人。

一个星期后，任百尊成功脱险。

任百尊等一行人回上海后，百感交集。男儿有泪不轻弹，但在看见董竹君后，任百尊还是流下了滚烫的眼泪。

"锦华"停业后，任百尊出任上海市公安局侦查处科员。他利用工作之便，暗中帮助董竹君，做了不少有益的事情。

五、在金圆券风暴中屹立

然而，一波未平，一波又起。

"锦江"蛀虫刚刚整顿完毕，房东又来敲竹杠。

第二次世界大战后的上海，犹如一个刚从农村进城的乡下人一样，有着些欣喜若狂的躁动。市面上出现一派苍凉的繁荣，却像是一个让人心疼的畸形儿，让人束手无策。同时，房价跟着无度地上涨，地皮昂贵，房东们纷纷借机敲诈。

董竹君的"锦江"茶室在此逆流中，没有人在岸边不沾鞋的道理。

"锦江"茶室的房东是"中华职业教育社"。房东来信通知，抗日复员归来，需要房子做办公室，"锦江"茶室务必退出，否则将强行轰赶茶室。

董竹君看过信后，交给律师刘良看。

刘良接过信，读懂了房东的意思，无所谓地摆手摇头："董先生，您放宽心便是，这种人就是找机会敲竹杠！看我们'锦江'有钱就瞎起哄要钱！先别放心上，他们不会给'锦江'关门的，料他们有这心也没这胆！过些天，等他再来信时再说！"

不几天，董竹君果然又收到"中华职业教育社"的来信，套用法律条文，言辞尖刻，理直气壮，义正词严地非要要回茶室的房子做办公室。

刘良这回客气地回信说：任何时期，和平时期和战乱时期一样，"锦江"茶室从未欠过房租；目前房荒，迁移店子难度太大，请见谅。

房东当然不依不饶，刘良和他们僵持了很久。就在意气用事的刘良差点用刀子等工具的时候，对方找到了罗舒章出面调解。

罗舒章是董竹君的老朋友。董竹君看在调解人的面子上，同意给房东一笔钱，并重新订租契，为期十年。

这件事又给"锦江"带来了些经济上的麻烦。但是董竹君仍然迎难而上，像个战士，从不放弃自己的目标、自己的锐气。

1948年8月19日，国民党政府行将垮台，为了作最后的挣扎，在垂死前大肆敛财，蒋介石进行币制改革，发行金圆券，收回法币，并限期收兑民间所有黄金、白银和外汇，规定企业的存货不能超过两个月。

为推行上海地区的币制改革，蒋介石将自己最能干的儿子蒋经国派往上海亲自督阵。

蒋经国是个务实派。他来沪后，亲自传讯上海工商、金融界的头面人物，强迫交出金银外汇，又派遣戡建队镇压抗拒者，强制实行限价政策，突击搜查全市物资仓库，没收存期超过三个月的库存货。

上海市面因金圆券风波，顿时引发混乱。

蒋经国来到锦江川菜馆，问道："你们的董事长呢？"

董竹君闻讯而到："我就是。"

"现在全国在进行币制改革，你有什么看法？"蒋经国坐下后，打量着董竹君，认真地问道。

"上次您让我们开会，我参加了。"董竹君镇定地答道，"关于你们的币制改革，我有自己的想法。"

"我就是要听听你们真实的看法。"蒋经国喝了一口茶，示意秘书准备作笔录。

"如此大张旗鼓地发行金圆券，我不看好这种强制性。"董竹君不卑不亢地说道。

"为什么？"蒋经国吃了一惊，竟然有人当面反对这种政策？

"一种政策的出台应该要看民众的拥护程度。"董竹君说道，"现在你们不让自由地收兑民间的黄金、白银和外币，这只是表面上的事情，实际上，你们做不到这一点，老百姓也不听这一套。更为重要的是，现在局势不稳定，不同势力、不同区域的当政者都在货币上做文章，中央的集权未必达到你们预想的高度。因此，问题很多，弄不好，收不得场。"

蒋经国一边听，一边让秘书记录，同时陷入沉思中。

"有什么问题,能不能讲得更细一点,或者更具体一点?"蒋经国没有刚到"锦江"时的威严,相反,他变成像善于倾听者那样的和善。

"好的,我就打一个很浅显的比方。"董竹君说道,"来我这个店里用餐的顾客,如果他带来的是黄金或别的什么钱财,我该不该收?如果拒收,那我该收什么?如果对方又没有你们的金圆券,那是不是意味着这顿饭可以白吃?甚至,顾客说,把账记到政府头上,到时以某种方式去换取钱物?"

蒋经国听得很认真,还不时顿首,或若有所思。

"好。今天,你给我讲了真话。"离开的时候,蒋经国由衷地、充满敬意地对董竹君说道。

任何事物的发展必须遵循客观规律,一旦违背,除了事物本身的发展受阻甚至停滞外,与之相关的周围环境都有可能崩溃、断裂,这是董竹君敢于在蒋经国面前直言不讳的原因所在。

蒋经国走后,上海的金圆券风波还未平息。董竹君也明白,蒋介石不会因为董竹君几句实话就改变政策。尽管如此,董竹君还是冷静、果敢地分析估计,这个不合乎市场运行规律的金圆券的寿命不会超过五个月。

基于此,她大胆作出决策,为"锦江"两店做两套账目,一套是给税务局的人看的,一套是店内实际、真实的账目。她四处借来金圆券囤积货物,等到市场崩溃的时候,将货物卖出少许,打算解决一部分的经济问题。

交代好了这些,董竹君便打点好行李,一个人打算飞往北平放松一下。经历过大风大浪的她,对市场的敏感强过许多以专家学者自居的学究们。董竹君上身穿黑色短袖的一排扣上衣,下身是白色大摆长裙,脚上是黑色高跟皮鞋,风韵十足。她拿着行李登上了客机,回眸一望,是她对新任会计小于的郑重嘱咐:"上海金圆券一有变化,就立即发电报通知我!"

这是个充满着智慧而又充满浪漫情趣的女人。

果不其然,金圆券在市场上逍遥了仅仅两个月后,终于销声匿迹。

但是,仅存的这两个月的结果,却是致使不少店铺一夜之间轰然倒塌,再无回天之力。

凭借着董竹君的聪明计策和前瞻意识,"锦江"两店创造了奇迹,不仅在这次风口浪尖中毫发未伤,而且还顺势而发,生意日益兴隆。

六、周恩来的宴请

1948年9月起，中国共产党领导的人民军队发起了震惊世界的三大战役：辽沈战役、淮海战役和平津战役，并于1949年4月胜利地渡过长江，占领了国民党南京总统府。国民党政权于同年12月仓皇逃窜台北。

1949年10月1日，中华人民共和国成立，北平改名为北京。

新中国成立的大好消息传遍了全世界，不少海外赤子怀着报效祖国的雄心，纷纷踏上归国征途。毕业于美国纽约大学电影技术学院的国瑛，就是其中的一个。国瑛受到母亲的影响，很早就参加了革命。她出国学习电影方面的知识，就是党组织考虑到要在这方面培养人才，把她派出去的。她在联合国电影部工作了一段时间后，获悉中华人民共和国成立，立即放弃优厚的待遇，汇入到第一批回国的留学生队伍中，毅然决然地踏上了思念的祖国土地。根据所学的专业，她被分配到了电影局。

国瑛回国后，先是到上海探望母亲。

董竹君很高兴，说道："你学有所成，风华正茂，比我当年强多了。眼下国家正是需要大批人才的时候，你明天就到北京去吧。"

第二天，国瑛踏上了去京的火车，随后，径直到电影局报道。

新中国第一任电影局局长袁牧之问国瑛想做什么。

国瑛回答："想为新中国建立一个教育电影制片厂。"国瑛很感激母亲对她的教育，而母亲自身也是不断求学、获得成功的好例子。而当时的中国，教育水平还很低，基础还很薄弱，她希望用电影这种大众媒介，让中国百姓在娱乐中感悟到教育的作用和意义。

"好。你把具体想法写个方案吧。"袁牧之鼓励国瑛，"放开手脚去干吧！"

国瑛立即开始调研，看完了国内外的相关资料，结合中国当时的实际，她拟定了一份计划书，然后把它交给电影局。

不久，中央军委文化部决定，由当时三位文化部部长陈沂、刘白羽、李兆炳和政治部主任萧华领导为首，成立"解放军教育电影制片厂"的筹备委员会。国瑛被定为准团级干部，担任秘书长。

有了中央的支持，国瑛大刀阔斧地干起来。她买进八百亩地皮，开始和大家共同建设电影厂。电影厂一切工程的设计、订购器材、建材联系、培训技术人员等均由国瑛一手经办。那些日子，国瑛忙得团团转，吃住都跟工作人员一起。

"很好，孩子，你干的是大事。"董竹君在电话中说道，"妈为你高兴。"

在中央有关部门、文化部领导的大力支持和国瑛等人的共同打造下，解放军教育电影制片厂的录音楼是二十世纪中期的亚洲最先进的，这被前来参观的中外专家大为褒扬。

这个电影厂就是现今如雷贯耳的"八一电影制片厂"。

由于功能的扩大和内容的需要，"解放军教育电影制片厂"因兼拍故事片等其他题材的片子而更名为"八一电影制片厂"。

女儿的事业趋于稳定，并取得一定的成绩后，董竹君乘火车到达北京看望女儿国瑛。

听说董竹君母女刚巧都在京，周恩来总理和邓颖超便约母女二人于一个周六的晚上一起就餐，总理派车子接送。

董竹君母女喜出望外。

国瑛为了电影厂，放弃了休息日，周六在电影厂硬是忙活了一天，到了平日里下班的时间，还在忙不迭地查找资料，审阅片子。

那天下午，在家等候的董竹君看看时间，要去总理家的时间到了。她赶紧打电话给女儿，要女儿快点儿回家。"总理派来的车就在楼下等你呢！"董竹君大声说道。

车子一直耐心地等着加班匆匆回来的国瑛。

到达中南海西花厅周总理家时，董竹君母女迟到了十多分钟。

邓颖超热情地出来迎接，笑着嗔怪董竹君说："恩来从来不等人的，今天却一定要等你们娘俩！进屋，进屋！"

"唉，都怪国瑛是个工作狂。"董竹君连忙说道。

董竹君和邓颖超拥抱过后，欢天喜地进屋。

"欢迎，欢迎。"总理精神矍铄地坐在饭桌旁边，耐心等着三个人坐下。"国瑛这个女才子为国尽力，做了不少的事。我这个总理，等她一下，应该的喽！"

"对不起，总理。"国瑛面红耳赤，小心翼翼地说道，"我在审一部片子……"

"不用解释了。"周总理大手一挥，然后又对董竹君说道，"你的身体还不错吧？"

"还好。谢谢总理。"董竹君答道。

邓颖超坐在周总理身边，看着董竹君，问道："我们有多久没见面啦？看，国瑛都从美国学成归来了。其他几个孩子也还好吧？"

董竹君一一作答。

聚会时的气氛融洽、舒服。每个人都是为国家和人民做事的，练就了一身务实、真实的优良作风，在饭桌上也丝毫没有官僚主义。

简单地聊了一会儿后，便正式开餐了。周总理举起酒杯，郑重其事地对董竹君说："我来敬你一杯！多少年来，你为党和人民做了不少工作！"

董竹君谢过总理。

"身为都督夫人，甘心抛弃荣华富贵，单枪匹马地追求真理、参加革命，实在难得！"总理放下酒杯，接着说道，"一个人革命不容易，一个女人革命更不容易，一个女人要成功并协助着革命就更不容易！"

"比起总理来，我的所作所为，真的微不足道。"董竹君谦虚地微笑着，倾听着总理的话，并适时作出回应。

邓颖超也在一边微笑。

周总理转过头对国瑛说道："爸爸是副都督，妈妈是'锦江'老板，女儿是'八一厂'的创始人之一，一家两代都是国家的功臣哪！"

"哪里嘛。"国瑛不好意思地说，"谢谢总理夸奖！"

全屋子的人都喜笑颜开。

慈祥的总理的浑厚的笑声在屋子里回荡着。

"如果当初选择离开，是为了今天，那么，过程中的所有代价都是值得的。"在回家的路上，董竹君默默地对自己说。

1950年6月25日，朝鲜战争爆发。

美国为了维护其在亚洲的既得利益和霸权地位，立即出兵干涉。

9月30日，周恩来发表慷慨激昂的讲话，称：中国人民决不能容忍外国的侵略，也不能听任帝国主义者对自己的邻人肆行侵略而置之不理。

10月初，中国政府根据朝鲜政府的请求，毛泽东审时度势，毅然作出"抗美援朝、保家卫国"的英明决策，并迅速组成中国人民志愿军入朝参战。

是年10月19日，中国人民志愿军在司令员兼政治委员彭德怀的率领下，跨过鸭绿江，开赴朝鲜战场。

与此相应的是，全国响起了为抗美援朝战争捐献飞机大炮的号召，董竹君积极响应，在上海复兴公园设立了"锦江"分店，销售额全部捐献给前线。这一举动，引起了社会舆论对"锦江"及其主人的再次褒奖，"锦江"的发展也是蒸蒸日上。

与此同时，远在北京的国瑛被派去朝鲜战场，为电影厂拍摄第二届赴朝慰问团第一部战地纪录片《慰问最可爱的人》。

从朝鲜回国后不久，性格耿直的国瑛在厂内的人事关系上遭到宗派主义的排斥。

思前想后，国瑛决定离开。

临走时，她对在上海的妈妈说："我是为人民的事业而工作的，我曾经的理想是创立一个教育电影制片厂，结果成功地做成了，而且，现在厂子已正式开始生产片子、良性循环了，基本上来说，它不再需要我了。我是为人民的事业工作的，人民需要我的时候，我还会继续来做。"

董竹君听到女儿平静地打算离开的誓言，为女儿无私的付出而感到欣慰。"无论你做什么，妈妈永远支持你。因为妈妈知道，你从来不会做坏事，你只做好事。"

听了董竹君的这番鼓励，国瑛泪如雨下。

当天，国瑛整理好办公室里的东西，走出八一电影制片厂，再回头看看自己的"孩子"——已经慢慢长大的"孩子"。喜悦、悲悯、满足、不舍，无以复加。回头看看，再想想。想到的都是创业时的艰辛和喜悦。大家在一起的最最热闹的热火朝天，最最淳朴的互帮互助，最最激烈的面红耳赤，最最幸福的锣鼓喧天。整个奋斗的过程只是为了一个理想，电影制片厂，大家的斗志和和谐达到了最原始的状态。国瑛抹去脸上开心的泪水，回忆带来的。现实带来的却是自己的必须离开。说实话，国瑛不懂为什么会有今天的局面。大家曾经那么团结！不忍理会残酷的现实，国瑛转身离开，带着那些美好的回忆。

离开"八一厂"后，国瑛暂留在北京家里待了几天，想调整一下心情，给上海的母亲以最开朗、最灿烂的女儿。期间，她不断地接到一些曾关注过"八一厂"建设的中央领导的电话，他们对国瑛说走就走很不理解。国瑛很感谢领导的关心，给每个人的答复都是对妈妈电话里说过的那些话，没有讲述任何被排斥的实情，她独自承担着痛苦。

少年老成、冷静理智的国瑛淡淡地提着行李箱离开了北京的家，离开了带给她快乐和忧伤的北京。

别了，八一电影制片厂。

别了，北京！

国瑛临上火车时，在心里这样对自己说。

国瑛一个人回到上海，回到妈妈身边。

从不娇惯孩子的董竹君破例到火车站迎接女儿。

尽管女儿准备了足够的笑容，但在看见妈妈的瞬间，她那压抑的委屈的泪水还是汹涌而出。这泪水，她不知道为谁而流。

董竹君轻轻地拍打着国瑛的背，轻轻地说道："虽然你长大了，但妈妈仍然是你的妈妈。"

国瑛破涕为笑："即便女儿成了老太太，妈妈仍然是我的好妈妈。"

"孩子，别放弃。一点挫折算不了什么的。"董竹君认真地说道。

"放心，妈妈。"国瑛庄重地点点头，"我不会消沉的。因为，我是您的女儿！"

国瑛在董竹君身边休息几天后，便应邀到上海科教电影制片厂从事编导工作。在她的辛勤努力下，由她编导、上海科教电影制片厂摄制的《西湖风景》在捷克首都布拉格夺得了国际大奖，为国家赢得了荣誉。

"国瑛真是好样的！《西湖风景》拍得很好，真美。我和总理都看了两遍呢！"邓颖超闻讯后，立即打电话给董竹君说，"恩来说，下一次你们来北京，他还要在中南海宴请你们呢！"

七、情愁天涯

那真是一段忙碌的、令人难忘的日子!

董竹君以巨大的热情,积极参与着新中国基础薄弱的国民经济建设。她以经验、智慧、勤奋和扎实的工作作风,活跃在一片奋发向上的天地中。"新中国成立,老百姓的生活就越来越好了!"看到多年的梦想正在变成现实,董竹君的心情之激动可想而知。

1951年春的一个早晨,太阳还没出来,董竹君把刚刚洗干净了的衣服晾在花园里的绳子上。由于绳子太高,她踮着脚尖勉强挂好,就在这时,她的老毛病——胃病又发了。董竹君强力忍着,胃痛一直延伸到心口,疼痛有如刀绞。她不知道为什么这些日子心口居然疼痛得厉害,有时候甚至喘不过气来。董竹君有些担心自己是不是患上了别的什么大病。

阿金见状,赶紧过来扶住董竹君,说道:"太太,衣服我来晾嘛。您看,又疼成这个样子。"

"唉,不中用了。"董竹君无力地说道。

阿金小心地扶着董竹君:"要不我们去医院检查一下吧?老这样让它疼下去也不是办法呀。"

"嗯,今天先观察一下,如果不行,明天我们就去看看吧。"董竹君歇了一会儿,感觉好了一点。

阳光穿过天边的积云层，慢慢射出一道金光。

"太太，你先进屋子里休息一下吧。"阿金关切地说道。

董竹君点点头，准备接受阿金的扶携，朝房间走去。

就在这时，一阵"丁零零"的自行车铃声急促地传来。"董先生，有您的信件！"门外，满头大汗的邮递员手中拿着一封信，冲董竹君大声吆喝。

阿金赶紧小跑过去，拿回来，双手交给董竹君。

董竹君捂着胸口接过来。她只扫了一眼信封，心就紧了起来。

这是四川合江老家来的信。准确地说，是夏之时的大儿子夏述禹写来的信。

董竹君的眼皮突然跳了起来，一丝不祥的预兆掠过脑门，她拿着沉甸甸的信，像拿着一块烫人的砖头。

一束阳光，像锋利的刀子插在董竹君的额头上。她深深地吸了一口气，抖抖地拆开了信。

新中国成立后，由于国内外敌对势力过于猖狂，为了坚决打击反革命势力的破坏活动，巩固人民民主专政，维护人民的根本利益，保证土地改革和抗美援朝战争的顺利进行，1950年7月23日，政务院和最高人民法院根据七届三中全会精神，公布了《关于镇压反革命活动的指示》，镇压反革命运动开始。

1950年10月10日，中共中央针对"镇反"运动中存在的右倾倾向，作出了《关于纠正镇压反革命活动中的右倾偏向的指示》，要求各级党委纠正对反革命分子"宽大无边"的偏向，全面贯彻"镇压与宽大相结合"的政策，"首恶必办，胁从不问，立功者受奖"，坚决镇压土匪（匪首、惯匪）、特务、恶霸、反动会道门头子和反动党团骨干。

一年后的2月21日，中央人民政府又颁布了《中华人民共和国惩治反革命条例》，进一步明确了"镇反"的方针、政策，使运动很快形成了高潮。

也正是在1951年初，四川合江县人民政府公开宣判夏之时为"反革命分子"，来不及申辩，也不允许申辩，这位民国元老作为重大"反革命分子"被就地枪决……

董竹君读罢，眼睛呆呆地望着信纸，半天回不过神来。一个一生追求"革命"的人最后却以"反革命分子"的名义被执行枪决。这是讽刺，更是宿命。

"太太，您怎么啦？"阿金见董竹君脸色苍白，冷汗直流，便大声喊道。

董竹君无力应答。一瞬间，她明白了这些日子，胸口总是疼痛的原因是什么。不是因为分手了，就割断了曾经的爱恋。也不是因为不满他，就斩断了对他的回忆。好强的人从来不会将情感赤裸裸地表达出来。

"之时，我们之间究竟发生了什么？"董竹君在心底发问，"为什么会是这样？为什么？"

没有谁能够回答。

能够回答的只有风。

可是，风的回答连同它的本身一样，却是那样的虚无缥缈。

此刻，胸口的疼痛让董竹君的右手紧紧地扶在前胸上，左手已经无力捏着这封太过沉重的信纸。

终于，信纸徐徐飘落在地。

阿金不认识字，看着白纸黑字干着急。董竹君呆呆的样子，一动不动的样子，更是令她着急、心疼和困惑。

那是压抑的情感，干涸的情感。这情感被风化了，这情感被凝固了。董竹君滴不出一滴泪，她的痛却在心里狠狠地撕扯着，她的心却在烈烈地燃烧着，她的苦却在深深的压迫着。没有情感的情感却如潮水一般，淹没了饱经风霜的人。原以为被风化了的情感，原以为被凝固的情感，原以为不再积蓄的情感，一旦苏醒，依然强烈，依然如歌如梦，依然残阳如血啊……

"太太，天凉了。我们进屋吧，小心着凉啊。"阿金轻轻地说道。

看看天，太阳涂红了长方形的天空。实际上，天空应该圆形的，是无限的，可是董竹君看起来它却是长方形的。因为她看到的部分就是长方形的。其实，她没有看到很多东西，包括她对夏之时的爱。她以为她不爱他了，肉体的彻底离开，似乎灵魂也随着一起离开了。可是，结果，实际上，她还是爱着他的，他与她还是一体的。多少年来的抗拒，多少年来将一个又一个爱慕者奋力推开，只是为了一个人，那个人就是夏之时。夏之时在她的心海里，依然是占据了最重要的位置；在情感上，依然占据着全部的位置。怎么现在才发现？如果以前发现了，为什么不承认？仅仅是因为要强吗？当信中提到夏之时一次又一次幻想着董竹君再一次走进他的生活时，她几乎要将他咬一口：为什么，为什么你也这么逞强？董竹君热泪纵横。

阿金惊慌失措，她不知道发生了什么，只是努力扶着董竹君进屋。

回头看看早晨的太阳，竟是一大片血腥。董竹君的心猛地一颤。"放开我！"董竹君以少见的粗声命令阿金，然后，以最快速度进到二楼的卧室里，还让阿金把门关上。

是的。她需要平静一下，好好地平静一下。所有的挂牵，所有的仇恨，所有的思念,都有了答案。那个人去了。临死的时候,他是否想着自己?信上说,临刑前,夏之时唯一的请求是:"我要见见我的太太。"

刽子手哈哈大笑:"你都讨了几个老婆,你究竟要见谁呀?"

"我要见我的太太董竹君。"夏之时一字一字地说道。

"见你的鬼去吧!"这个要求被断然拒绝……

信中的这段文字,让董竹君肝胆尽裂。

现在,她坐在宽大的双人床上,望着床头上她摆放着的两人的结婚照片,她"哇"的一声,终于哭出声来。

多少年来,无论搬家到哪里;无论生活多么艰难,无论内心多么酸楚,董竹君始终把两人的结婚照片摆放在床头。她擦了擦泪,将结婚照重新拿在手里,照片上的那个让人爱让人恨让人欲罢不能的人终于去了。

起风了。

很大的风。

窗外突然一片黑暗。那一片积云层把一束阳光斩断了,关闭了天窗。

乌黑。

暴风雨来临的前兆。

难道老天都知道一个人的悲恸?难道老天都不忍看见这个饱经苦难的人的肩胛剧烈地抽动?

电闪雷鸣,倾盆大雨。

阿金慌忙跑到外面收起刚刚晾上的衣服,嘴里不解地叨念着怎么突然来了这么个鬼天气。

窗内,董竹君毫不顾忌地大哭了一场。

泪水比雨水更汹。

雨水比泪水更大。

远远地,有一支歌传来。那么遥远,那么轻缈,那么沁人心肺。

是爱尔兰民歌《夏日里最后一朵玫瑰》。

是心中的箫声再一次响起。

两个人三十六年前照的文明结婚照在旁边静静地聆听着董竹君的哭声,聆听着哭泣里的语言,聆听着这个女子的心。

两个人的离婚并不代表两个人感情上的完全斩断。离婚只是因为两个人共同生活下去的意义并不大于两个人分开生活的意义。也许,正是这种分开才使两个人更加眷恋过去的真情。虽然不能重新拥有，重新享受，但是，把记忆留在心底，回忆的时候舔舔那些甜蜜蜜，倒也是不错的。

董竹君知道，夏之时离婚后娶的第三个太太，唐姓女子，一个大户之家的大家闺秀，贤淑、乖巧。即便这样，夏之时还是不时地怪罪唐夫人这里不好那里不好，回忆起来的全是董竹君的好。

抽刀。断水。愁更愁。

夏之时被处决后，夏家的经济出现了重大危机。夏述禹的后代，以及这些后代的同代人，都受过董竹君慷慨的资助，因此才得以完成学业。

这些举动也算是董竹君对夏之时的感铭吧。

夏之时的冤案一直持续了三十七年，直到1988年，这位辛亥革命元老才终于彻底平反昭雪。

获悉夏之时昭雪的消息，董竹君原以为流干的泪水再一次悄悄地流了出来。她拿出那张不知道看过多少遍的结婚照，轻拂尘灰，怅望苍天。

山高水远，情愁天涯。

第九章

劫 难

  时间在向前进，历史在向前进，人心也在向前进。前进，是一个中性词汇，有时候表达新事物强大的生命力，有时候却表达劣根性的强势增长。作为一个盛名相符的女企业家，她被太多人觊觎。年过五十，她始终不曾停止脚步。她被历史的洪流裹挟着，陷入一个沉重而悠长的低谷。敌人要你死，你偏不死！她一遍一遍地重复着这句话。她坚定地保护自己，告诉自己，一定要看到鬼哭狼嚎的末日，等到春暖花开的明天。

一、阴毒的起诉状

20世纪50年代的中国，百废待兴。中央最高决策层把工作的重心从农村转移到城市，认为革命胜利以后的主要工作是生产建设，提出国内的主要矛盾是工人阶级与资产阶级的矛盾。在解决这个矛盾的过程中，由于制度的变化，加之相关政策的模糊性和管理工作跟不上来，在这个磨合期中，不同层次、不同性质的问题很多，造成了不少劳资纠纷问题，这很正常，却从中反映出旧官僚、旧思想的根深蒂固。

当董竹君的情绪好不容易从夏之时被处决的阴影中走出来时，上海的酒店业已是山雨欲来风满楼了。不少餐馆、酒店和旅社等纷纷出现劳资纠纷问题，私营企业职工向老板索要经营管理权也屡见不鲜。

置身风雨中的"锦江"也不例外。

由于董竹君在做中国共产党的地下工作时，保密性特别好，所以，职工们不知道董竹君的政治面貌，错把她当成了要清算的"资产阶级"，找她"算账"。气势汹汹的职工们失去了最初的忠厚善良，个个伸手，急不可耐地向董竹君索要"锦江"的利益。

作为这个行业的龙头，各家各户面临同样问题的酒店都在注视着"锦江"的动静。不是幸灾乐祸、袖手旁观，不是明哲保身、避而远之，而是迫不及待地看着自己强有力的同行如何处理，将会达到怎样的更有利于他们自身发展的效果。

他们认为，如果"锦江"的董竹君处理不好这些劳资纠纷问题的话，他们就更没戏了。所以，他们抛弃了对对手的成见，紧张地为董竹君捏了一把汗。

而董竹君自己认为，将"锦江"无端地交给这些对政策囫囵吞枣随便煽风点火的年轻人，不出几个月，"锦江"便会在这些没有任何管理经验的人们手中关门大吉。倘若这样的话，全"锦江"的职工都会面临失业的危险。考虑到共产党的政策和职工的实际利益，董竹君一个人抱病奔走，孜孜不疲，向市劳动局反复陈述自己的主张。当酒菜业工会的代表们一个个因为担心利益的丧失而选择缄默不语的时候，董竹君勇敢地站了出来，请求上海市副市长协助处理劳资问题。

一个人经历过别人的拒绝、沉默、冷漠之后，她会变得坚强。当同行们站在一旁，不声不响地关注结果的时候，董竹君依然决定：为了党的保护民族工商业和统一战线的政策，为了"锦江"全体职工的利益，她愿意单枪匹马坚决斗争到底！一个人的战斗。个体与集体、个人与国家，她将一些不属于她的责任也一块揽上，继续带病奔走，呼吁，据理力争。

尽管努力，结果却不美妙。上海市劳动局的工作人员隔山看海地告诉她说："对不起，董先生。工人们还是不肯在合约上签字。"

董竹君看着面前极具官僚主义作风的工作人员，不干实事正事，拿着别人的困难不当回事，只知道私谋利益，跷着二郎腿摆臭架子，嘴里叼根烟流里流气，乌烟瘴气，心里就颇为愤愤不平。"工人们不签字，你们做过工作没有？你们解释过政策没有？"董竹君太耿直了，她的眼里容不得沙子，她提高声调，说道，"这么点事半年了还不给解决，是你们劳动局不按政策办事！没办法只能大家一起买票去北京，请中央来解决了！"说罢，她转身离开。

世道变了，董竹君性格没变，依然直爽，依然天真。

走不多远，董竹君忽然听到身后噼里啪啦地一阵响，像是把桌子椅子都掀了一样的声音。

董竹君下意识地要回头，但在转了一半头的时候，她控制住了自己：有什么好看的呢？无论是别人好笑，还是自己被别人笑都没意思。她恢复常态，顿了一下，平静地走出了市劳动局的大门。

第二天，酒菜业工会的代表来到董竹君家里。

董竹君平淡地接待了他们。她知道，昨天，她在市劳动局说过的去中央解决的话不是气话，更不是白说的。正因为此，酒菜业工会的人不敢不想办法，董竹君很了解这些"见利思迁"的人。

"哎呀，董先生，昨天你去国家机关闹事了吗？我昨天接到劳动局的电话时还很纳闷，董先生这么稳重的人怎么可能做出这种事情来呢？我对他们说，我不信董先生会做出这种事情来！今天就特意来拜访董先生问明此事了！"工会代表假惺惺地说道。

"闹事？谁说我去闹事了？"董竹君有些愤怒，大声说道，"我不过是说了一点真话。你们不听的话，也可以等着瞧！"说罢，董竹君轻蔑地笑了一下。

"不要激动嘛。我们就是来了解情况的嘛。"来者态度还算诚恳。

原来，董竹君昨天临走的时候听到的声音是劳动局的人给自己戴了个罪名。董竹君见对方这样，便回复道："我昨天是去过劳动局，至于闹事一事是谁告诉您的，我不知道，也没必要知道。我去劳动局是为了什么想必您比我还要清楚。我只是为了请市劳动局按政策办事而已，否则，真得上到中央了。"

"啊，办事，办事好说，干嘛非要上中央呢？在咱们上海照样能办成事儿！我马上打电话告诉他们。董先生不要去中央，就在上海办事！我们会郑重考虑你反映的情况。"

上海方面知道董竹君"有通天的本领"，他们不敢怠慢，立即进行调查。不久，事情得到顺利解决。

"唉，敬酒不吃吃罚酒。可悲啊。"抱病奔波了半年之久的事情，经过一次"威胁"后，几天内顺理成章地收到了良好的结果，董竹君感慨万千。

董竹君冷静地处理完整个事情，包括遗留问题，然后，将所有经手过这件事的人全部丢在脑后，全力以赴查看着"锦江"最近几天的营业额。

就在这时，有人将董竹君的注意力引开了："董先生，您的信件。"

董竹君抬头接过来，礼貌地说声"谢谢"。

这不是一般的信，信封的右下方是上海市人民法院。董竹君一惊，有些不解地撕开信封。

竟然是法院的传票，起诉人是王小艳。

董竹君知道这个人，她是温子研的妻子。

传票上说董竹君对王小艳的丈夫温子研谋财害命，董竹君是一个恶霸。看完法院的传票，董竹君十分烦躁，眼前一阵昏眩。人心焉能如此？

事情还得从头说起。

当初"锦江"开门时，李嵩高在送过两千元钱的时候，顺便介绍过来两个人，一个是温子研，与温子研同来的还有一个是刘伯吾。李嵩高希望董竹君能安排这两个人做服务员之类的工作。董竹君见二人聪明肯干，就收为学生，教他们生意方面的知识和经验。不但如此，董竹君对二人的关怀可谓无微不至，小到感冒发烧，大至结婚娶妻，无一不面面俱到。这是"锦江"的老职工们都看在眼里，记在心里的。后来，学习一段时间后，刘伯吾升任为锦江茶室副经理，而温子研则在董竹君的支持下，外出创办企业。

温子研在上海北四川路开办了一家纽约舞厅。创办舞厅的钱是从当时还在病中的董竹君那里借来的。

借钱的过程是，有一天，董竹君刚从菲律宾回国不久，大约是夜里两点多的时候，温、刘二人结伴前来。

其时，董竹君受了风寒，感冒发烧，刚刚拔掉输液的针头，正躺在床上休息。

他们说，温子研想开办一个舞厅，但是缺少资金，请求董竹君帮助。

国瑛心疼病中的妈妈，加之时间太晚，就想驱赶二人走。况且那时候，"锦江"正是战后重建时期，整顿完了"锦江"的蛀虫，又遭遇臭名昭著的金圆券危机，"锦江"的经济确实存在很大的困难。

"你们深更半夜来借钱，借多少呀？"虽然支持他们创业，但又有些认为他们少不更事，董竹君有些不悦，"三千块，行不行呀？"

"这么一点钱怎么能够开办一家舞厅呢？"温子研说道，"租场地，买设备，招人，等等，至少也得八千块。"

"你们知道，最近店里经济也不好。"董竹君实话实说。

"唉，俗说话，瘦死的骆驼比马大。"温子研说道，"何况，您认识那么多的达官贵人。"

就这样，温子研和刘伯吾不停地磨，死活不走。

无奈，拖着病体的董竹君只好在床上向几个朋友写信借钱，从友人处借了一部分，加上自己的一大笔钱，凑齐了八千块。董竹君如此不遗余力，一方面是看在当年的大恩人李嵩高的面子上，另一方面，她也是一个热心的爱才之人。

舞厅应时而生，取名纽约舞厅。战后的上海，人们的心灵和情感都希望得到释放，舞厅当然是很好的出口。于是，这家舞厅在当时纸醉金迷的旧上海很容易就兴旺发达了。

慢慢地，温子研善良乖巧的品性也渐渐地被打磨掉，他换上了花花公子的外衣。除了每天不醉不休外，便是和舞女们鬼混，这些行为激怒了他的妻子王小艳。

有一天晚上，温子研搂着一个舞女在音乐台上对唱靡靡之音，不时地跳着贴面舞。王小艳正是抓住了这个时间和机会，闯到舞厅，冲上音乐台，先是抓住舞女来了狠狠的两个巴掌，然后又正对着呆若木鸡的温子研来了狠狠的两个巴掌。

全场顿时愕然，继而哄散。

之后，因经营方面的原因，纽约舞厅于半年后倒闭。

董竹君得到此消息不久，便收到温子研的绝命书。他说，舞厅倒闭，又身患肺病，他没有信心继续活下去，请求老师董竹君将他的舞厅和住房一起顶出，由董竹君和债权人出面清算他的债务。

董竹君赶紧派人找到温子研，安排他暂居在茶室楼上疗养肺病，然后，她找到律师，将温子研的住房留给妻子王小艳，顶出舞厅而已。

处理完这些事情之后，董竹君一一向温子研讲明情况。

温子研听后，感激地点点头，并要求回四川老家疗养，肺病在当时属不治之症。温子研回四川不久便离世。逝世前，温子研良心发现，叮嘱王小艳"一定要还董竹君的钱"。

可是，黑了心的刘伯吾恩将仇报，竟然怂恿温子研的妻子王小艳状告董竹君谋财害命，是恶霸。

董竹君因此接到了上海法院的传票。

庭上，董竹君忍住胸痛，出示了温子研的绝命书，有关舞厅盘出、债权人分摊款子收据，律师、会计的签字等等材料。

王小艳很快败诉。

"别怕，继续上诉！"刘伯吾怂恿王小艳道："即使再败诉，你仍然要继续上诉。"

"为什么？"站在一旁的刘伯吾的妻子有点不解地看着丈夫，说道，"证据都已经很明确了，还上诉做什么！"

"你懂什么？"刘伯吾不听，就是要劝王小艳上诉。

"董先生待你不薄，你为何如此对她？"刘伯吾的妻子说道，"明明没事找事，你为什么一定要起诉董先生？"

刘伯吾看了看她，背过身去，狠狠地说道："因为她有的是钱！而我仍然是穷光蛋！"

"可是，一而再、再而三地上诉，然后，一而再、再而三地败诉，于人、于己有什么好处？"王小艳也被弄糊涂了。

"唉，你们真是妇人之见！"刘伯吾眼睛一横，然后神秘地低声说道，"打

与义犬"派司特"摄于上海法华路家园。（1951年）

官司这个名声好听吗？你王小艳是平头百姓，无名小卒，可人家是大人物呀。你耗得起时间，她可经不起你的死缠烂打。更何况，不明真相的人一定认为，是人家以大欺小、以强欺弱，到时候，她不乖乖地给你一大笔钱了结才怪呢！"

"啊？"王小艳和刘伯吾的妻子都瞪大了眼睛，简直不敢相信，说这番话的是受惠于董竹君的人。

然而，刘伯吾阴毒的算盘落空了。王小艳没有听从刘伯吾的"好意"，她拂袖而去。

一周后，刘伯吾接到了妻子要求离婚的法院传票。

后来，有人为此写了一副游戏对联：董竹君宽以待人，刘伯吾作茧自缚。横批：各得其所。

二、靠边站

1951年初，上海市委和上海市公安局决定，在上海设立一个接待中央首长、高级干部及外宾的安全而有保卫工作的高级食宿场所。

董竹君的"锦江"以其菜肴可口、服务优良、声名远播而被幸运地选中。

考虑到这是为党、为国家做事，董竹君毫不犹豫地将自己经营了十六年、当时价值十五万美金的"锦江"两店悉数交给党和国家。

董竹君的朋友们和忠心耿耿的老员工们都对她的果敢和利落表示不解。"这可是你自己辛辛苦苦创立下来的事业啊，怎么说交就交呢？你总得为自己和孩子们考虑一下吧……"他们替董竹君有些心疼。

董竹君坚定地回答道："我一生参与支持革命，就是这个大目标。我从来没有把这些东西当成自己的财产，更不会把财产遗留给我的孩子们，我没有这个观念。现在中国解放了，会有很多好事情要做，就怕你做不来。"

"唉！"

"其实，我把'锦江'上交对我自己、对孩子们都是很有好处的。第一，我一直坚持，思想必须正确，上交'锦江'说明我的思想跟上历史潮流了。第二，孩子们没有这份巨额财产是有利的，这样，他们便可以刻苦学习，练就本事，以免将来有事的时候'做不来'。"

董竹君的言行举止又一次令旁人刮目相看。

1951年锦江川菜馆和锦江茶室合并为锦江饭店（当时称13层楼）。

之后，"锦江"两店迅速迁往长乐路八十九号的十三层楼（原名华懋公寓，英国犹太人沙逊的大厦）扩充发展，并更名为锦江饭店，店徽仍为竹叶，董竹君任董事长，任百尊任副经理。

1951年6月9日，年过五十岁，但仍然步履轻盈、气质绝佳的董竹君隆重出台，亲自主持了锦江饭店开幕典礼。

这是新中国成立后，上海第一家可供中央首长、外宾们食宿和召开重要会议的高级饭店。

看着升腾着绽放着的美丽和喜悦的烟花，董竹君欣喜万分，回顾自己的前半生，她真没想到会有今天。她相信：锦江饭店一定能在党和国家的直接领导下，像这腾空的烟花一样更加绚丽夺目！

回想起自己经营"锦江"所经历的酸甜苦辣，以及今日"锦江"所取得的成就，董竹君浮想联翩，感慨万千。1951年岁末时，董竹君诗兴大发，特作两首诗以感怀。

第一首名为《追忆》，主要表现"锦江"经历的风风雨雨，"锦江"不平凡的昨天，以及自己为"锦江"所做的努力，想到那些革命志士都曾经纷纷来此避难或谋划革命未来,想到"锦江"的盈利大部分去了革命的"滚滚洪流"，想到"锦江"浓缩了她的一番为国为民的赤子情怀，她为"锦江"喝彩，为"锦江"的未来加油。

历尽艰辛创"锦江",
革命志士荟萃场。
盈余源源入洪流,
鸡鸣两者奉民掌。

第二首取名《高兴》,直抒胸臆,把"锦江"两店合而为一,成为国家级的大饭店,成为国泰民安的象征,其优质的服务和良好的声誉将会更加让人流连。

川菜茶室并蒂莲,
扩为饭店五一年。
食宿安泰沪首名,
誉著中外古今庆。

果真,锦江饭店凭借着特殊的背景和"锦江"的老牌子、职工们过硬的业务水平,很快地红火起来,营业额直线上升。

董竹君在管理锦江饭店的时期,严格遵循饭店的各项规定,反复叮嘱工作人员必须细心、周到,必须按照满意、礼貌的原则,奉行"顾客至上"的工作方针。

锦江饭店建立的诸多服务细节很令人温暖。顾客既可以在餐厅用餐,又可以在客房用餐,由侍应生随时送到,遵从顾客吩咐;顾客写好的信件、要购买的报纸既可自己去邮局投递、购买,又可由侍应生代劳,悉听顾客方便。

锦江饭店辉煌打开了董竹君的政治仕途。1952 年,她当选为上海市民主妇女联合会执行委员。

"锦江"扩大并搬进十三层楼,政治上倒是一路顺风,影响日隆。可是,也许是树大招风,也许是政治风向太不敏感,董竹君在任锦江饭店董事长的路却走得并不顺风。

这不,麻烦来了。

那是 1953 年秋周一的早上八点,精神抖擞的董竹君准时到达锦江饭店的会议室,坐下,环顾四周。她感觉有些奇怪:说好开会的,怎么没有一个人来呢?

一会儿,任百尊走了进来。

董竹君起身问他:"今天不是开例会吗?人怎么都没来呢?"

任百尊冷淡地说道:"我特地来告诉你:会议已经开过了。大家说你忙,有些事情你就不必亲自过问了。"说罢，也不解释原因，他转身走出了会议室。

　　董竹君闻讯，顿时眼前一黑。她急忙扶着桌子，重新坐下。究竟发生了什么事？为什么我不能过问？这个任百尊，我待他还薄吗？难道他也在暗中搞鬼？

　　过了一会儿，董竹君慢慢地睁开眼睛，看着空荡荡的会议室，心情之压抑可想而知。偌大的房间，摆着一圈空空的桌子，桌子外围是一圈空空的椅子。桌子围成的是一个空空的椭圆形。

　　董竹君坐在这个空荡荡的房间的最高贵的位置。

　　高贵在这个空空的环境里，代替不了任何事实。

　　空，是唯一的事实。

　　高贵，在空空的环境里不仅显得不高贵，反而突显其尴尬。

　　空洞的高贵因为根基不稳，所以慌慌张张。

　　董竹君想：董事长不在，大家为什么要自行组织开会？为什么在没有董事长在场的情况下开会？如果要让我靠边站，也得有人出面跟我说啊？为什么没有人明确地告诉我，我就得靠边站了呢？为什么要将我排挤出去？为什么一辈子的心血一下子就化为乌有？为什么别人侵吞了自己的果实还那么理直气壮？为什么自己的苦没处诉、自己的火没处发？

　　董竹君不停地追问着为什么。她很难过，她太难过了。

　　没有任何理由，没有任何组织出面解释，但她终于意识到，她这个锦江饭店的董事长已经开始被排挤了。

　　尽管如此，董竹君没有吭声，只要锦江饭店平安无事地向前走，这个创始人受点委屈是算不得什么的。她一直隐忍着，一如既往地努力工作着。

　　董竹君仍然尽心竭力地为锦江饭店的发展出谋划策，以董事长的身份提出了一百多条中肯的建议和意见。可是，过了很久，董竹君悲哀地发现，这些宝贵的建议被冷冷地搁置一旁。其后不久，她退居到了第二线，改任董事长兼顾问，把总经理的位子让了出来。

　　既是董事长，又是顾问。这是矛盾的任命，更是荒唐的任命。只是因为董事长是虚，顾问是实。只是因为暂时还无法剥夺其董事长的职位，或者说，还没有找到合适的人替代她。

　　即便是再愚钝的人也明白，一切的暗示再明显不过了：董竹君，你靠边站吧！"锦江"被接管了；"锦江"不再是你心目中的"锦江"了！

　　"忍"，老祖宗在造这个字的时候，想得真好，真周到。一把刀尖在心上划，

1657年摄于上海苏联犹太人开的圣色蒂照相馆。

你还不能喊痛,更不能逃避。这就是"忍"的本意。或者说,这就是董竹君理解的"忍"的意义。

虽然这一切,来得莫名其妙,但是,董竹君仍然承担着自己分内的工作和政治任务。

1954年至1958年,董竹君当选为上海市第一、二、三届人民代表大会代表。

自1957年起,董竹君一直担任中国人民政治协商会议全国委员会委员,并连续担任六届,这一荣誉在中国实属罕见。

五十而知天命。董竹君早已不是当年含苞欲放的花蕾,她的花朵在大风大雨中,一开再开,从未凋谢。

1957年在全国政协会上董竹君同周总理握手。

三、大风暴

董竹君总能找到一种力量调节好自己在现实中遇到的困惑。当她没劲的时候，没力量的时候，她不是自暴自弃，而是努力寻找新的动力。

从锦江饭店的淡出，并没有真正打击到董竹君。

没过多久，四个留学美国的女儿先后相继回到国内，而且均留在北京工作，唯一的儿子大明也在北京安定下来。考虑到当时一些人对自己的微妙关系，以及搬家到北京对自己在锦江饭店的职位工作影响不大，董竹君于1960年底离开上海复兴西路一四七号三楼公寓，迁往北京，与孩子们居住。

六年后，即1966年，中国开始了"文化大革命"。

这场大风暴很快波及全国，并且深入广大农村。

此时，董竹君的这所矗立在上海复兴西路一四七号的三层公寓在某些人的眼里显得太扎眼了。

"空留着这么大的房子，还有很多人没有房子住呢！"有人抱怨。

"还派着一家人来看守，真是极尽奢侈！"有人不平。

"这次运动就要先打倒这样的资产阶级，替我们穷苦的农民、工人出口气！"更多的人幸灾乐祸。

"……"

为董竹君看守房子的人赶紧写信通知远在北京的董竹君，请她尽快回沪换房子。"如不迅速，别人抢了先，我们是无法抵挡的。"这是信中的原话。

"那是我一辈子的家产啊！"接到信件的第三天，即1966年7月17日，董竹君急忙在混乱不堪的时局中，立即乘火车赶回上海处理房子等事情。

在相关部门的协调和好心人的劝说下，虽然顺利地换了个小一些的公寓，但是当董竹君站在新换的房子面前时，她很不理解当时的形势。

房子大，居然是一个累赘，甚至就是一种罪名。可是，这是她一辈子心血凝结而成，不是巧取豪夺，而是辛勤耕耘得来的啊。

盛夏，气候炎热。

19日，董竹君坐上一部双人三轮车，打算去看望老友——上海市委统战部部长陈同生，并试图向他寻问眼下发生的事情究竟是为什么。可是，车子行了不久，就被几个戴着红卫兵袖章的毛头小伙子、小姑娘拉住。

董竹君从车子上走下来，原本心平气和地跟他们说说话。可是，她失语了。

"看看，看看，这个女人穿着尖头皮鞋！"一个女孩子得意洋洋地叫唤着，语气中透露出嘲讽，"好时髦啊！"

"让我看看！"一个比她稍大一些的男孩子拨开她，凑近董竹君的皮鞋，"这是牛皮做的，还是马皮做的？倒是挺尖的嘛。"

其余的人哄然大笑。

董竹君赶紧赔笑，说道："你看，小兄弟，这不是尖头的，是圆头的。"

"放屁！"这个男孩子眼睛一翻，说道，"老子讲它是尖头的，它就是尖头的！"

董竹君被呛得差点气噎。

"你是什么成分的，竟然穿尖头皮鞋！"小女孩意犹未尽地继续叫唤着。

"咳，算了，算了，我认识她，是锦江饭店的前老板。"这时，一个比女孩稍大一点的男孩子将她拨开，摆摆手，让车夫走，并说道，"这不算是尖头的。让她走吧！"

董竹君这才深出一口气，感激地看了那个男孩子一眼，有惊无险地过去。

终于找到了陈同生。当时他正在病中，靠在躺椅上，气色很不好，虽是盛夏，他的身上还是盖着一条薄被子，头发白得很快，见董竹君来看他，脸上也没有一丝笑意。

董竹君看着眼前这个过去声音清脆、滔滔不绝、才思敏捷的人，很不理解为什么，他变成了现在这个样子。

"你病了？"董竹君问道。

陈同生点点头，从喉咙里发出声音："这回是真病，病得不轻啊。"

董竹君知道他话里有话，她在考虑，她要不要把自己的情况向他反映。

"你在北京过得还好吧？"陈同生主动问起来，"对了，你这次回上海……"

"唉，许多麻烦事弄得我晕头转向。"见对方主动问及，于是，董竹君叹了一口气，简单地说了一下自己在北京的生活，和此次来上海换房子的事情。

陈同生只是听着，几乎不讲话，只是在适当的时候点点头，脸上仍然没有笑意，一副心有余而力不足的样子。

董竹君理解陈同生的处境，于是遗憾地起身，准备与故友道别。

陈同生仍然没有抬头看董竹君，身子也没有动一动，只是很小声地叮嘱了一句话："现在是特殊时期，说话要小心，做什么都要小心。"

听到这句话，董竹君意识到陈同生已经陷入困境。再看老友最后一眼，董竹君有点难过地离开。

而这时候，陈同生已经被监视，但他并没有把这个讯息告诉董竹君。

走出陈家，怀念过去那个最幽默风趣的朋友，羡慕过去那个学问最渊博的朋友，想念过去那个懂得宽慰别人的朋友，董竹君很不理解为什么一场革命会把一个人改变成这样。陈同生的缄默似乎告诉她，那个朋友永远地死在了过去。

董竹君连自己脸上是汗还是泪都已经不再清楚，也无关紧要。

匆匆赶到家，董竹君气喘吁吁地坐下休息。

8月23日，就在董竹君即将搬进新换的公寓的前一天，北京的国瑛打来电话，有点惊慌地说：北京的家被抄了好几次了，嘱咐母亲暂时先别回京，待局面稳定下来再说。

放下电话，董竹君到床上躺下休息。

局势诡异，前程难测。

外面，仍然是红卫兵们的吵闹。器物破碎的声音，火车长鸣的声音，汽笛喊叫的声音，男人揭发的声音，妇女惊恐的声音，莫名其妙的声音，肆意发泄的声音，火焰高烧的声音，以及龇牙咧嘴的声音……

大困。

大乱。

董竹君的心里也很混乱。

四、入 监

1967年10月23日,董竹君在北京家中,被全国政协造反派方面带走。

带走她的人声称,根据有关方面的命令,带走她的罪名是:特务、汉奸、两面派、国际间谍——董竹君临死都不敢相信历史的荒诞竟然将一系列"莫须有"的罪名强加在她的头上。

因为事发突然,董竹君来不及与家人道别,甚至连一件像样的衣服也不曾带上,便被押往威严的公安部,并当即进行审讯。

"你叫董竹君吗?"负责此案的公安部一名周姓工作人员问道。

"是。"

"你能坦白交待,这几十年来,你都做了什么吗?"

"这……"董竹君迟疑了一下,心想,"我的一生做了什么,有必要跟你讲吗?而且,要在这样的环境里讲述自己一生的经历,合适吗?我讲得出来吗?"但是,她也知道,现在不是她辩解的时候,她也没有必要在这里辩解。因此,她想了一想,说道,"我做过的事很多,有一点可以肯定,我没有做过任何反党反人民的事情!"

"不要给自己贴标签,好不好?"周姓工作人员听了很不高兴,冷冷地看着董竹君,说道,"按你的意思,把你带到这个地方来,是冤枉的喽?"

当然是冤枉的。但是,董竹君明白,她不能这么回答,但她又不知道该如何回答。

"好吧。你不说话,你感到委屈,是不是?"周姓工作人员有些嘲笑地说道,"那么,为什么群众会恨你到这种程度?"

"我不知道!"董竹君一听这话,就知道是官僚式的套话,十分反感。她很愤懑,很痛苦。

"你看你,什么态度?"周姓工作人员把门口的两个卫兵叫过来,对董竹君说道,"先拘留你一段时间,协助我们调查。等查清楚后,再找你算账!"

就这样,董竹君被押往小汤山秦城监狱——一所专门关押中央高级干部的监狱。秦城监狱建于1958年,是20世纪50年代苏联"老大哥"援助新生的中华人民共和国经济与国防建设的产物。当时,苏联与中国订立的援建项目共有157个,其中之一便是秦城监狱。但因秦城监狱属秘密项目,对外不公开,所以外人只知道苏联援建的项目是156个。

在我国的司法字典中,监狱是人民民主专政的重要组成部分。毛泽东在1960年10月同美国著名作家斯诺谈话时就说道:"我们的监狱不是过去的监狱,我们的监狱其实是学校,也是工厂或者是农场。"

如果一个人进入秦城监狱,他/她在外面社会使用的名字便停止使用了,取而代之的是一串数码组成的代号。

在秦城监狱,犯人每天早上七点听哨音起床,晚上九点听哨音睡觉,平时不能躺在床上。被褥是薄薄的士兵用褥,低级囚室则用稻草垫铺,晚上睡觉不能熄灯,手不准放在被子里面,不准背对监视孔侧卧。否则,不论在任何时候都会被叫醒,并受到训斥。

监狱里的房间叫"号子",董竹君蹲进了属于自己的"号子"。她不知道关押在此的都是一些什么样的人,她更不清楚自己的冤情何时才能洗清,自己何时才能走出这阴森森的地方。

鉴于多次审问,没有捞到足以能够定董竹君大罪的材料,不久,即1968年2月的一天,董竹君被押往德胜门外的功德林监狱关押。

这座监狱比起专门关押中央高级干部的秦城监狱的条件差多了。

当时正值寒冬,监狱里没有暖气,也没有基本的生活设施,卫生条件更是令人作呕。

董竹君又想起了鲁迅先生那句强有力的话:"敌人要你死,你偏不死!"她继续顽强地坚持着,并在闲时偷偷写下《换狱》一诗以明志。

> 吹号起床刷便桶,
> 餐餐窝头酱汤供。
> 冷冻无暖板一块,
> 沿室颠跑御严冬。

每天照例是接受无休无止的审问。

"我不能死！我一定不能死！"董竹君反复告诫自己。因为，一旦死了，泼在身上的脏水便再也洗不去了，加在身上的罪名便再也撕不掉了。即便日后平反，她也看不到。不！她一定要活下去！活下去！她用难以置信的坚毅使她在这个极度寒冷、气氛冰凉的监狱里得以保持生命力的顽强，直到迎接胜利的曙光。

为了活命，除了在诗中她提到的沿着号子的墙小跑御寒外，董竹君还使用了许多别的方法。例如，当她坐在床板上的时候，她就想着曾经有过的可口的香酥鸭子、鱼香肉丝、棒棒鸡、回锅肉等等能够给她精神上带来愉悦的食物。或者，她盯着对面墙壁上的裂纹，虚构几幅饶有兴趣的画面，自娱自乐。有时，她甚至会跟"号子"地面上一只蚂蚁对话半天。

这些苦中作乐和一连串的"白日梦"拯救着这个老人日益干枯的肉体和心灵，使她得以隐形地复活、重生。

后来，董竹君转到集体号子里，和几个难友相依为命地过了一段时间。

1968年12月6日，董竹君又被转到"半步桥"监狱。

"半步桥"监狱是北京市公安局的看守所。这里的各项条件较功德林监狱又降低了一个层次。

但董竹君依然以将近七十岁的生命顽强地坚持着，隐忍地活着。

深处，她的痛是醒着的，她的苦是浓重的。

活下去，一定要活下去。董竹君相信雪莱的那首诗："既然冬天来了，春天还会远吗？"她要看到鬼哭狼嚎的末日，她要看到春暖花开的明天。

1969年大年初一，新的一年又开始了。董竹君思绪万千，为自己，也为患难中的狱友作诗一首，题为《牢笼毁尽》，寄寓着自己不屈的信念和希望。

> 碧血丹心染战袍,
> 红旗永竖万代豪。
> 坚信大地春会到,

牢笼毁尽有一朝。

来到这个"半步桥"监狱，有一点好处，那就是：少了没完没了的提审。也许当局知道，事情就是那个样子，再审也无益。

于是，董竹君平静了许多，她和狱友们互帮互助地过着日子。日出日落，潮起潮涌。她看着牢狱里的墙头，数着几个蜘蛛网，看蜘蛛与蚊子的争斗。她的头发白了，脸颊瘦了，眼睛陷下去了，这才知道自己在这里待了太长的时间。

董竹君已经六十九岁了。

一棵树刻下六十九道年轮，那是一棵什么样的树？

有一天，当久无消息的儿子大明历尽艰辛，来到"半步桥"监狱，看到皱纹历历的母亲时，这个在战场上冲锋陷阵的男子汉差点跌坐在地上。

"妈！"随着这一声嘶哑的、承载着太多太多思念和痛苦的喊叫，母子俩拥抱在一起，董竹君老泪纵横，大明泣不成声……

然而，这一切，不过是梦。

董竹君从泪中惊醒，"号子"里依然清冷而孤独。董竹君重新合上眼睛，她希望这样的梦可以一直做下去，一梦再梦。

1967年5月12日摄于北京家院太平花下，逢大明结婚日，数日后入狱，离家五年之久。

五、劫后余生

1970年2月初,农历正月初五,董竹君在"半步桥"监狱过七十岁的生日。

董竹君从梦中惊醒,这已经不是第一次了。梦中,大女儿国琼的钢琴声由远及近地传来,飘飘乎如遗世独立。传到董竹君耳边的时候,董竹君和着拍子,哼出旋律,她知道国琼弹奏的是贝多芬C小调第五交响曲。她伸出双臂迎接、拥抱这缥缈的声音,抱住它,永远不要它再走远。还没等她触及这声音,它已经朝来时相反的方向飞去,离自己而去,渐行渐远。就这样,国琼的钢琴声一次又一次地与董竹君割舍。

面对远去的琴声,董竹君哭出声来,直到哭醒。

醒来后,满面泪痕的董竹君坐在床板上,看着四周。大明没来,国瑛没来,一句话,没有儿女,没有家人,更不要说蛋糕和美酒了。只有狱友,端着有几块肉丁的荤菜的狱友,向七十岁的董竹君真挚地道贺。

"不管怎样,生日还是要庆贺的。"一个背着"臭老九"和"汉奸"的罪名的狱友说道,"我们没有别的可送,只能真情地道一声'生日快乐'!"

"我们因为你的快乐而快乐。"另一个狱友则说道,"与你一起蹲监狱,我光荣!"

董竹君感慨万千,对狱友们表达了自己的谢意。她饭后沉思,写下一诗——《狱中生日》。

> 辰逢七十古稀年，
> 身陷囹圄罪何见。
> 青松不畏寒霜雪，
> 巍然挺立天地间。

这个生日，与过去大相径庭的隆重的生日宴，成了董竹君生命中难以忘怀的痛。

生活从来不可能一味消沉。反过来，让生命来享受生活，赢得生活。对董竹君而言，尤其如此。

在"半步桥"监狱，随着时间的流逝，董竹君自由的空间慢慢加大。她甚至能够听到外面的一些消息，当然，有一些消息是监狱里组织学习时知道的。

虽然身在狱中，仍然关心国事。这种"位卑未敢忘忧国"的情怀在董竹君这样老一代的知识分子身上体现得尤为明显。

这不，一个好消息传来：中国终于赢得了其他抵制中国进入联合国的国家和团体，成功进入联合国，出席联合国大会。

1971年10月25日，联合国大会通过2758号决议，决定"恢复中华人民共和国的一切权利，承认它的政府代表为中国在联合国组织的唯一合法代表，并立即把蒋介石的代表从它在联合国组织及其所属一切机构中所非法占据的席位上驱逐出去"。

在狱中获悉这则新闻后，董竹君兴奋得泪流满面。这个爱国的女子，这个深深地爱着自己的国家的女子，身陷囹圄的她，仍然含泪爱国。

得到这个消息后，董竹君想方设法让狱友都得知了这个可喜可贺的新闻。其实，大家也差不多在同一时刻知道了。

监狱难得地放起了鞭炮。所有的人击掌庆祝！

不过，在狱中，董竹君也和全国人民一起经历了哀恸。1972年初，在读报学习的时间中，董竹君从《人民日报》上看到了陈毅逝世的消息，新闻上还有毛泽东参加追悼会的照片。"国难之良将，乱世见忠臣"，在为陈毅惋惜的同时，董竹君也为国事忧心忡忡，挥笔写下一诗。

感慨泪

> 神州风雷血铺地，哀鸿遍野寒暑继。
> 囹圄忧稷嚎啕泪，英杰舍身红旗起。

1972年10月13日，这是一个值得记念的日子。在邓颖超等人的过问下，与家人阔别五年之久、做了无数梦的董竹君终于有机会见到了家人。

泪流满面的国瑛跑到董竹君面前，仔细端详着眼前这个瘦小的皮包骨头的老人。面容还是年轻时候的董竹君，可是头发全白，眼睛深陷入眼眶，脸上的皱纹像是残忍的刀子深深地刻进去的，怎么抹都抹不掉。

"妈！"国瑛泣不成声，"您怎么成了这个样子？"过去是董竹君把女儿搂在怀里，现在是女儿把妈妈搂在怀里。

"孩子啊，还活着就不错了。"董竹君悲怆难忍，老泪如泉。

全家人一一走进来，与母亲紧紧地抱在一起。

"这五年里，您看起来老了二十岁……"大明的眼泪像溃堤，难以抑制。

董竹君想说的有千言万语，梦中的情景历历在目，可是现在，她却讲不出一丝一毫，只是爱怜地看着五年未见的还在中国的家人，儿子、儿媳、女儿、外孙女，悲喜交加，难以言表。

看着两代孩子们很久、很久以后，董竹君突然说了一句话："这是真的吗？"她害怕这一切又是梦。

外孙哭着说道："外婆，这是真的，这是真的！不信你看看，我咬我自己的手，你看看，有牙印的！"

董竹君连忙把孩子揽到自己的怀里，抚弄着他的头发，说道："乖孩子，我一直在做类似的梦。我害怕一睁开眼睛，你们都不在了。"

一家人不需要更多的言语，只是把手紧紧地握在一起。在那个特殊的年代，把手放在一起，就是把力量聚在一起，就是把希望放在一起。

1972年10月22日，董竹君被安排出狱。

"啊，阳光。空气。"董竹君深深地吸着气，闭着眼，将手伸向空中，扫了扫，没有任何阻挡。"我真的自由了吗？"

"妈！组织上说,您的事情有了转折。"前来接董竹君的国瑛兴奋地说道，"我看，要不了多久，历史就会还您清白的！"

董竹君坚定地点点头，她相信这一天的到来。

翌年的5月10日，公安部和政协造反派来到董竹君家里，宣布董竹君被"释放"，并恢复全国政协委员的原职、原薪，补发五年工资。

1979年3月29日，《关于对董竹君同志问题的复查结论》正式以书面形式为董竹君正式平反。

1972年10月22日，董竹君从北京半步桥监狱回家，次日清晨国瑛为她拍照留念。

"我坚信，阴霾不会太久。我坚信，春天一定会来！"接到正式平反的书面结论后，董竹君颤颤巍巍地坐到书桌前，激情澎湃，挥笔写下内心的感受："沉冤已昭，死可瞑目。"

小鸟啁啁，和风习习。

一缕阳光从窗外射进来，落在书桌上，董竹君轻轻抚摸，苍老的手粘满跳跃的、金子般的阳光。

1973年5月,摄于北京家院。逢太平花盛开,国瑛女为董竹君拍摄。

第十章

谢 幕

　　董竹君从不因被曲解而改变初衷,不因冷落而怀疑信念,亦不因年迈而放慢脚步。她没有因为前夫的地位和声望,而停留于那个封建而传统的家庭中——她要活,她的儿女要活,要开放而进步地活。她没有因为共产党内的个别人士不同意她的入党申请,而放弃自己对于共产主义和中国共产党的信仰——她要走路,要走正确而光芒万丈的路。一名耄耋老人,积极地为原则、为公正而呼吁、奔走,不知疲倦。夏天最后一朵玫瑰还在孤独地开放,她所有可爱的伴侣都已凋谢死亡。

一、赤子之心

大明把母亲董竹君终于从监狱出来的消息迅速告知远在美国的姐妹国琼、国琇和国璋,三个女儿立刻打来国际长途慰问电话,而国琇更是直接从美国飞回来。

"妈妈,您自由了!"国琇搂住董竹君,泪流满面地说道。

跟随国琇回来的还有一对美国夫妇,男子叫斯蒂芬·爱伦,他是一个著名的文化人士和世界和平运动的倡议者。斯蒂芬的岳母也是一个反对朝鲜战争、越南战争的反战主义者,并曾经在美国人自发组织的反对政府的示威游行中,不顾九十岁高龄积极行走在队伍的前列,抗议美国政府的反和平行为。

董竹君对斯蒂芬·爱伦夫妇的到来表示由衷的欢迎。

为了更加真实地了解中国,除了搜集很多关于中国的书籍外,夫妇以经商名义获得了美国政府的签证,最终与国琇来到中国古老的土地上。

这是一片梦幻般的土地。

这是一片神秘的土地。

由于斯蒂芬先生来到中国后,没有美国政府开具的介绍信或者其他相关文件,因而没有相关方面的安排和接待,只能自己单独行动。除了美国驻华联络处的工作人员接待夫妇二人吃饭以外,两个人再也没有别的政府行为了。而中国方面,他们只认得回国探亲的国琇。

因此,为了不冷落这对美国客人,也为了更可能多地让这对客人了解真实的中国，国琇除了离开暂住的北京饭店回家陪母亲以外，其余大部分时间积极地为斯蒂芬先生联系政府的工作人员和文化工作者。

可是，当时的中国，正是"文化大革命"的后期，许多关系，特别是董竹君曾经有过的关系，都处于一种被"监视状态"，人们对接触外国人心怀恐惧，而对于美国人更是退避三舍，生怕惹上什么麻烦。在此尴尬的情况下，常年在国外的国琇在国内的人脉毕竟不足，颇有一种心有余而力不足的感觉。

斯蒂芬先生也在居住的北京饭店里积极寻找和积攒自己的人脉。

有一天，他和一个叫布朗的美国人闲谈，向自己的同胞透露了此次来中国的真实目的。

布朗一听便很赞赏："最近中国国际旅行社正在面向外宾举办一系列的介绍中国情况的报告，我可以带你去参加！"

斯蒂芬不由得欣喜若狂，要求同胞立刻带自己去报告厅。

布朗带着斯蒂芬来到中国旅行社活动的地点，有两个工作人员在门口站岗。"你们是什么人，要干什么？"他们用英语询问两个人的来历。

布朗不知道该怎么说，出示了自己的请帖。斯蒂芬讲不出道理，因为这个报告会的参加人员都是以请帖的方式被邀来的，没有请帖这个通行证，其他任何解释都是徒劳。

"对不起，你不能进去。"工作人员毫不客气地将斯蒂芬阻止在门外。

"你们怎么如此对待我？"斯蒂芬悻悻而归，回到饭店便打算回程，并为来到中国的不顺利的旅行而大发脾气，"这个国家，我以后再也不来了！"

正从母亲家里回饭店的国琇听到对面房间里的大吵大闹，赶紧敲门进去了解情况。斯蒂芬生气地讲述了自己的遭遇。国琇意识到事情的复杂性，她立即想到必须请当时担任着全国政协委员的母亲想办法解决。

"这样的著名人物来一次中国就这样没有任何结果地空手而回，他对中国的印象肯定糟糕透顶。"国琇这样嘟囔道，"斯蒂芬先生发誓再也不来中国了。"

董竹君听到国琇详细的叙述之后，不顾刚刚获得自由的诸多不便，马上打电话联系到中国旅行社社长，认真介绍了这个人物及其所遭遇的情况。

中国旅行社当即答复，在斯蒂芬先生离京前，郑重地邀请夫妇二人重访中国，并做好相应的安排。对于报告会受阻一事，中国旅行社表示应当理解。"毕竟，这个报告会是政府行为，而不是民间行为。这就意味着，不是什么人想参加就能参加得了的，即便是美国人也不例外。"中国旅行社的负责同志这么解释。

生在中国，当然理解中国方面的"限制"。董竹君让国琇转告斯蒂芬先生说，夫妇二人回国前，她将宴请这对夫妇，并亲自送行。

董竹君希望给这名国际友人送一件有意义的纪念品。送什么好呢？她思前想后，家里有点文化意蕴的古董或字画都被红卫兵当作"四旧"糟蹋掉了。她在家里翻箱倒柜，可是没有合适的东西。

最后，董竹君联系到国画大师李苦禅先生，详细地向李先生解释了整件事情，并请李苦禅先生馈赠一幅国画给这个国际友人。

"人家来一回不容易，您就看在我的面子上，为他画一幅画吧。"董竹君这样恳求李苦禅。

"哎呀，董竹君啊。你坐了这么久的牢，怎么还关心这种事呢？"李苦禅话中有话地说道。

董竹君笑着说："老夫子，你别卖关子了，坐牢归坐牢，现在不是出来了吗？行了，有些事情，咱们以后再聊吧。你快快替我作一幅画吧，明天就要。"

"你啊，真是人老心不老。"李苦禅也笑着回答。

值得交代的是，李苦禅（1898-1983）先生，名英，字苦禅，山东高唐人。1925年就学于北平艺术专科学校西画系。曾先后拜师于徐悲鸿、齐白石门下，学习国画。一生从事美术创作和美术教育六十余载，对花鸟大写意画具有特色，汲取石涛、八大山人、扬州画派、吴昌硕、齐白石等前辈技法，笔墨雄阔，气势磅礴，自成风貌。

第二天一早，在董竹君宴请斯蒂芬夫妇之前，李苦禅先生托人送来了一幅《一群小鸟向太阳飞去》的国画，上款是"爱伦先生及夫人"，下款是"李苦禅、董竹君赠"。董竹君看了很高兴，她又找到一根峨眉山上的纪念品——一把刻着龙头的拐杖和一块精美的手织台布。她拿着这些礼品，来到饭店门口，等待斯蒂芬夫妇。

斯蒂芬夫人一见到白发老人董竹君，立刻惊喜地叫起来："啊，您太像我的母亲了！您和她一样的清秀，神采奕奕！"

国琇给妈妈翻译着，这时候，董竹君适时地把自己带来的礼物——拐杖和台布送给斯蒂芬九十岁高龄的岳母："替我问候老人家。"董竹君慈祥地说道。拐杖和台布原本是送给斯蒂芬夫人的，但送给她的母亲似乎更合适。

"我一定转达。"斯蒂芬夫人含泪点着头，"听国琇讲过您的一些事情，我的妈妈和您一样，九十岁了还参加反战示威游行！"

董竹君微笑地看着这个激动的金发碧眼的女子，像是看着自己的女儿。

然后，董竹君向斯蒂芬夫妇为这次中国之行的不愉快表明了自己的歉意："斯蒂芬夫妇的到来，中国政府方面不知晓情况，所以招待不周，敬请见谅！中国旅行社已经表示真挚地邀请夫妇二人再次来中国旅游观光，中国旅行社将做好相应的安排工作！"

斯蒂芬早已消了气，连连点头道："谢谢您，中国旅行社已经跟我讲过这件事，谢谢董先生的安排！我想，我们很快会再来中国的！"

董竹君轻轻地点点头："若是老母亲身体健康，便可一同前来，看看北京，看看中国。"

斯蒂芬夫人回答说："会的。"

这时候，董竹君拿出李苦禅先生的国画，双手递给斯蒂芬夫妇："这幅国画是送给两位国际友人的，是中国国画大师李苦禅先生画的。"

斯蒂芬先生饶有兴趣地接过来，欣喜地抚摸着、观赏着，但有些不明白画的意思，便要董竹君解释这幅画的画意。

"这幅画的总体寓意是歌颂新生活，"董竹君温和地说道，"'苦禅'在汉语里是贫苦和尚的意思。李老1949年前是一个穷画家，平日里摆地摊卖画，运气不好的时候好几天还卖不出一张，李老便拉黄包车缓和一下拮据的日子。终于迎来了中华人民共和国成立，李老的画开始受到重视，生活也渐渐地好转，李老也终于成为了一名国画大师。这幅画讲的是，小鸟向太阳飞去，小鸟就是代表李老自己，太阳是新中国和共产党，新社会的到来，小鸟终于有了一个最光明、最美好的归宿。"

国琇翻译后，斯蒂芬先生若有所思地点着头："那么，这个上款呢？"

"上款的爱伦先生及夫人是指热爱和平、热爱全人类、热爱全世界的勇敢战士！"

斯蒂芬夫妇顿时感动地热泪盈眶，不停地说道："谢谢！谢谢！"

"等我回美国后，董先生，我能为您做些什么？"斯蒂芬先生问道。

董竹君淡然地笑笑："你是著名的和平战士，就多做些有益于中美友好的工作吧！"

斯蒂芬夫妇赞赏地看着眼前这个头脑清醒的白发老人，坚定地点了点头。

经中国旅行社的盛情邀请，斯蒂芬夫妇于同年再次访问中国，得到中国方面的周到安排，斯蒂芬先生也更加真切地了解到中国，回国后写就了一本著作：《Explaining China》。书中，他称董竹君是一只有着"赤子之心的中国鸟"。他从董竹君身上看到了中国人的隐忍、执着和不屈，看到了中国未来的希望。

二、七十六岁高龄的游行者

1976年1月8日，周恩来总理在北京逝世。

噩耗传来，全中国人民悲恸不已，董竹君及其家人亦悲恸不已。

董竹君随即在家里的客厅里为敬爱的周总理设置了一个精致的小灵堂，每个来访的客人看到这个小灵堂都会情不自禁地流泪、鞠躬、默哀。

周总理的消瘦和坚毅令无数的人感动。

冬天似乎从来都是萧瑟的、凄冷的，似乎在冬天离世的人也是分外了解孤独的意义。冬天的阳光都是明媚的，可是明媚仅仅是凛冽的寒风给世人带来的吝啬的馈赠，明媚像是寒风的小妾，唯唯诺诺，若寒风耀武扬威地横行霸道，她便躲在角落里黯然神伤。冬天的树枝诠释了萧条的含义，那几枝向着天空生长的枝条用尽全力伸向浩渺的蓝天，和蓝天中射来的温暖的阳光，尽管在旁人看来，它们是如此的不食人间烟火。

但是，这个冬天不再萧瑟，不再凄冷，直冲天空生长的几根枝条也不再寂冷。因为是1976年1月的冬天。因为这个冬天里的一个伟人的去世。因为有太多的人自发地来到十里长街上，排成了整齐的队伍，等待周总理的灵车缓缓经过，目睹总理最后一眼。"车队像一条河，缓缓地流在深冬的风里。"的确是这样。站在大人们身边的小孩儿们的小脸儿都冻得通红通红的，却依然等在原地，等着这个也许他们并不熟悉只是从大人口里听过的总理的灵车。他们的虔诚，他们的执着，他们的乖巧，给这个冬天染上了他们小脸儿上的热情的红色，给那几枝朝天生长的突兀的枝条镀上了温暖的红色。每个人，每棵树木，每个点，都不再寒冷，圣洁的小孩子们的红彤彤的脸蛋也给明媚的阳光增添了力量，大家共同战胜寒冷这个穷凶极恶的敌人。

1月，1976年的1月，这个注定要写进历史的1月，其实昭示了春天的到来。

雪莱的《西风颂》："既然冬天来了，春天还会远吗？"这一首诗，再一次在董竹君耳边响起。董竹君哭泣，因为一个伟人的去世而哭泣。

雨落下来，那是上天为总理流下的眼泪吗？

风越来越大，天变得越来越低，灰蒙蒙的，阴沉沉的。

灵车缓缓开过，穿着素装的人们抽泣着。所有的存在都在抽泣，为这个慈祥、和蔼、平易近人的新中国第一任总理，为这个有着翩翩风度、过人的智慧的新中国第一任外交部部长，为这个收天下所有的孩子为自己的孩子的新中国最真诚、最慈爱的父亲。

1976年董竹君在天安门英雄纪念碑前哀悼周总理。

第十章 谢幕

跟在人群里的董竹君和孩子们也抽泣着，一遍一遍地呼唤着：总理，敬爱的周总理！您怎么能走呢？您累，我们心疼您，可您不能走啊，国家太需要您了啊！

　　似乎，总理的音容笑貌仍然清晰地停留在昨天；似乎，总理的谆谆教诲仍然掷地有声地停留在耳际；似乎，总理的呼吸、体温和心跳还停留在天地间。

　　为什么活生生的总理就静静地躺在灵车里呢？邓大姐受得了这个打击吗？董竹君情不自禁，泣不成声。

　　国瑛、大明连忙扶住年迈的妈妈。

　　灵车最终还是渐行渐远，队伍终于有秩序地散开。有的跟着灵车继续走，有的停在原地哭泣，有的站在英雄纪念碑前默哀，一切都是自发组织，虽然人数众多，却是有条不紊。

　　这是中国人的秩序！中国人的自律！

　　董竹君看着送别总理的队伍，十分感慨。

　　同年的9月9日，毛泽东主席逝世。

　　一颗巨星陨落了！

　　正在全国人民沉浸在巨大的悲痛之中时，"四人帮"原形毕露，加紧了篡党夺权的步伐。党中央顺应时代潮流，抓紧历史契机，一举粉碎了"四人帮"。

　　董竹君见证了"四人帮"犯下的对包括自己在内的人民群众的滔天罪行，对"四人帮"早已恨到骨髓里，因此，当听到"四人帮"被打倒的消息时，这个年迈的老人像个孩子似地跳了起来！

　　青山遮不住，毕竟东流去。

　　拨开乌云，重见天日。那是一种什么样的心情？

　　举国同庆。

　　街上出现了庆祝的游行队伍。董竹君原本参加的，但考虑到她的身体，儿女们个个劝她："妈！我们在家里照样可以庆祝！"

　　董竹君看见街道两旁的建筑物上到处悬挂着巨幅标语，诸如："热烈庆祝华国锋同志任中国共产党中央委员会主席、中国共产党中央军事委员会主席！"之类，心潮起伏。董竹君对儿女们说："不去游行也罢。你们在家门口帮我悬挂一幅标语吧。"

　　于是，大明和国瑛将董竹君亲自写就的"热烈庆祝粉碎'四人帮'篡党夺权阴谋的伟大胜利"的巨幅标语，从她的窗口伸出去，悬挂在她居住的楼层上。

　　董竹君打开家里的所有房门，阳光欢快地奔涌进来。

阳光在笑，天空在笑，青山在笑。

"哈哈哈！"董竹君发出了爽朗的笑声，她笑得那样天真，那样纯粹，那样坦然，那样无惧。

三、历史，是公正的！

董竹君是锦江饭店的创始人，这个说法是无论如何都不能颠覆的。但是，锦江饭店成立后不久，她便在"锦江"受到莫名其妙地排挤。这样关乎原则的事情，她不能就此作罢。她要有个说法，一个能够让她接受的说法。

有好心人劝她，人都老了，还管那些事干吗？

不！这是关乎原则的大事。董竹君回答道，她没有避让。

一个有智慧的人，一个头脑清醒的人，分得清什么可以避而不谈，什么却永远都不可以"不明不白"。

然而，因为较真，她变得敏感；因为智慧，她变得伤心；因为清醒，她变得痛苦。

1986年，锦江饭店举办成立三十五周年的庆典。

董竹君从报纸上得到这个消息。这个像对待自己的"宝贝"一样抚养"锦江"五十年的"母亲"没有得到任何方面的邀请函。放下报纸，她默然了。另外，"锦江"明明成立五十年了，有些人却把"锦江"归公前的历史全部抹杀了。虽然不知道自己为何故被排挤，但是她知道自己的确是被排挤到第二线了。尽管如此，她在锦江饭店的职称仍然是董事长兼顾问。

于是，从全局考虑，远在北京的她以董事长的身份为"锦江"三十五周年庆典写了一份诚挚的贺词。

她想：我只想证明我的存在。

可是，后来，她翻看锦江饭店的纪念册，她惊讶地发现：董竹君的职位被全部取消。

原来，1953年3月24日，锦江饭店已由上海工商行政管理局颁发的执照改为中央行政管理局颁发的执照，董竹君在此执照上被列为第四负责人。

痛心！痛苦！痛楚！董竹君手捂胸口，那里一阵绞痛。

而且在纪念册中，锦江饭店之前的"锦江"两店十五年的历史竟然消失不见。这是尊重历史吗？

"锦江"曾经叱咤风云的女老板当然不允许"锦江"两店的贡献说不见就不见。

"给我一个解释。"就像执着地给自己"讨个说法"的秋菊一样，董竹君以八十六岁高龄来回奔走，四处呼吁——为了"锦江"，为了原来"锦江"两店的一百多名职工的贡献，为了一个无法更改的事实。

终于，上海市委为改正"锦江"真正历史，特意做出了公正的"三条决议"。

（一）锦江饭店由董竹君创业的历史及其对革命的贡献和与党的关系，补充在锦江饭店的发展史上。

（二）在锦江饭店内设立一个"锦江"陈列室。将解放前后创业、发展历史的资料放入陈列室内，永远陈列，扩大影响，使之起到良好的宣传作用。

（三）恢复董竹君的职位，每月给车马费。

董竹君对上海市委做出的"三条决议"表示同意，但是锦江饭店方面的负责人却迟迟不肯遵照"三条决议"来办事，明一套，暗一套，马马虎虎、草草率率地对付着这个老太太。

他们只是影印了几本小册子，小册子是从报刊上摘录的董竹君的不完全真实、全面的事迹，另外，加印了几只老菜盘的照片。在他们看来，这已经是"很给面子了"。然后，他们也不跟董竹君商量，就应付公事似地把"锦江"陈列室置于职工宿舍楼内。

董竹君闻悉后大怒："简直是无耻！"

国瑛担心妈妈身体经受不住这样的刺激，因此，锦江饭店方面的负责人还有一个可笑的决定，她没敢跟妈妈说——他们居然要聘请董竹君担任高级顾问，国瑛知道这实在是让人啼笑皆非的事情。

于是，国瑛安顿好母亲后，立即赶赴上海，亲自找到锦江饭店的负责人，说道："我的母亲本来就是锦江饭店的董事长兼总经理，是莫名其妙地被排挤成董事长兼顾问的。现在你们又要聘请她老人家来做顾问，这不是明摆着我的母亲在锦江饭店没有任何的职位吗！上海市委作出的决定，是让我母亲'恢复原有职位'！你知道我母亲的原有职位是什么吗？就是董事长兼总经理！"

"哼，那是老皇历了。"锦江饭店的负责人不把国瑛放在眼里，"一个人把'名'和'利'看得那么重干吗？"

"我的母亲是为了'名'和'利'吗？"国瑛一听火冒三丈，大声说道，"这是尊重历史，尊重事实！退一步讲，你处处排挤别人，这样做，又是为了什么？"

"你？"这位负责人自知理亏，只好悻悻地说道，"你想怎样？"

"将一个意义非凡的陈列室放在职工宿舍楼内能起到什么作用？这是与历史相关的严肃的事情，你们这些办事的人就这么不负责任吗！"国瑛还在火头上，她是一个遇事比较冷静的人，她实在看不过某些人的卑劣做法。

"哦，是这样的。董女士。"这时，一个女负责人推开办公室的门，走了进来，轻声细语地说道，"没有别的地儿了，请理解我们的苦衷。"

"我太理解了。"国瑛不无讽刺地说道，"锦江饭店周边的房价真是高得吓人呢！连一个小小的陈列室，锦江饭店都没钱办？"

"的确有难处。请理解。"一男一女两个负责人尴尬地笑笑，敷衍道。其实答复都已经在他们心里定格，他们是不会履行那"三条决议"的。

"这样吧，我提个建议。"国瑛在三个人难耐的沉默中稍稍冷静下来，说道，"将锦江饭店解放前后的历史刻在木板或者石板上，安置在锦江饭店醒目的地方，所有费用由我董国瑛来出，怎么样？"

"啊？这个……这么早就开始树碑立传了啊！"男负责人有点冷嘲热讽，他阴阳怪气地说道，"这传出去，也不大好吧？"

"就是，就是嘛。"女负责人在一旁帮腔。

董国瑛对牛弹琴弹，感到很累。她终于明白，这伙人不是因为钱的问题，而是想抹杀董竹君在"锦江"的历史作用问题，于是恼怒地冷"哼"一声，转身离去。

董国瑛回到北京，没有对董竹君说什么，但是从女儿阴郁的神色里，这个聪明的老人已经明白了很多："国瑛，你就先回美国忙你的事情吧，过些日子，我让大明陪我去看看'锦江'吧？这边的事你就不用操心了。"

"您要干什么？"国瑛不解地看着满头银发的母亲。

"该做的我们都做过了，该说的我们也都说了。不是我们没有尽力，其实我们都已经尽力了，为了'锦江'的历史，为了'锦江'一百多名员工的努力。剩下的就不是我们能左右得了的了。我只是想再去看看，看看现在的'锦江'，若是它还好好的，我就是走，也放心了。"董竹君说得悲。

国瑛伤心，无语。

秋高气爽，人们穿着干净、体面的衣服夹紧行囊，匆匆赶路，车水马龙。每个画面都是在滤掉痛苦、继续书写新中国的伟大道路。

国瑛走后，董竹君真的在大明的陪伴下，来到上海。

大明小心地扶着董竹君下车。

老人终于在这个过于高大的锦江饭店前面站稳，仿佛有一种梦幻的感觉。她抬头看天，然后就看到了直耸入云霄的锦江饭店。蓝天白云，阳光灿烂。这个老人颇感欣慰，虽然内心有一些酸楚。

"大明，我们进去吧。"老人轻轻地说道。

"嗯。您慢点，妈！"大明搀扶着老人一步一步走上台阶，然后走进金碧辉煌的锦江饭店。

明净的玻璃映着这个老人和她的儿，一瘦一胖。

董竹君看着自己，笑笑说道："大明，我还真是老了呢！看着这些大玻璃，明晃晃的，要是没有你扶着，还真得昏头转向呢！"

"妈，一个正常的年轻人也会晕半天的，更不用说像你们这样七老八十了！"大明笑着，嗔怪妈妈说。

这个世纪老人走遍了锦江饭店的各个角落，这里摸摸，那里瞧瞧，一点都不嫌累。她边走边说："真好，真好。这里很好，很好。比我在的时候气派多了。"

"时代不同了嘛。"大明懂母亲的心思，更心疼母亲，只是尽可能说些老母亲爱听的话，宽慰着老人。

看着来来往往的工作人员和顾客，董竹君说道："都是些年轻人呢！怪不得我都不认识呢！"

"是啊，是啊，您不认识他们，他们也不知道您。要不，妈妈，我们去总经理办公室吧。那些人肯定认识您，托他们通知'锦江'的老职工们也方便些！"

"唉。"董竹君摆摆手，说道，"不要了，不要麻烦他们了。我就看看，不用那么兴师动众的。"

董竹君母子在锦江饭店吃了几顿饭，住了一晚。

第二天，母子二人悄然离开了。

下台阶后，董竹君再回头看看这幢高大的建筑物，有些熟悉，有些陌生。

老人挥一挥衣袖，果然不带走一片云彩地离去了。

离开，是必须的，尽管有些惆怅。

1991年6月9日，锦江饭店举办第二次纪念大会。

这个孤独的世纪老人仍然是从自家报纸上得到这个消息。放下报纸，她再次默然了。居然没有一个人通知她！没有一个邀请函！九十一岁的老人无力气愤，只是流出了委屈的泪水。

老泪纵横，一辈子的酸甜苦辣全部溶解在泪水里。

锦江饭店没有人过问，没有人改变。

但是，真正的历史是无法更改的。

这个显而易见的事实是谁也无法磨灭的。

事实上，这些年，许多有良知的人都在惊叹并议论着锦江饭店的创始人——这个让人惊异的女老板，然后把她的事迹写进报纸、杂志、书本。

例如，1986年11月29日，《团结报》在一篇题为《董竹君与上海锦江饭店》的文章中写道："……新一辈人知道董竹君者不多了，然而耸立在黄浦江畔的锦江饭店，虽无一个字，却以一个庞然的实体实在地记录了前辈创业的艰辛，记录了这座著名饭店前后五十年的历史。"

同年12月26日，美国旧金山《大公报》在《董竹君是中国的阿信》中写道："历史是严肃的，历史是永恒的，历史是不可磨灭的。"

香港的杂志《桥》在第七期中复制了《大公报》的话。

《中国企业家列传》1990年5月版第四期中刊有《上海锦江饭店创始人董竹君》。

锦江饭店某些人的做法若是妄图掩人耳目、篡改历史的话，那么他们彻底失败了，反而把自己的名誉都给赔上了。

舆论为这个世纪老人争来了本身就属于她的名誉和权力。

1996年6月9日，新的时刻终于来临。在锦江饭店四十五周年庆典上，锦江饭店的总经理在大会上特地讲道：向从三十年代起就致力于"锦江"的初创开拓工作并做出巨大贡献的董竹君女士和饭店老领导、老职工致以最真诚的敬意！

短短的一句话，对许多人而言，也许是客套话，但对于董竹君而言，却有着别样的意味。盯着电视机屏幕，董竹君抑制不住内心的激动，喜极而泣："锦江

晚年的董竹君，历经风雨，守得云开见日出。

饭店终于承认了自己的历史！"

两只手欢喜地攥在一起。

大明笑着说道："妈妈，我们早就说过，历史是不能被任何人、任何组织磨灭的。群众的眼睛是雪亮的！任何人也不能随意更改历史！"

"是啊。这一天，让我等得太久了。"董竹君长长地舒了一口气。

的确，历史是公正的，但公正的历史有时候需要等待一定的时间。

幸而，董竹君很长寿。

四、尽享天伦

三个女儿国琼、国琇、国璋于中华人民共和国成立初期回国工作后,后来因局势动荡不稳,或者婚姻原因迁徙,之后陆续定居在美国。可以说,董竹君当年把四个女儿送到美国留学,导致的直接结果就是:四个女儿基本上都在美国发展,而且她们很少回国。只有国瑛一人因工作原因往返于中美之间,这样,她也有更多的机会跟大明一起照顾母亲。

国内形势逐渐稳定,改革开改的发展态势也越来越好,跟国外的联系也越来越多。老来无事,心情颇佳,董竹君决定赴美探亲。

时间是:1981年春节刚过。由国瑛陪伴。

飞机徐徐降落在美国洛杉矶。

董竹君随着有秩序的人流,缓缓地走出飞机的舱舱。

下机后不久,董竹君在众多美语中听到几句母语。

"婆婆——"

"妈妈——"

董竹君抬头环望四周,只见自己的二三代子孙张开双臂快跑过来。顿时,鲜花簇拥,人人开怀。机场出口成了他们一家人的世界。

想拥有一个世界其实很容易,和自己爱着的人,爱着自己的人在一起,任何一个简单的具体的环境就是一个快乐的世界。

董竹君置身于一个充满爱的快乐的世界里。

拥抱、亲吻过后，女儿们、外孙们前呼后拥地簇拥八十一岁的董竹君走出机场，来到两辆豪华汽车面前。

乖巧的小外孙忙为外婆打开车门，大女儿国琼搀扶着母亲进入车内。其他人依次上车，然后，车子向 Century Plaza Hotel 驶去。

在饭店里住了几天，董竹君便开始在孩子们家里轮流居住，看看每个孩子的家，听听每个孩子的心情。但是最要紧的并不是这些，这个跟丈夫离婚后就一直做着"编外共产党"的女子着急地一定要跟自己的下一代诉说"文革"后发展中的中国、变化中的中国，讲述中国共产党如何打倒"四人帮"，全国人民如何开始万众一心，重建家园。她着重讲述党的十一届三中全会给中国带来的喜人的变化，等等，女儿们和孙辈们都乖乖地听着老人快乐的叙述，不时叫好，十分开心。

走亲访友，董竹君快乐地享受着在美国的每一天。美国人口比中国少很多，但地大物博，看上去很空旷，很安静，很美。尤其是工作日的公园。董竹君等几个人徜徉在其中的时候，呼吸着西半球的空气，沐浴着北美洲的阳光，老人家想起年轻的时候在日本的景象，感叹在美好而静谧的晚年能够来到美国，与家人团聚，真是美妙极了。

此刻，眺望着远处那座有十字架的教堂，聆听着里面的圣乐，董竹君感受着异国的文化情趣。俯瞰着西边浓密的树林，遥想着其间的缝隙、微风、回音，种种神奇的教人向往的元素，董竹君感受着孩子似的天真童趣。年轻时，她就曾盼望着来到这片国土，感受这里的风土人情，这一盼望，竟在有生之年得以实现。这个逐梦的老人感觉自己的每一个梦都在人生的不同时期得以实现。

"上天待我真是不薄啊。"董竹君深深地吸了一口气。

穿梭在笑意盈盈的人群中，董竹君切肤地感觉到异国和平的温馨。她双手合拢，面向东方，闭上眼睛，默默祝福自己的祖国更强、更大、更平静！

一个星期后，董竹君八十二岁的生日来了。

"八十二岁，八十二岁了，"董竹君看着忙碌的后代们，喃喃着，"时间过得真快，一眨眼就八十二了！我还真没过够呢！"

"妈，如果我八十二岁的时候能像您这样啊，跟自己的子孙在一起安度天伦之乐，我就知足了！"六十多岁的国琼已经有些花白的头发，她笑着说道。

董竹君欢喜地点点头，七十岁那个不愉快的生日的阴影在脑海中一略而过；瞬间，回忆便被眼前真实的幸福所取代。

饭菜都是晚辈们亲手做的。

烛光点起。音乐响起。鞭炮响起。掌声响起。

香喷喷的饭菜在桌子上摆得满满的一圆桌,红酒和香槟都启开了。

董竹君八十二岁的生日庆祝会正式开始。

董竹君被邀请坐到饭桌最中间的位置上,坐好,接受晚辈们轮流的鞠躬或者磕头,以及生日祝福。

看着晚辈们又乖又机灵的样子,董竹君笑得合不拢嘴。

之后,董竹君便当着大家的面,一一拆开大家敬送的礼物。每拆开一个礼物,董竹君便爱怜地看看送礼物的人,然后看着礼物,满心欢喜。

吃饭之前的预备工作告一段落,大家纷纷就座。觥筹交错,光与影交织在祝福里:"祝妈妈生日快乐,健康长寿!"国琼带头说道。

"祝婆婆生日快乐,健康长寿!"小辈们不甘示弱,抢在国琼的后头说道。

"好好好!也祝大家,工作的都工作顺利,学习的都学有所成,每个人的身体都健健康康的,生活都快快乐乐的!"董竹君也端起酒杯,连连说道。

"Cheers! Yeah——"老人、中年人、青年人的声音杂糅在一起,清脆的、浑厚的,都是欢快的声音汇成最美好的交响乐,响彻房间及其周围,向人们讲述着人生的魅力。

董竹君还是秉承着过去一贯的生活习惯,自己不喝太多酒,也不同意孩子们多喝酒。大家兴致勃勃地放下酒杯,品尝着各自亲手做的菜。小外孙小立提议,让寿星猜每样菜分别是谁做的,猜错了便喝一杯果汁,猜对了就让做菜的人喝一杯牛奶。

这个提议还没讲完,小立便被其他人反驳:"做菜本来就是体力活,做菜的人都有功,反而是你这个小坏蛋不怀好意!如果婆婆猜对了,牛奶就由你来喝!"被众人的舆论压力逼的无奈,可爱的小外孙只能接受这个条件。

游戏进行了几个回合,寿星喝了不少果汁,小立也喝了不少牛奶,还有两道菜没有猜完,董竹君首先提议说:"这样吧,小立,外婆跟你和谈,咱们俩一起喝完这最后的果汁,你一口我一口地喝。好不好?"

"好啊!"小立喝得太多,正想临阵脱逃,听此建议不亦乐乎。

"外婆喝很多了,我们替外婆喝一半,剩下的你还要自己喝!"其他几个小外孙对小立说道。

小立狠狠地瞪着几个哥哥姐姐,怪罪他们替寿星婆婆解决问题,自己的问题还在自己手里。

一家人笑作一团。

吃过饭,长辈吩咐晚辈们收拾餐桌,董竹君和几个女儿坐着谈天说地:"我这一生啊,还有个心愿,就是办一个幼儿园,给那些天真无邪的小孩子从小就灌输一些有益于他们成长的道理,让他们从根上就长正、长直。可惜一直没完成这个愿望。"

"妈妈,您这一辈子做的事情已经不少了,晚年就歇歇吧,就先别想别的事情了。"国琇在一旁宽慰妈妈道。

"是啊,妈妈,您知道您对我们最大的影响是什么吗?品性方面的当然是感谢您不倦的引导,让我们能长正、长直。可是,妈妈,我认为,您最出色的地方在于带我们姐妹四人离川,在沪艰苦奋斗,养育我们成人。因为,若是我们姐妹四人待在四川那闭塞、封建的地方长大,后果真的不堪设想。"国璋感激地说道。

董竹君若有所思地点点头,然后拉着的国璋的手,说道:"你们没有辜负妈的一片苦心。妈为你们感到骄傲啊。"

饭后,国瑛提议照一张全家福,立即得到大家的响应。

于是,镁光灯一闪,幸福定格:董竹君被孩子们簇拥在中间,她开心地笑着,脸上的皱纹舒展得像一片片菊花……

1982年，董竹君在美国圣塔巴布拉城，逢其生日和孩子们团聚。

五、高贵的馈赠

董竹君离开美国回到祖国的时候,她冲女儿们点点头,表示她是很放心地离开的,也希望大家在美国放心地干好自己的工作。

千言万语都不用说,一个表情,一个动作足矣。

回到北京,董竹君由于年事已高,一般的活动她不大参加。但一年一度的政协会议,她还是尽力让国瑛扶携着,积极参与。因为,这是共商国是啊。

晚年的董竹君住在北京东城一座僻静的小院,院中花木葱茏,一棵苍劲的老柳树陪伴着董竹君。院里还有北方不多见的几株翠竹,可以看出主人高雅的情趣。

闲来无事,董竹君觉得自己的一生将近一个世纪,是中国历史的一个缩影。她应该趁着头脑清醒,把一生写下来。

说起自己的传记,真是一波三折。

早在20世纪50年代初,老朋友郭沫若同志就建议她"把自己的一生写下来,留给后人,教育后代"。而她的另一个老朋友、《大公报》的记者,也是一名作家的张蓬舟也积极鼓励她:"你的一生那么丰富多彩,不写下来,实在是太可惜了!"郭沫若和张蓬舟等人还提出:如果你自己写有困难,也可以找人代笔,由你口述,然后再根据录音整理出来,最后由你审定即可。这个方法又省事又直接,许多名人也都采取这种方式出版自己的传记。不过,董竹君觉得,个人的事没有什么写的价值,就一一婉谢了。

1958年的某天，当时的中央统战部徐冰部长在一次会议上见到董竹君，同样建议她出版自传。"你可以先写出素材，然后再请人进行文字加工。"直到此时，董竹君才认识到个人命运与所处时代的联系，个人的经历也能客观地反映社会的演变，出版个人的传记，不只是自己的事，也是大家的事。

于是，1961年，董竹君开始写出了自传的一小部分，送给全国政协文史组的同志看。大家认为很好，很满意，纷纷鼓励她继续写下去。

谁知，1963年之后的形势变化很快，董竹君的生活处在风口浪尖中，她根本没有时间和精力顾及自己的传记。三年后，又进入到轰轰烈烈的"文化大革命"，所谓传记更是无从谈起了。

在急风骤雨的"文化大革命"中，董竹君含冤入狱五年，精神受到重创，身心受到严重伤害，她不仅无法吃好、睡好，而且反动分子还天天逼她写交代材料。岂知因祸得福，这些交代的材料竟然给她日后写自传做了充分的前期准备。

大概到了1978年，在领导、朋友和家人的鼓励下，董竹君又重新拿起笔来，断断续续，写写停停，但进展不是很快。有时因为开会、生病、访谈或出国休养等原因，一耽搁，就是数月，甚至是一两年。

然而，岁月不饶人。随着时光的流逝，她明白，必须尽快将自传写出来。于是，在20世纪80年代末到90年代初的几年时间里，九十岁高龄的董竹君全力投入自传的写作中。

她每天六点半一起床，简单地洗漱一番，吃下固定的早餐——牛奶和鸡蛋后，便开始写作。她写得平静，从容，有时到老树底下走走。用记忆的方式对自己的人生重新来过一次，虽然有些经历有些痛苦，却是那么值得，那么有意义。她还在自己的床头放个本子和笔。不管什么时候想起一件事来，就马上记下来。有时冬夜醒来，想起了什么，她不顾寒冷，立即披衣起床写起来，还多次为此感冒生病。就这样，她一字一句地写，一遍一遍地改，稿纸已是厚厚的一大摞。她把近百年的酸甜苦辣、成功与失败，全都留在了稿纸上，有时写到动情处，不禁潸然泪下。

稿子抄好之后，董竹君又特意订做了几只木匣，大小恰好地将稿子放到里面。看着那装满稿件的木匣，无不令人肃然起敬，那沉甸甸的木匣，里面装着的是一位老人近一个世纪的风云岁月呀。

九十岁的老人，一边撰写自己的传记，一边照料自己的生活。坚强的意志力使她的写作和生活齐头并进。当自己剪脚趾甲时，感到身体的动作有些吃力，她会有意识地在每天的锻炼中增加一个搬脚的动作。如果洗澡的时候，自己擦背有

董竹君在北京玉石胡同家中撰写《我的一个世纪》。

些吃力,她会在每天的锻炼中增加手臂的运动。如此,这位历经沧海桑田的鲐背老人井井有条地过着自己的晚年生活。

1992年7月11日,董竹君感觉有些异常。清晨,当她试图像往常一样修改自己的书稿时,头脑里很乱,一个模糊的声音老是在耳边响起,像是呼唤,又像是倾诉,像姐妹,像故友,她有些吃惊。书稿中写到了邓颖超,当她看到这个名字时,顿时针刺一样地扎了一下。她愣了:这是怎么回事?

当天傍晚,董竹君从电视新闻中看到了这样一条讣告——

伟大的无产阶级革命家、政治家、著名社会活动家,坚定的马克思主义者,党和国家的卓越领导人,中国妇女运动的先驱邓颖超因病在北京逝世,享年88岁。

第十章 谢幕

董竹君从电视里看到新闻后,立刻呆住。她不相信眼前的事实。就像在十里长街上悼念周总理的时候,真切地感觉到总理在身边一样。上午写稿的时候,看到邓大姐的名字,她就感觉有些意外,没想到,痛苦竟然成了事实。

过了很久,董竹君终于醒过来。她转过身对一旁的国瑛说道:"国瑛,上一周,我们不是才去给邓大姐送过盆景吗?我还记得邓大姐当时欢喜得不得了……"

"是的,妈妈。"国瑛已是泪流满面,"可现在,她老人家……"

看着女儿的眼泪和痛苦的表情,董竹君这才意识到眼前的一切都是真的。真的,邓大姐真的去世了。

想着曾经的相聚,想着曾经的关照,想着彼此的友谊,一切的一切,是那样的模糊而清晰。董竹君流下泪来,"我们的大姐去了。"

母女二人抱着哭在一起。

在沉痛中,董竹君照样为邓颖超在北京家的客厅里设置了一个小灵堂,按照习俗的观点,人死后灵魂每周会回来一次,一共回来七次。因此,董竹君为邓颖超的灵堂放置了七七四十九天。

这是一份沉重的悼念。

这是一份特殊的悼念。

在悲恸中,董竹君参加了所有为邓颖超举行的送行的活动。

在与邓大姐告别的途中,她一边行走,一边回忆,行走在人生的将近尽头的某个折点,回忆着邓大姐和自己的点点滴滴,有温馨,有伤感,更多的是怅然。

在设置灵堂的那些日子里,董竹君家人发现,老人家说话越来越少,发呆的时间越来越多。国瑛和大明常常要喊妈妈很多遍,董竹君才能听得见。

几天下来,董竹君突然苍老了许多,清瘦了很多。

"妈妈,您到底在想什么,能告诉我们吗?"大明小心翼翼地问道。

董竹君抬起眼睛看着儿子,说道:"给我纸笔。"

大明赶紧拿纸和笔来,双手递给老人。董竹君沉思半片,挥笔写下——

> 羊城病榻慈颜临,
> 今拜遗容心碎尽。
> 辞离中华万众泪,
> 伉俪光芒史册新。

大明刚想说些赞扬母亲的话，这时，有客人来访。

"您好，我们是邓颖超同志遗物处理小组，我是工作人员，我姓张。"来者恭敬地自己介绍道。

大明赶紧问候来客。

一听来者特殊的身份，董竹君坚持要站起来说话："您好，我是董竹君。"

小张赶紧再和大明搀扶董竹君坐下。

"是这样的，董先生。"小张庄重地说道，"邓颖超同志在遗嘱中写道：她个人的遗物、服装杂件，交给身边工作同志和有来往的一部分亲属留念使用。考

1997年春，董竹君97岁生日在北京家中。

虑到邓颖超同志与董先生您的关系，我们处理小组决定送给您这三件物品：一个铜龟、一双羊毛拖鞋、一对健身球。请您接收。"

"啊……这……"董竹君迟疑了一下，立刻签字接受。她明白这份珍贵的馈赠，更明白邓大姐的一片苦心。"大姐，您的礼物我收到了。"抚摸着邓大姐的遗物，董竹君喃喃地说着，并且再次老泪纵横。

打那以后，董竹君时不时将邓大姐的遗物拿出来，瞧瞧，摸摸。每一次，都是那么庄重，那么专注，那么小心。

与此同时，董竹君更加集中精力，加紧对自传作最后的润色。

1997年9月，三联书店隆重推出版董竹君自撰的《我的一个世纪》。正如该书责任编辑苑兴华在一篇文章中所指出的那样：这本书的封面以淡化了的外滩为背景，一位妙龄少女凝望着这个世界，神情中充满着疑问和探索。如果将书翻转过去，还是这片黄浦滩，但封底上少女已成为白发老人，几经人世沧桑，走过近百年的人生旅途，坐在藤椅上的老人在回忆？展望？老人的表情显出一份特有的安详。大上海，她生在这里，长在这里，成功也在这里。这本书的故事就是从上海讲起的……

而该书封底上的一段话，很精练地概括了董竹君那充满传奇色彩的世纪人生。

这是一位世纪老人的经历：一个洋车夫的女儿，被迫沦为青楼卖唱女，结识革命党人跳出火坑，成了督军夫人。不堪忍受封建家族和夫权统治，再度冲出樊笼开创新的人生。历尽艰难险阻，成为上海锦江饭店女老板。连任七届全国政协委员。堪称女权运动的先驱。

董竹君拿到自传样书的时候，已经躺在了医院。看着手中沉甸甸的自传，她轻轻地抚摸，像抚摸一个令人怜爱的孩子。她慈祥地看着身边的子孙，喃喃地说："我的一生都浓缩于此。这里的每一页都像撞击岩石的波涛。"

六、玫瑰，在天堂开放

　　《我的一个世纪》出版后，在全国引起巨大反响。海外多家主流媒体也对此予以报道，称董竹君的人生像"天使"一样"丰富多彩"和"充满传奇"。

　　我国著名作曲家傅庚辰先生，曾担任解放军艺术学院院长，是获授少将军衔的"将军作曲家"，由他创作的《雷锋》《地道战》《闪闪的红星》等影视音乐，以及《毛主席的话儿记心上》《红星歌》《红星照我去战斗》《映山红》等歌曲，脍炙人口，代表着军旅音乐创作的一个高峰。这位重量级的作曲家在看了这本书后，十分感动，他把董竹君的人生归纳为五次大的抉择。

　　一是不做卖唱女，用计跳出青楼与四川革命党人夏之时结婚。

　　二是与颓废而夫权思想严重的夏之时决裂，为了自尊、自立、自由，放弃荣华富贵，带着四个年幼的孩子和两个老人在上海再次过上贫困的生活。

　　三是自己创办实业，历经挫折而不低头。

　　四是参加革命，紧跟真理，鞠躬尽瘁不变心。

　　五是在功成业就之际，为革命的需要而将全部产业献给国家。

　　傅庚辰最后评价道："这五次关键选择，决定了她一生的道路，决定了她从一个青楼卖唱的小女子成长为中国第一代革命的女企业家，成就了一番留驻青史的事业。"

　　一些影视公司看到了传主的人生传奇和励志性，也纷纷找上门来，洽谈改编事宜。但外面的喧嚣再也吹不起董竹君心灵的"涟漪",疾病一次次找上来,董竹君十分坦然地面对它。

经历了近一个世纪的风风雨雨,踏过了近一个世纪的坎坎坷坷,送走了一茬又一茬的战友、故友和亲人,这个世纪老人清醒地意识到自己最后的时刻终于来临了,她没有什么遗憾了,也没有什么牵挂了,她完全可以放心地闭上眼睛。

"1997年12月6日,政协第二至七届委员会委员,著名民主爱国人士、我国早期女企业家董竹君因病在北京逝世,终年九十八岁。"《人民日报》这样写道。

董竹君临走之前,郑重地作出交代:

一,在她的墓碑上写上这三句话——我从不因被曲解而改变初衷,不因冷落而怀疑信念,亦不因年迈而放慢脚步;

二,追悼会上放奏音乐《夏日里最后一朵玫瑰》。

董竹君去世后的第二天,著名指挥家卞祖善突然接到董国瑛的电话:"卞指挥,妈妈在临终前有一个愿望,她入葬时希望播放《夏日里最后一朵玫瑰》。您是音乐家,我想您肯定有这个音乐。"

"啊?董老已经……"卞祖善不敢相信。他刚刚读完董竹君的传记,由于爱好收藏,几天前,他还请国瑛在董竹君的书上盖上她的大印呢。

"是的。老人家已经去了天国。"国瑛压抑着内心的伤痛,轻轻地说道。

"那好。我立即找一找。我这里有一盘程琳十三岁时录制的录音带里,恰恰有这首歌。程琳当初还戴着红领巾呢。"

时光飞逝,不觉已过去了一二十年了。卞祖善也很是感叹,他对董竹君很敬重,接到国瑛电话后,他立即找出了那盘磁带,并且亲自送到治丧委员会。

对于董竹君用音乐的方式庆祝自己的离世,卞祖善更是赞赏有加。他在后来的文章中指出——

人总是要老的,面对死亡应该像面对生命一样的安详。毛泽东同志曾说:"我赞成庄子的办法,人死了以后,鼓盆而欢,庆祝辩证法的胜利。"从哲学思想上来说我是赞同的;但从人之常情来讲却接受不了。

我比较欣赏孔子的风度。孔老夫子不仅是一位政治家、思想家、教育家,还是一位杰出的音乐家。"诗三百篇",实际是中国最早的民歌集成。当时的每首诗都是可以唱的。孔子在音乐上的造诣很高,比如他听韶乐三月不知肉味。现在有一些古琴曲还是孔子传下来的。特别是他在临终前一周,他觉得自己要离开人世了,他给自己唱了一首哀歌,自己为自己开追悼会,那是一种很高的境界。非常超脱,非常安然。

有一部电影叫《海蒂》,给我印象最深的是其中一个女孩子问:"什么是永恒啊?"有一位长者回答道:"永恒就是小鸟每一千年来一次阿尔卑斯山,用它的喙舔一下,当阿尔卑斯山被小鸟舔平以后,永恒刚过去一秒。"

卞祖善说得很对:任何人的肉体不可能做到永恒,但精神的光芒却可以与青山同在。董竹君淡然而去,留给世人的是梦幻般的联想。在她的一生中,尽管完整的婚姻并没有持续多久,可是这场婚姻在她的生命中的意义却一样的重大,像每个婚姻完整的女人一样。她始终念着一个人,这个人她连名字都不说,即便在她的自传中,当婚姻结束后,她与他变成了陌路人。可是,她又是如何地牵挂他——连最后的音乐都是纪念两个人感情的爱尔兰民歌。

《夏日里最后一朵玫瑰》在这个世纪老人的墓碑前悠扬地回荡着,那样凄美,那样缠绵,那样忧伤。这首民歌的歌词是这样写的——

> 夏天最后一朵玫瑰还在孤独地开放,
> 所有她可爱的伴侣都已凋谢死亡。
> 再也没有鲜花陪伴在她的身旁。
> 映照她鲜红的脸庞和她一起叹息悲伤。

谁都知道,董竹君离开夏家后一直未再嫁,也未与夏之时有书信往来。正如人们在她的自传中所看到的那样,她从此不提及感情之事。似乎无论是他还是别人,这个女人都不再需要爱情和婚姻了。

然而,董竹君却一直把她和他的结婚照放在卧室床头。

那么,也就是说,在离婚后七十年的时光里,无论是流离失所或是功成名就,每天夜里,她都还是要独自面对这个曾给她幸福和痛苦的男人。直到走向天堂,她仍然记着那首让她魂牵梦绕的歌。

有人认为,董竹君用这首歌隐喻她是夏之时夫人。她和夏之时经历的风风雨雨、恩恩怨怨,最后还是要化解。

也许是这样。

也许不是。

因为，真正能够给予解释的那个人已经随着音乐飘向了天堂。

董竹君一生都崇尚竹子。这一点，与夏之时有关。她的名字都是夏之时改定的。为什么爱竹，董竹君是有自己的想法的。因为竹，不惹那红颜易老韶华易逝的怜惜，不享那攀条折枝焚香插瓶的爱慕，只是要让人敬重那风霜雪雨里不卑不亢的好风骨。正如唐朝诗人薛涛在《酬人雨后玩竹》所抒写的那样。

南天春雨时，那鉴雪霜姿。
众类亦云茂，虚心宁自持。
多留晋贤醉，早伴舜妃悲。
晚岁君能赏，苍苍劲节奇。

这是不是董竹君所理解的竹子？这是不是董竹君所了解的竹子的命运？这是不是董竹君所崇尚的竹子的风骨？

没有人能够作出回答。

也许，人人都知道竹子的风骨，然而，也许我们始终都不知道竹子的心。

那么，竹子的心会不会有幽幽呜咽的时候呢？

"切切孤竹管，来应云和琴。"

孤独也罢，喧嚣也罢，此刻，都与她无关。

董竹君静静地躺在她的自传里，躺在她消失的背影里。

大多数的人都说董竹君是高风亮节的竹子，而我们宁愿她是玫瑰，一朵在人间开不败的玫瑰，一朵被风雨洗涤后更加光彩照人、更加充满魅力的玫瑰，一朵注定要在天堂里继续开放的玫瑰。

写到这里，我们突然想起一首诗歌，题目叫《黄玫瑰》。这是我们的朋友、新西兰著名华人诗人芳竹小姐写的，诗歌很淡雅、很纯粹、很唯美，令人爱不释手。我们把它郑重地转录于此，也算是我们献给董竹君的一支安魂曲吧。

琴弦与短笛的和声　让你
在一朵花里看见月亮
那梦的水晶和少女的初恋

藏在一本黛色封面的书中

这美艳 透明的花朵
羸弱得像一声道别

追忆往事的夜晚
这水中倾诉如斯的花朵
像一颗小小的诗歌的头颅

我心中最多情的花朵
你娇弱的身姿 相思了多久
在我触摸的一瞬 一病不起

董竹君之墓碑

附 录：董竹君先生大事记

（一）上海

1900年，阴历庚子正月初五，董竹君出生在上海的一个贫苦家庭，父亲董同庆是一个黄包车夫，母亲给富人家做娘姨。董竹君小时候叫"毛媛"，双亲称她"阿媛"，人们称她"小西施"。祖籍江苏南通县。

1906—1912年，被思想开明的父母送去读私塾。

1913—1914年，父亲大病，家里的收入连房租都供应不起，迫于无奈，阿媛被送往青楼卖唱。长三堂子跟阿媛的双亲协议的是"三百块三年"。其间，阿媛遇到了高大英俊的四川副都督夏之时。

1914年，阿媛在即将卖身之前，机智、勇敢地逃出青楼；春末，与夏之时在上海日本旅馆松田洋行结婚。夏之时为阿媛取名"毓英"。

（二）日本

1914—1917年，随丈夫夏之时前往日本留学、生活，不到四年的时间，便读完了东京女子高等师范学校理科的全部课程。大女儿国琼出生。董毓英的名字被老师改成"董篁"，字"竹君"。

（三）四川

1917年秋，夏之时父亲病危，董竹君带孩子回四川（丈夫夏之时老家）。

1918年—1919年，董竹君在四川合江的封建大家庭中生活，委曲求全、勤勤恳恳，最终深得家人欢心。

1919年，夏之时被时任四川都督的熊克武用计解除兵权。

1919—1928年，全家定居成都，女儿国瑛、国璋和儿子大明相继出生。夫妻思想对立已现端倪，夏之时整日赋闲在家，而妻子已经走上创业之路。

1923—1924年，董竹君创办"富祥女子织袜厂"，1926年，又创办"飞鹰黄包车公司"。

（四）上海

1928年，夏之时先赴上海，试图东山再起；1929年春，董竹君结束了两个实业，带着孩子们前往上海。昔日英雄嚣张暴戾、抑郁顿挫，妻子无法忍受丈夫的现状。

1929—1934年，董竹君与夏之时分居五年。分居前，夏之时威胁妻子说，若她带着四个孩子（儿子大明被夏之时带回合江老家，抗日战争胜利后，大明才被董竹君带回身边），最终不至于跳黄浦江，夏之时将在手板心里煎鱼给她吃。分居后的生活很艰难，甚至只能以出入当铺典当为生；终于在1930年，董竹君苦筹资本创办了"群益纱管厂"。

1933年，母亲李氏去世。

1934年，与丈夫夏之时在上海正式离婚；未几，父亲病逝。

1935年3月15日，受义人慷慨资助，董竹君的"锦江小餐"正式开业，后改名"锦江川菜馆"。生意颇为红火。这是董竹君人生的重要转折点。

1936年1月28日，"锦江茶室"正式开张。

1937年1月24日，大女儿夏国琼在上海兰心大戏院的钢琴演奏获得巨大成功。

1938年，独资创办《上海妇女》杂志，该杂志在上海拥有良好的社会影响。

（五）菲律宾

1939年，"锦江"两店迅速兴旺，汉奸潘三省邀请董竹君在日本军部开办的虹口旅馆内开设"锦江"分店，董竹君一再推脱，招致日本方面不断暗中寻找机会刺杀董竹君。迫不得已，董竹君于1940年冬前往马尼拉避难。

1940年冬—1945年1月，董竹君在菲律宾辗转生活，漂泊无根。

（六）上海

1945年2月，董竹君回到上海，开始着手整顿"锦江"两店。同时，从两店抽取资金，独资创办永业印刷所、协森印书局。

1947年，开办美文印刷股份有限公司、美化纸品厂、锦华进出口公司（合资），协助中国共产党的革命宣传工作。

1951年6月9日，锦江饭店开业，董事长兼经理董竹君主持开幕典礼。中华人民共和国成立后，上海市委及公安局决定，在上海设立一个招待中央首长、高级干部及外宾们的安全而有保卫工作的高级食宿场所。董竹君创办的"锦江"两店被选中，在上海市委的帮助下，"锦江"两店扩为今天的锦江饭店。

1952年，董竹君当选为上海市民主妇女联合会执行委员。是年秋，周恩来、邓颖超在北京家中设宴招待董竹君、董国瑛母女。

1954—1958年，董竹君当选为上海市一、二、三届人民代表大会代表。

1957—1991年，担任中国人民政治协商会议二、三、四、五、六、七届全国委员会委员。

（七）北京

1960年底，迁居北京。

1967—1972年，"文革"时期被划为"反革命分子"而度过了五年牢狱生活。

1973年5月10日，被宣布"正式"释放，恢复原职（全国政协委员）、原薪，补发五年工资。

1976年1月8日，率子女深切悼念敬爱的周总理。

1979年3月29日，《关于对董竹君同志问题的复查结论》书面正式结论下发，"经复查核实，怀疑董竹君同志的特务嫌疑问题，查无实据，予以否定。……"得以正式平反。

1981年，赴美探亲（此前四个女儿均已在美国定居）。

1992年7月11日，哀悼邓颖超。

1997年12月6日，中国人民政治协商会议第二至七届委员会委员，著名民主爱国人士、我国早期女企业家董竹君因病在北京逝世，终年98岁。

后 记

所有的开始，都不会晚

我们的写作聚焦董竹君先生，那是几年前的事情了。其间多次停顿、放弃，又多次不舍，重新开始。

"青楼女子到锦江饭店的创始人"。这两个元素差不多等于一个故事的开头和结尾啊，而且反差是如此强烈。尤其重要的是，这个开头和结尾要经历整整一个世纪！这是多么奇特的人生啊！

那么，作为有血有肉的生命个体，她在这个漫长而跌宕起伏过程中又是如何巧妙地衔接的呢？

我们不断地搜寻资料，首先找到的便是董竹君先生的自传《我的一个世纪》。看完后，我们终于明白，这个女子是如何操纵着这两个元素，进而使之充实而完整地结合到一起的。

这真是一个了不起的女子！

遗憾的是，在很长一段时间里，我们对她竟一无所知！

随着寻找资料和准备工作的推进，我们深深地感到：有关董竹君生平的资料实在太少，除了那一本自传，和谢晋导演根据传记改编的电视连续剧《世纪人生》，以及一些报刊杂志上发表的零碎的文章。而最原始的资料，特别是有关董竹君先生的第一手资料，少之又少。

显然，要写好董竹君先生的一生，这些资料远远不够。我们发动亲朋好友，连国外的朋友也不放过，希望尽可能多地寻找传主的生平足迹。

资料，我们不停地寻找，不断地更新，不断地充实，不断地丰富。

董竹君先生的形象慢慢地立体化、继而变得生动起来。

终于，我们心里有些踏实了。

为了尽快拿出书稿，我们不停地追赶时间，快速地翻阅资料，快速地拟定提纲，快速地敲打键盘。

当然，不能因为快速而影响质量。这是起码的原则。我们把时间挤出来，利用一切可以利用的时间，只因为这样一个令人敬重的老人。为这样的老人立传，这是我们的荣幸，也是董竹君先生带给我们本身的力量。

请想想吧：一个十几岁的小女孩被卖入青楼抵 300 元钱的债，当我们十几岁时，我们又在哪里，在做什么？也许在一所学校里，埋头学习，认认真真地写着作文，流利地朗读着英语，单纯，天真，怀揣着涉世未深的梦想。

我们的梦与董竹君先生的梦又有什么不同呢？

当中央电视台记者采访董竹君先生，问她当年把千辛万苦创立的锦江饭店等一番事业交给国家时，心里是怎么想的。董竹君先生缓慢而又坚定地说："我一生参与支持革命，就是这个大目标。我从来没有把这些东西当成自己的财产，没有这个观念。当我把锦江交出来的时候，很多朋友都不赞成。我告诉他们，解放了有很多事情好做，就怕你做不来。"

多么可敬的老人！多么动听的声音！

我们被这个声音一遍一遍地呼唤着、感动着。董竹君先生不能忍受无爱的婚姻，无法忍受无目标、无原则、无意义地活着，不能忍受得过且过的原地踏步、甚至倒退。她有自己的梦想，一个不只是个人的、更属于中国的梦想。

那时，董竹君先生 29 岁，正是风华正茂的年龄。

"所有的开始，都不会晚。"这是董竹君先生给予我们最大的激励和启发。

必须提出的是：这本传记参考、借鉴和引用一系列图书、报纸、杂志和网络上资料、文章，其中主要的参考文献有：

三闲著《上海红颜往事》，哈尔滨出版社 2005 年 1 月第一版；范小方、包东波、李娟丽著《国民党理论家戴季陶》，河南人民出版社 1992 年版；《非常爱非常痛：大时代中国女人的非常活法》，华夏出版社 2008 年一月版；《"孤岛"时期的军统局策反委员会》，《文史精华》2001 年 12 期；谢晋导演电视连续剧《世纪人生》；胡嘉禄导演的川剧《都督夫人董竹君》；胡永其所写沪剧《董竹君传奇》，以及"中国城市网"所载《上海历史大事》和"人民网"所载《中共党史上的 80 件大事——镇压反革命运动》，等等。

限于体例，在写作中，我们没有具体将所参考、所借鉴或所引用的资料、文章直接标注出来，在此，让我们向这些资料、文章的写作者、编辑者和出版者致以最崇高的敬意和最由衷的感谢！

我们还要特别感谢团结出版社的梁光玉社长和总编助理张阳，他们的热情、敬业和对作者的尊重令人难忘。

当然，我们最最应该感谢、最最应该够铭恩的是可以称之为"卓尔不凡、精彩人生"的传主——董竹君先生，董竹君先生的家人，以及董竹君先生的自撰《我的一个世纪》。可以说，董竹君先生既是本传记的源头，又是本传记的根本。我们不过是做了一件也许并不华丽的衣裳。

由于时间关系，加之自己的学识、水平和精力都有限，书中的缺点、错误和遗憾在所难免，真诚地恳求广大读者提出中肯的批评意见，以期我们在以后的写作中，精益求精，更上一层楼。

2017年2月20日充实、修订于长沙岳麓山下抱虚斋